米国株

詐欺まがいの循環取引疑惑で
アメリカ金融市場は壊滅する!

崩壊前夜

It's a World of the Cheater Takes All!

増田悦佐
Etsusuke Masuda

ビジネス社

はじめに

２０２４年7月31日、２度目の日銀利上げをきっかけに起きた急激な円高と日米同時株安は、わずか２週間の期間限定「真夏の白昼夢」で終わったように見える。

だが、延々と円安を追求して日本国民を経済的に疲弊させただけではなく、国際金融にも大きなひずみをもたらした**異次元緩和のとがめが本格的に噴出**するのは、これからだ。

序章では、円キャリーの仕組みを説明するとともに、これが本来日本の勤労者の所得になるべき資金を世界中にばら撒いてアメリカ株の壮大なバブルを招いたこと、日本国民は自分たちの労働が正当に評価される水準まで円高を推進する手段として、円キャリーの巻き戻しというチャンスを活用すべきことを説く。

第１章では、今をときめくマグニフィセント７――アップル、マイクロソフト、エヌヴィディア、アルファベット（グーグル）、アマゾン、メタ（フェイスブック）、テスラのハイテク大手７銘柄――の中でもひときわ株価上昇率が高かったエヌヴィディアが、循環取引という手法で架空の売上を計上して好業績を装っている疑いが濃いことを指摘する。

第２章では、エヌヴィディア同様、生成ＡＩ分野の首位企業として脚光を浴びているオープンＡＩもまた、最大出資者であるマイクロソフトと共謀して架空売上や架空設備投資によって業績を粉飾していた形跡があることを論じる。

第３章では、生成ＡＩ、グラフィクス・プロセシング・ユニット（ＧＰＵ）、ＥＶなど現代社会で先端技術と呼ばれているものの多くが、経済合理性やエネルギー効率を度外視してほとんど実用性のない袋小路に迷いこんでいることを、ＥＶを中心に考察する。

第４章では、アメリカの株式市場で２０１３年以来続いているバブルは時価総額集中バブルと呼ぶべきだと提案する。

それとともに、このバブルが第２次世界大戦直後の１９４６年にロビイング規制法という名の贈収賄奨励法が制定されて以来、アメリカでは有力産業の首位企業が技術革新ではなく政治家を動かして自分たちに有利な法律や規則をつくらせて肥大化してきた長い伝統の集大成であることも解き明かす。

第５章では、マグニフィセント７による架空売上・架空投資計上疑惑という、アメリカ政財官界の腐敗堕落ぶりを考えればほぼ確実に暴かれることなく終わっていたはずの事件が、２０２４年大統領選で民主党のカマラ・ハリス＝ティム・ウォルズ正副大統領候補が劣勢を挽回するための起死回生の一手として立件される可能性が出てきたことを明らかにする。

そうなれば米株市場の頂点を直撃する疑獄事件となるので、株価の好調に依存しきっていたアメリカ金融市場も、アメリカ連邦政府財政も、そしてアメリカ経済全体も崩壊の危機に立たされる。

現状ではかなり優勢な共和党のトランプ＝バンス正副大統領候補が順当に当選すれば、しばらくはこの第二次世界大戦後最大の疑獄事件にも蓋《ふた》がされることになるだろう。

だが、それでも円キャリー取引の巻き戻しと円高の相乗効果で米ドル全面安、米株・米国債市場に閑古鳥《かんこどり》が鳴くようになれば、時価総額集中バブルによる恩恵が大きかった銘柄群から次々に破綻や大幅な業容縮小を余儀なくされる企業が出てくる。どちらにせよ、8月初旬に始まった円キャリー取引の巻き戻しは**アメリカ金融市場を進むも地獄、退くも地獄の状態**に追いやる。

それは日本国民のみならず、世界中のまじめに働く人々にとって朗報となるはずだ。

第2章　マイクロソフトを軸に広がる共犯の輪

第3章　EV、生成AI、ヒト型ロボットはパンクな末端肥大症

第４章　アメリカ金融市場は勝者総取りならぬ詐欺師総取りの世界

第5章　もしも私が民主党大統領選選挙参謀なら

——政権維持の可能性を残す唯一の大バクチ

序章

ゴジラ再び襲来す

現代アメリカ社会の縮図としての時価総額集中バブル

大なり小なりバブルには「みんなが買い進んでいる金融商品は、安全で好収益が期待できる」という危険な幻想がつきまとっている。

だが2009年春に国際金融危機が大底を打ってから、もう15年も続いている現在進行中のアメリカ株バブルこそ、他者依存の典型と言うべきバブルだ。みんなが持っていて、時価総額の大きな株ほど、まるで仕手株のようにバリュエーション（評価基準）を無視して値上がりしつづける。

現在の米株市場では「勝ち馬に乗れ」「勝てば官軍」「寄らば大樹の陰」「長いものには巻かれろ」といった依頼心のかたまりのような表現がぴったりの値動きが展開されている。

それは富者がますます富み栄え、貧者はどんどん困窮していく**現代アメリカ社会の縮図**と言えるのではないだろうか。

2000～02年に崩壊したバブルをハイテクバブル（アメリカではドットコムバブルと呼んでいるが）、そして2007～09年に崩壊したバブルをサブプライムローン（＝低所得層への一見有利な住宅ローン）バブルと呼ぶことで衆議一決したのに比べて、超長期化した今回のバブルはなかなか「固有」名詞が定着しない。

恩恵を受けている銘柄の大部分がハイテク銘柄という意味で第2次ハイテクバブルと呼ぶ人もいるし、中央銀行バブルとか量的緩和バブルと呼ぶべきだとの意見にも説得力がある。

とにかく流動性の高い大型株でどんどん株価が上がっているものに集中投資するのだから、そのときどきの流行で「テーマ」が変わっても、なんの動揺もなくスムーズに次の有望銘柄にバブルの重心が移行していく。

こうした状況に突然冷や水を浴びせかけたのが、世界一の臆病者《おくびょうもの》ぞろいと言っても過言ではない日本の中央銀行、日銀だったのだから世の中はおもしろい。

日銀が今年2度目の利上げに踏み切り、それをきっかけに**円の急騰**、**日米両国の株価暴落**という大事件が起きた。そのショックの大きさは、次ページの2段組グラフの右上に添えたグラフィックがじつにうまく表現している。

アメリカ金融業界には「日銀が長く続けた低めの政策金利から最初の利上げに踏み切ると、必ず世界は景気後退局面を迎える」という経験則がある。今年2回目の日銀利上げは、水面に浮上したゴジラが、上陸寸前に雄たけびを上げたようなものではないだろうか。

上下2段のグラフを見ると、円高になると日経平均株価は下げる、というより**円高と日本の株安はほぼ相似形**で進むことがわかる。

日銀が動くと
世界が震え上がる、
ゴジラ再び襲来

米ドルの対円レート推移

2023年8月～2024年8月

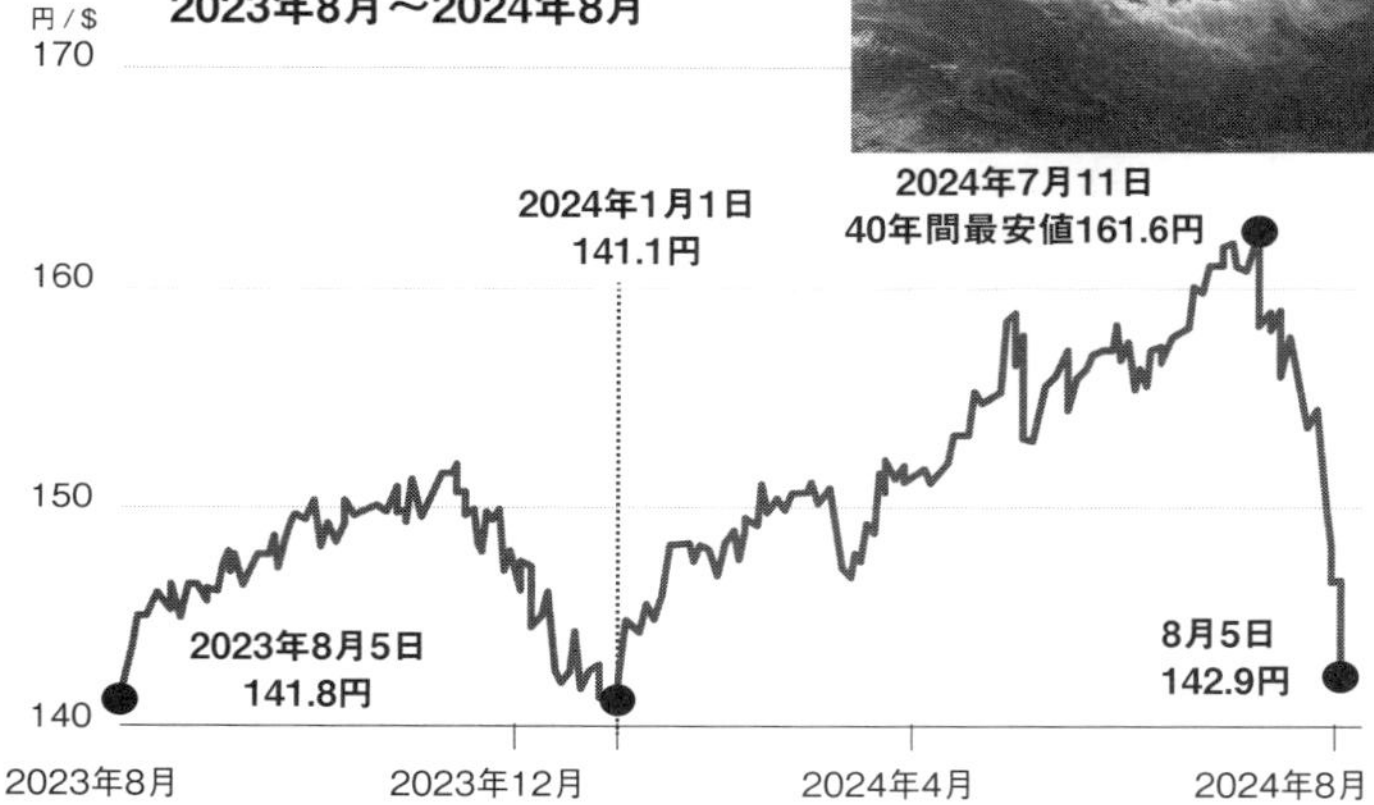

日経平均株価推移

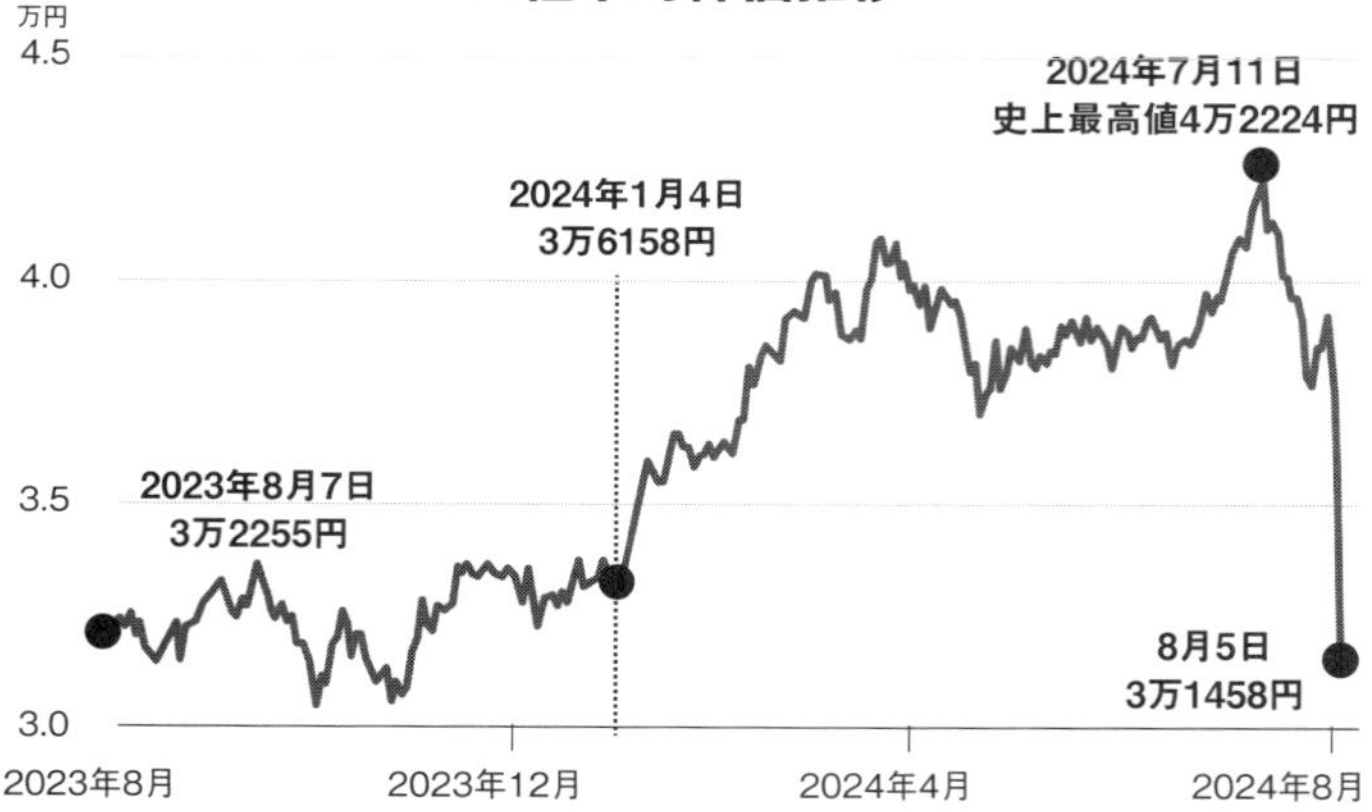

出所:（上）Peruvian Bull、2024年8月5日のX、（中、下）Google Search「ドル・円レート」「日経平均」、同年同日のエントリーより引用

もちろん、金融業界や株式投資をしている方たちからは「だから日銀は利上げをしてはダメなんだ。永遠にゼロ％近傍、実質マイナス金利のままにしておけ」といった批判も出ている。でもほんとうにそうだろうか。日経平均は４年前までは２万円台の前半をうろつき、２年前でもなかなか３万円の大台を安定して維持することができなかった。それなのに、過去１年半ほどであれよあれよという間に１９８９年大納会の最高値（３万８９１５円）を抜いて、４万２０００円台まで昇りつめた。

これは、決して実質ＧＤＰ成長率が急上昇したからではない。実質ＧＤＰは相変わらず低成長なのに、実質賃金の低下でＧＤＰに占める勤労者の取り分が減って企業の取り分が増えたから、企業最高益をはやして株価が上がってきたのだ。

そして勤労者の取り分が減ったのは、毎年２％以上のインフレ率を維持して、実質賃金をマイナス成長にとどめるとともに、円安・低金利によって本来勤労者の賃金上昇に回るはずの労働生産性の上昇分がほとんど、資本の利益にかすめ取られてきたからだ。

言い換えれば過去３〜４年の株高は、インフレと円安で賃金を抑制することによって達成されたものなのだ。株価上昇を謳歌《おうか》してきた方々は、勤労所得にほぼ全面依存した日本国民の７〜８割を貧しくすることで達成された株高だとご存じの上で、喜んでいらっしゃるのだろうか。

つまり「企業利益がこんなに順調に伸びているのに賃金が上がらないのはおかしい」のでは

なく、企業利益が低成長のGDP増加分を**ほとんど一人占め**しているからこそ、少しずつでも労働生産性は上がっているのに、実質賃金が下がりつづけているのだ。

円安・インフレ率上昇が、本来大部分が勤労所得になるはずだったわずかばかりのGDP上昇分をほとんど企業利益にしてしまったという論点の前に、日銀利上げがどうして世界経済を震撼《しんかん》させる大事件なのか説明させていただこう。

円キャリーとは何か？

国際金融に興味をお持ちの方なら「円キャリーの巻き戻しで円高が進む」といった表現をどこかで見聞きされているだろう。

円キャリー取引とはいったい何かをできるかぎり単純化して描いた模式図と、対外純資産トップ10ヵ国、ボトム10ヵ国の対外純資産持ち高を示すグラフの組み合わせをご覧いただきたい。

キャリーとは何かというと、どこかの国の金融資産（株、債券など）を買って値上がり益や配当を取ろうとするとき、直接その国の通貨を買わずにまず金利が低くて値下がりしそうな別の国の通貨を借りて、借りた通貨で目標とする国の金融資産を買うことだ。

次ページ上段の模式図で言えば、日本で円を年利0・5％で借りて利回り4・5％のオース

円キャリーの仕組み

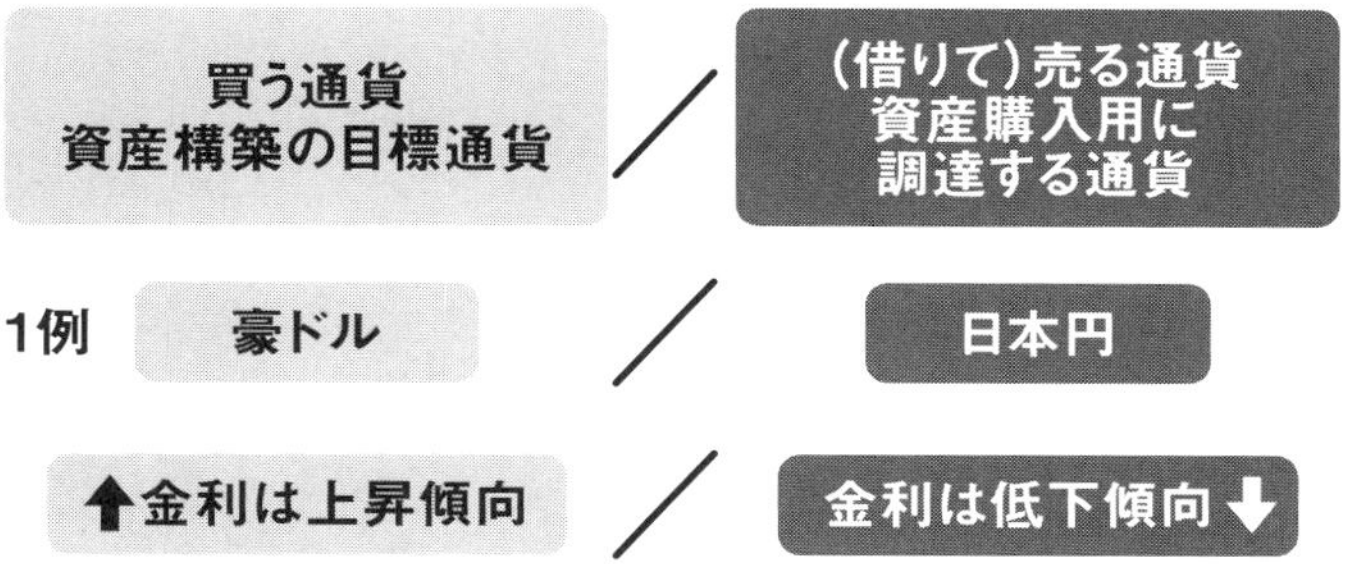

日本人が円キャリーをする分には、どんなにレバレッジをかけても返済時の負担が円高によって増えはしない。

対外純資産トップ10ヵ国とボトム10ヵ国

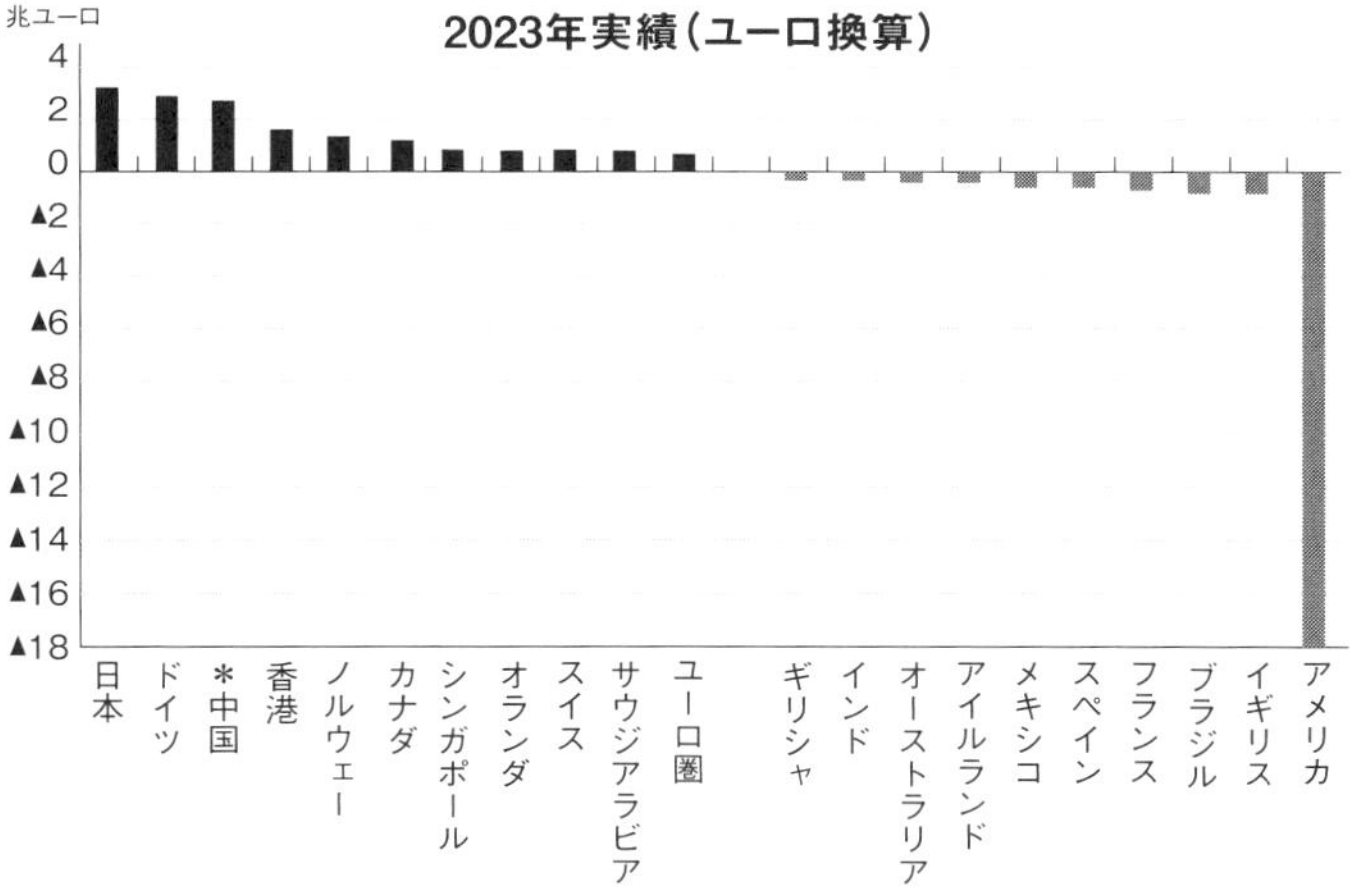

＊）中国の数値は香港を除く。
原資料：欧州中央銀行、国際通貨基金（IMF）のデータをユーロスタットが作図
出所：（上）Peruvian Bull 、2024年8月5日、（下）Lyn Alden、同年7月26日のX（旧Twitter）より引用

トラリア国債を買えば、借りた日本円の金利０・５％を払っても、年間４％の利回りが確保できることになる。

そのうえ、日本政府・日銀がつい最近まで公言していたとおりにどんどん円安が進めば、円建ての借金の元利返済負担は円安分だけ目減りしているので、この投資の最終利回りはさらに上がる仕組みだ。

どこに落とし穴があるかと言えば、ずっと円安方向に進んでいた為替相場が突然円高に転換すると、場合によっては買った金融資産の総合利回りでは埋め合わせられないほど円の借金を返済するときの負担が増えることだ。

そうなると、たとえそれまでは順調に期待通りの利回りが出ていた金融資産でも、借りた通貨の値上がりによって最終損益がマイナスにならないうちに手放す投資家や、返しきれないほど損失が膨らむ前に放出する投資家が出てくる。

損が出ないうち、あるいは損が少ないうちに円建ての借金を返そうとして買った金融資産の投げ売りが始まると、そこでまた借りていた円を支払うための円需要の増加で円が上がるという悪循環に陥るわけだ。

重要なのは**円高→目標通貨資産の投げ売り→さらなる円高**という悪循環で、いちばん被害が少なくて済むのは、日本国内に居住して日々の生活を円で賄っている人たちや、日本を拠点として損益もバランスシートも円で記載している企業だという事実だ。

日本居住者や日本を拠点とする企業にとっては、どんなに円高が進んでも自分たちも円で暮らしているので円建て借金の元利返済負担は増えないからだ。

また借金が返せるか返せないかの瀬戸際という場面になると、日本がいちばん有利なことが、17ページ下段のグラフにも出ている。日本は対外純資産（自国から諸外国への投融資総額から諸外国から自国への投融資総額を引いた数値）が世界一大きい。

つまり外国の投資家からの投融資の返済を迫られる危険が、いちばん少ないのが日本なのだ。

一方、アメリカは2位イギリスの20倍前後に当たる約18兆ドルの対外純債務（外国から自国への投融資から自国から外国への投融資を差し引いた金額）を抱えている。

ふつうの国では、これほど大きな対外債務を抱えると、自国通貨が下落した際の元利返済負担が激増する。だから、こんなに大きな債務を背負うことはできない。

だがアメリカは覇権国家の特権として、どこの国に対する借金もほとんど全部米ドル建てにできるので、ドル安になっても為替レートの変化によって返済負担が増える心配をしなくて済む。

そういう状態が続くと財政規律も緩みがちで、対外債務もどんどん膨張してきたというわけだ。ただこの対外債務膨張には、アメリカ国民やアメリカ企業が米株や米国債を買うのに、円建ての借金をしてその借金で買うようになったことも貢献している。

この円キャリーによる自国金融資産購入分については、円高・米ドル安になると元利返済負担は増える。

だからこそ今や莫大な時価総額の企業が巨額の投資を吸収して、さらに時価総額が増えることに国民経済が大きく依存しているアメリカでは、日銀利上げによる円高への転換が**「ゴジラ再び襲来！」**と呼ばれるほど恐れられているのだ。

なお対外純資産（マイナスの場合は純債務）には、直接投資（企業などの経営に参加するための投資）と間接投資（金融市場での株や債券の購入）がある。

企業経営の根幹に大きな影響を及ぼすのは直接投資だが、大きなコミットメントをしているので金融市場の動向次第で大きな出入りがあるという性格の投資ではない。一方、間接投資はいつでも市場で売り抜けられる株や債券の購入なので、相場次第で激変する可能性がある。

次ページの2段組グラフで、アメリカの対外純債務約18兆ドルのうち、どの程度が逃げ足の速い間接投資の入超（借金を増やすこともまたカネが入ってくることなので資金の流れで言えば流入超過だ）なのか推定できる。

上下段を比較していただくと、直接投資での対外純債務は11兆ドルから8兆ドルを引いた約3兆ドルとわかる。つまり相場の風向き次第で大きく動く間接投資での対外純債務は、**15兆ド**

直接投資受入額トップ10ヵ国の対内直接投資残高

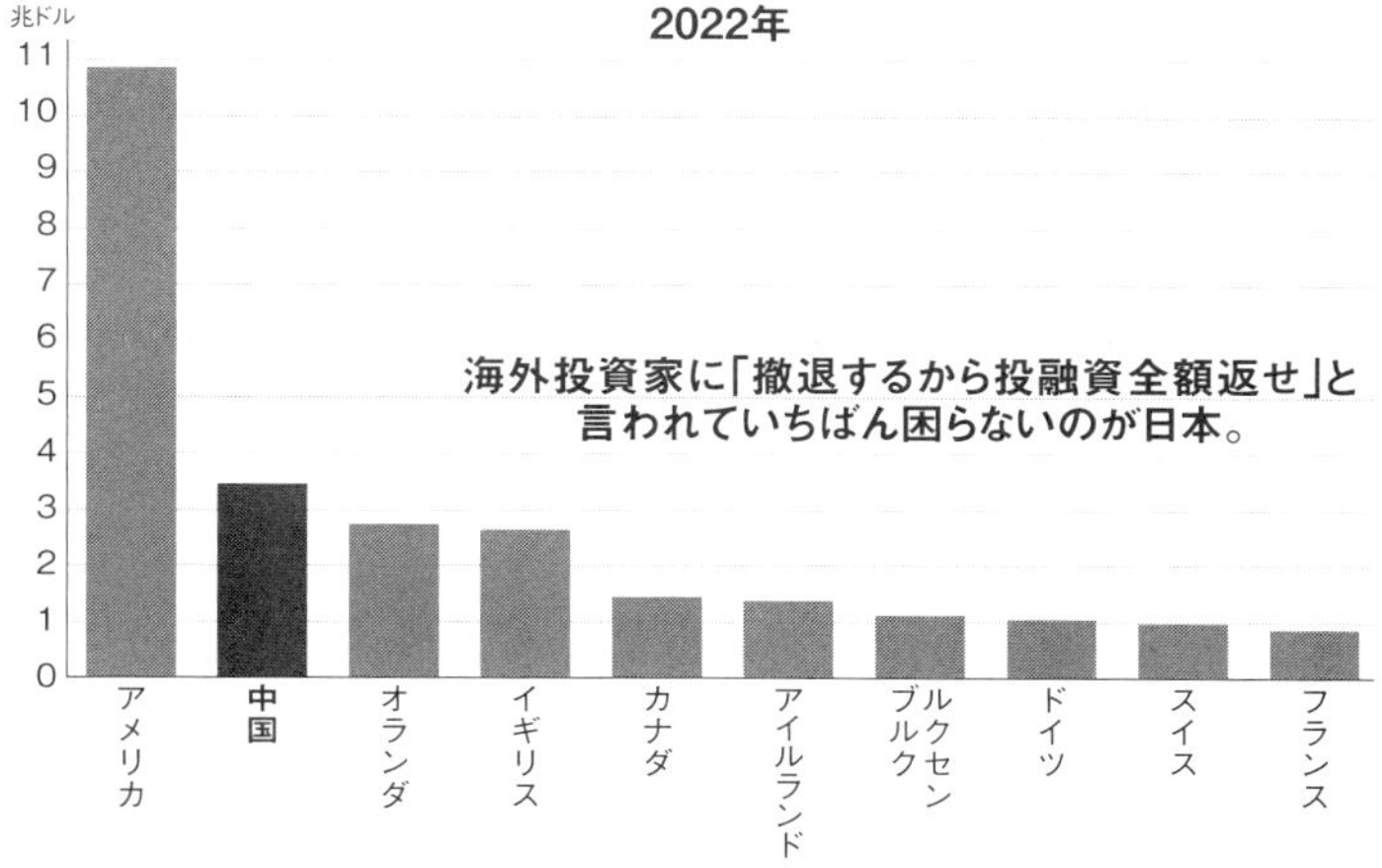

直接出資受入額トップ10ヵ国の対外直接投資残高

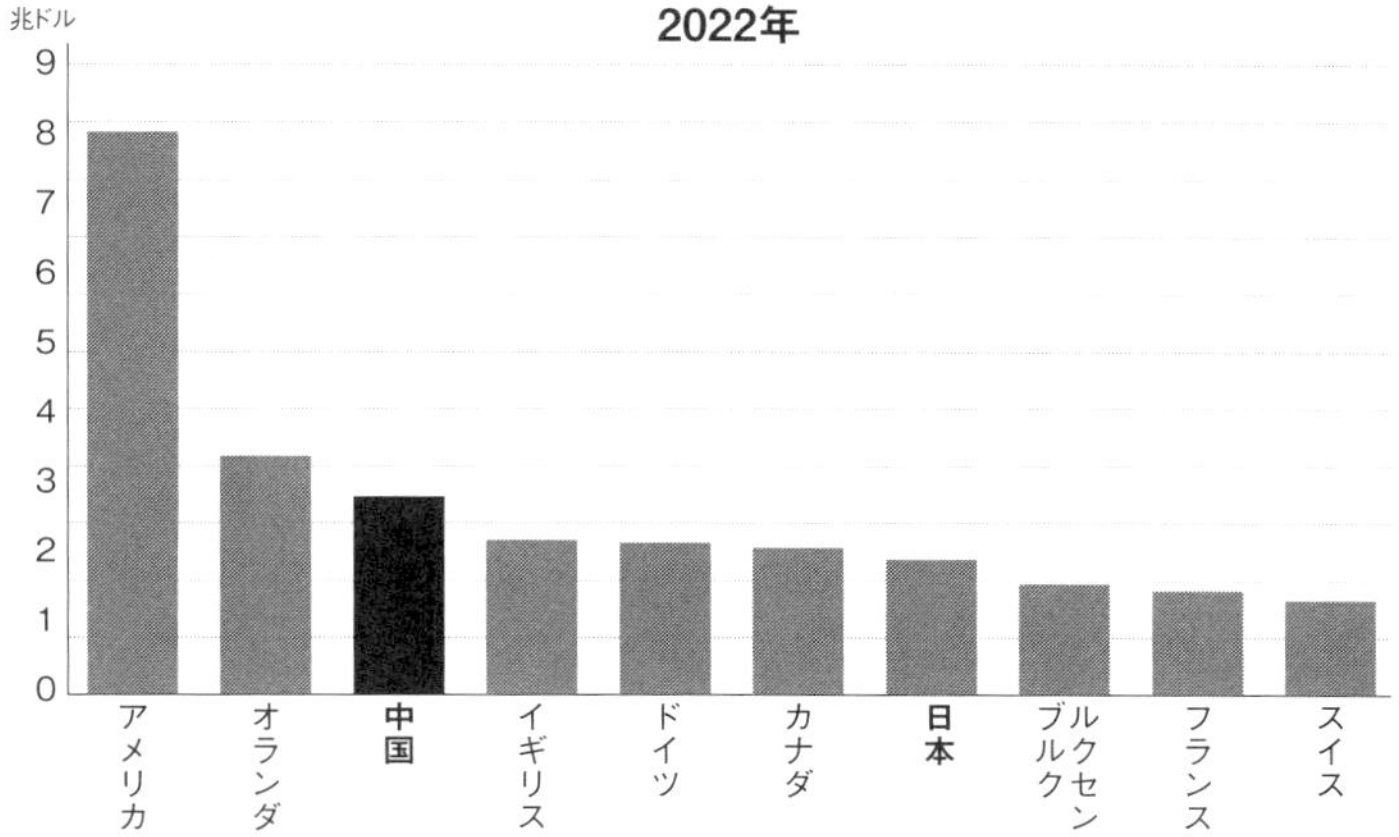

原資料：経済協力開発機構（OECD）のデータから中国パスファインダーが作成
出所：Atlantic Council=Phodium Group『China Path Finder 2023』（2023年10月刊）より引用

ルという莫大な金額になっている可能性が高いのだ。

日本の金融機関による日本居住者以外への円建て融資の残高は約40兆円と推定されている。1ドル＝145円で計算すると約2760億ドル、15兆ドルの1・8％程度となる。

この1・8％がほぼ全額円キャリー投資だとするのはちょっと大げさすぎるが、大部分が米株や米国債への投資に使われているのは間違いないだろう。

円高による売却がさらなる円高を招く悪循環となったとき、それが間接投資での純債務約15兆ドルのわずか1・8％ほどだったとしても、**アメリカ金融市場の大崩壊を招くきっかけ**にはなり得る数字だ。

アメリカが危機的な状態にあるのに対して、日本ははるかに健全な資金構造を維持している。

労働生産性や技術革新への対応などで、先進諸国の中でもっとも遅れていると指摘する人が多いが、こうした批判のほとんどが実際のデータとは大きく食い違っている。

労働生産性伸び率は先進諸国の平均値より上なのに賃金は低いまま

労働生産性上昇率が欧米よりずっと低いと指摘されることもあるが、1995〜2020年という25年間の比較で見ると、日本の労働生産性は欧米諸国と比べて低いほうではない。

この25年間でアメリカがほぼ正確に50％伸び、イギリスが30％台の半ば、フランスとドイツが30％の伸び、イタリアにいたっては10％の伸びにとどまったのに、日本の労働生産性は30％台の後半の伸びを示した。

ところが、この伸びがまったく実質賃金の上昇につながらなかった。実質賃金は下がりつづけ、賃金給与所得に依存する人たちの生活水準も同様に下がっていった。

最大の理由は政府・日銀が名目でゼロ、実質ではインフレ率分だけマイナスという異常な低金利によって円安をさらに進める政策をとったことだ。

日本の輸出産業各社は、ほとんど価格競争力に依存しない製品を輸出している。つまり円安によって労賃や原材料費、販管費が安くなったのに、輸出先の現地通貨では値下げするどころか値上げをして、その分だけ利益率を高めている。

だから「企業は最高益なのに生活が苦しくなっている」のではなく、**「企業が最高益を上げているから生活は苦しくなっている」**のだ。

日本の実質賃金が上がらないもうひとつの理由は、いまだに結婚や出産をきっかけに正規雇用から外されて最低賃金近傍の報酬しか得られないパートで働く女性が多いことだ。出産で長期休暇を取ると露骨に退社させられることはなくても、社内での昇進が遅くなるといった不利が待ち受けている。

パートのような低い賃金の仕事にしか就けなくなっても、きちんと効率よく働く女性が多い。それ自体はすばらしいことだが、日本の勤労者全体の**賃金給与を抑制する効果**をもってしまう。日本経済が抱える低賃金問題を解決するための方策の中で、ふたつ目の女性の就労環境の改善は社会変革が必要なのでむずかしい。

だが、円安によって本来勤労報酬に回るはずの労働生産性向上の成果が企業利益に吸い上げられてしまう構造は、円キャリー取引の巻き戻しによって改善することができる。

世界経済の命運は日本国民が握っている

円安から円高への転換、それも中途半端な円高ではなく1ドル＝70～80円への円高が進めば、現在の為替レートでわずか3万5000ドル程度に下がってしまった1人当たりGDPは7万ドルになる。

人口の大きな先進諸国の中では、アメリカより約1割低いだけの2番目の富裕国に変わるのだ。いや、それどころではない。

アメリカ経済は、2000～02年にハイテクバブルが崩壊してから、何ひとつ国民生活を豊かにするまっとうな技術革新をしていない。

日本から実質マイナス金利で借りたカネで時価総額の大きな株を買って、巨大寡占企業のバリュエーションを上げるだけで実質GDPが上がったような幻想を維持して、世界中の資金を呼びこむことでかろうじて資金繰りが回っている。

その実態は、次ページの2段組グラフが示すとおりだ。

上段では、国際金融危機が収束した2009年頃からアメリカ株の時価総額は、その他全世界の時価総額を超え、その後もどんどん差を開いていって直近では標準偏差でプラス3前後の異常な高額に達していることが確認できる。

なお、なぜ現在アメリカで進行中の株価バブルを時価総額集中バブルと名付けたかは第4章で詳しく論ずるが、かいつまんで説明しておけば以下のとおりだ。

2000～02年に崩壊したハイテクバブルは、アメリカ国民にとって生産性上昇というプラス効果があった最後のバブルだった。しかし、そのプラスを金融偏重のアメリカ経済は2007～09年のサブプライムローンバブルで使い果してしまった。

財政赤字と経常赤字の双子の赤字で最低限の政府機能の維持さえままならない場面が予想されて途方に暮れていたアメリカに、天佑神助《てんゆうしんじょ》とも言うべき金融政策を実施してくれる国が出現した。

2013年度から「異次元緩和」と称してゼロまたはマイナス金利・円安路線を進め、円を

米株時価総額のその他全世界時価総額に対する比率推移
1950～2024年

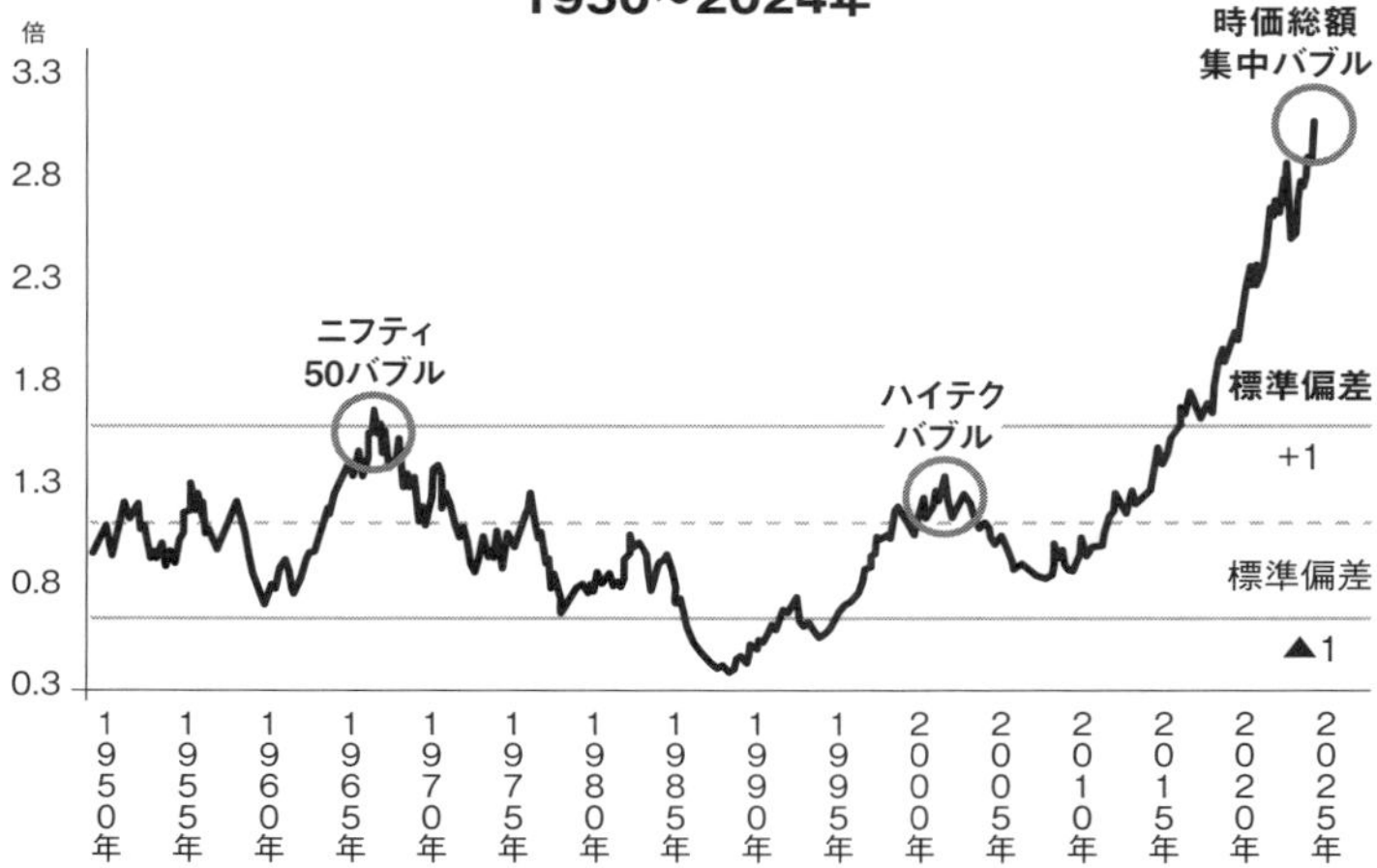

ドル円レートとS&P500株価指数推移
2023年12月～2024年8月

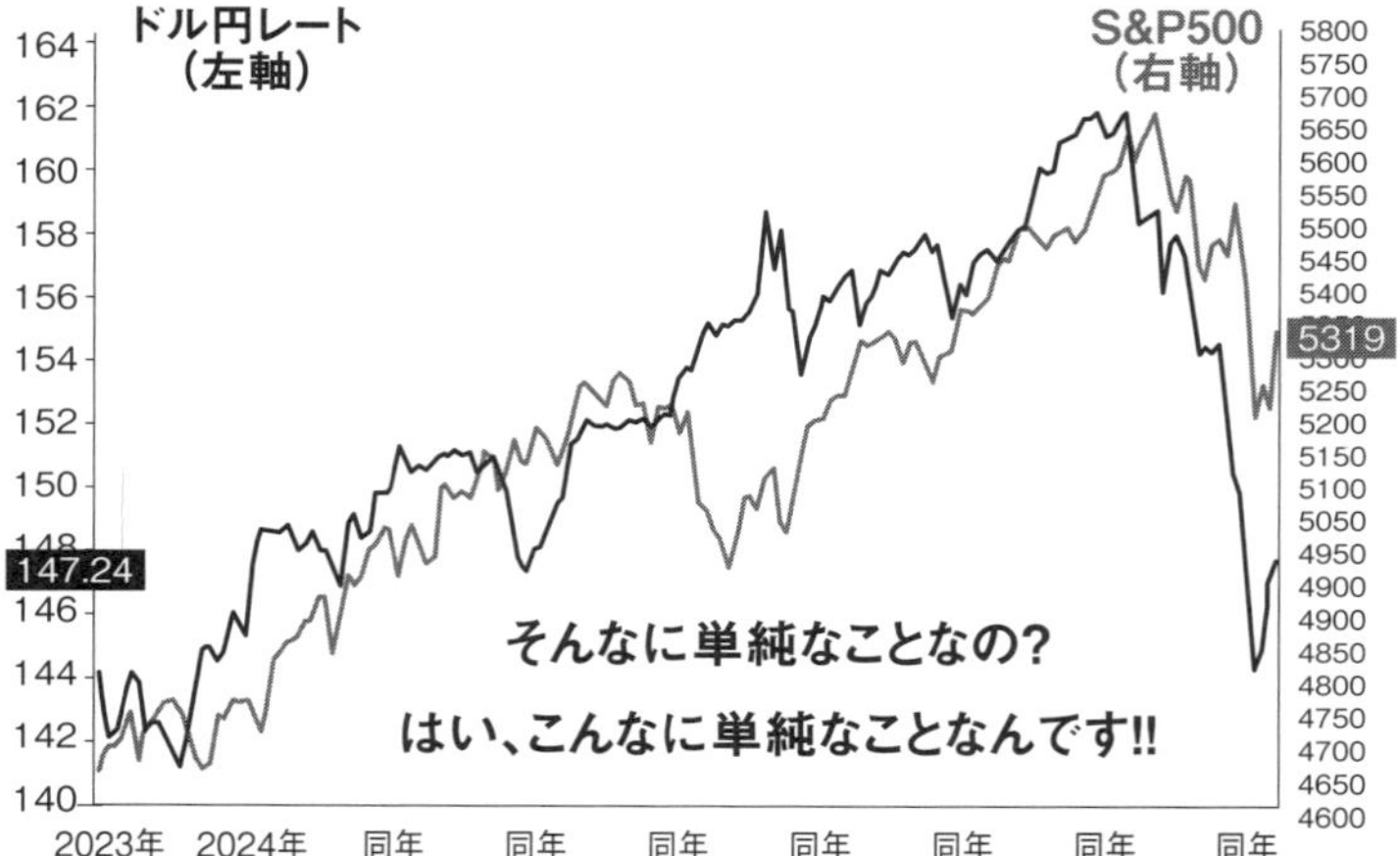

原資料：オールスター・チャーツ
出所：（上）Michael A. Arouet、2024年7月23日、（下）Grant Hawkridge、同年8月9日のX（旧Twitter）より引用

借りた人間、企業、国は借りれば借りるほど儲かる仕組みを提供してやった日本国だ。

下段を見ると、その他全世界の株に対する米株評価の急上昇は、米ドルの円レートが高くなるほどアメリカを代表する株価指数であるS&P500が値上がりしたことによって支えられていたことがわかる。その資金源となったのが、延々と下がりつづける円で借りたカネだった。つまり、アメリカを含む世界中の投資家たちが、円安につけこんだ円キャリー取引を利用して借りた円で米株を買うことによって暴利をむさぼっていたのだ。

こんな自国に不利でアメリカに有利な金融政策を採用することについては、アメリカから政府・日銀首脳に政治・外交における圧力とか、ワイロとかがあったのだろうか。

たぶんそんなことをする必要はなかったのだろう。浜田宏一とか竹中平蔵を見ていると、アメリカの大学院レベルで教育を受けた日本人経済学者や官僚は、脳内が完全にアメリカ植民地化している。本気でアメリカにとっていいことが日本にとってもいいことだと信じて、忠実に**アメリカの下僕**に徹していたとしか思えない。

そして日本の輸出型製造業各社は、輸出品について円安に付き合わずに現地通貨での価格を高めに維持して、下がった円コストと現地通貨価格の差を広げて利益を拡大して潤ってきた。

また日本の大手金融機関も非居住者に円を貸すだけではなく、輸出企業などが使い道もなく溜《た》めこんだ預金を海外投融資に振り向けることによって米株高のお相伴に与《あず》かっていた。

貧乏くじを引いていたのは、輸入するモノやサービスが円安によって高くなったことでますます生活水準が低下した日本の勤労者だった。円キャリー取引の巻き戻しによって日本国民が海外からの製品やサービスを安く買えるようになるのは、文句なしでいいことだ。

さらに日本にとっては、円キャリーの巻き戻しと円高との好循環によって円が現状の約2倍に評価されれば、人口規模の大きな先進国の中では**1人当たり実質GDPも約7万ドル**となってトップにのし上がるのだ。

アメリカの1人当たりGDPは現在7万8000ドル程度だが、こちらは円キャリーが本格的に巻き戻されて、時価総額の大きなアメリカ株ほど値下がり率が高くなれば激減するだろう。1〜2割の低下では済まないかもしれない。

円キャリー取引の巻き戻しだけで、そこまで突き進むかどうかはわからない。だが対円でのショック安のあと、円に対してはかなり戻したが、その他通貨に対してはほぼ全面安が続いている米ドル相場を見ていると、アメリカ経済がすでにその方向への第一歩を踏み出したのは疑う余地のない事実なのだ。

高金利で短期国債を売りまくらなければ財政がもたないアメリカで、ドルが円に対してだけではなくあらゆる通貨に対して安くなると大変だ。経済活動が収縮し、金融市場の活況で覆い隠してきた庶民の困窮が白日のもとにさらされて、株も債券も不動産も全面安という世相になる。

だからアメリカは「円が高くなると飯を食えなくなるアメリカ国民が大勢出てくるからやめてくれ」という泣き落としと、「円高になると日本の製造業も金融業も壊滅する」というコケ脅しの両面作戦で、なんとか円高を回避しようとするはずだ。

どちらにも騙《だま》されてはいけない。世界経済の浮沈の鍵は日本国民が握っているが、現代アメリカ経済は迷わず成仏させてやったほうが**アメリカ国民の大多数にとっても恩恵が大きい**ほど、骨の髄《ずい》から腐敗しきった経済なのだ。

泣き落としについては「さんざん日本国民の生活水準を低下させてひねり出した資金で甘い汁を吸いながら、日本をバカだのチョンだのとコケにしておいて、今さら何を言うか」と一喝してはねつければいい。

製造業・金融業壊滅についても、言わせておけばいいだけの話だ。

そもそも現代日本の製造業は、輸出代金を1セントも稼ぐ必要はない。昔はエネルギー資源・金属資源・農林水産物の輸入代金分を稼ぐ必要があった。

だが現代では、きちんと地に足をつけた直接投資による配当・金利収入だけでどうしても輸入しなければならないものの代金は賄える。日本国内での競争にはついて行けないが、輸出なら何とか食っていける程度の企業が潰《つぶ》れても大した影響はない。

円キャリーで巨額損失を出しそうな日本の金融業者の顔ぶれを見れば、こちらも**農林中金**とか**ゆうちょ銀行**のようにむしろ潰れてくれたほうがすっきりする元国営・準国営企業が並んでいる。

絶対に脅しに屈して円を正当な評価まで上げることを諦《あきら》めてはいけない。自国通貨である円が高くなるのは、すなわち自分の労働が世界中で高く評価されることであり、世界の富をアメリカ金融業界が吸い上げる仕組みをぶち壊すことなのだから。

第1章

エヌヴィディアが世界規模で展開する花見酒経済

今やマグニフィセント7はマグニフィセント1に

アメリカ株市場を見ると、もう3〜4年にわたって持続的に上昇するのは時価総額の大きなハイテク大手株ばかりで、中小型株は見向きもされないという相場が続いてきた。

ところが、2023年あたりから物色対象がさらに絞りこまれて、マグニフィセント7と呼ばれるアップル、マイクロソフト、アマゾン、アルファベット（グーグル）、メタ（フェイスブック）、テスラ、そしてエヌヴィディアの7社だけが牽引《けんいん》し、その他の銘柄は蚊帳《かや》の外という相場になっていた。

2024年に入ってからは、この少数銘柄への絞りこみ傾向がさらに激しくなっていた。円キャリー取引の巻き戻しが始まるまでは、マグニフィセント7の中でいちばん時価総額の膨張が遅れていたエヌヴィディア株だけが大幅な上昇を続けていた。

次ページのグラフ上段左側をご覧いただくと、今年年初来5ヵ月半で総合収益（配当があったらその配当も株の買い増しに使ったとき得られる、株価上昇率と配当による持株増加を合わせた収益）が3ケタとなっているのは121%となったエヌヴィディアだけである。2位のメタでさえ32%にとどまっていたことがわかる。

2024年前半米株市場の実態はマグニフィセント1

エヌヴィディアの業績だけが突出

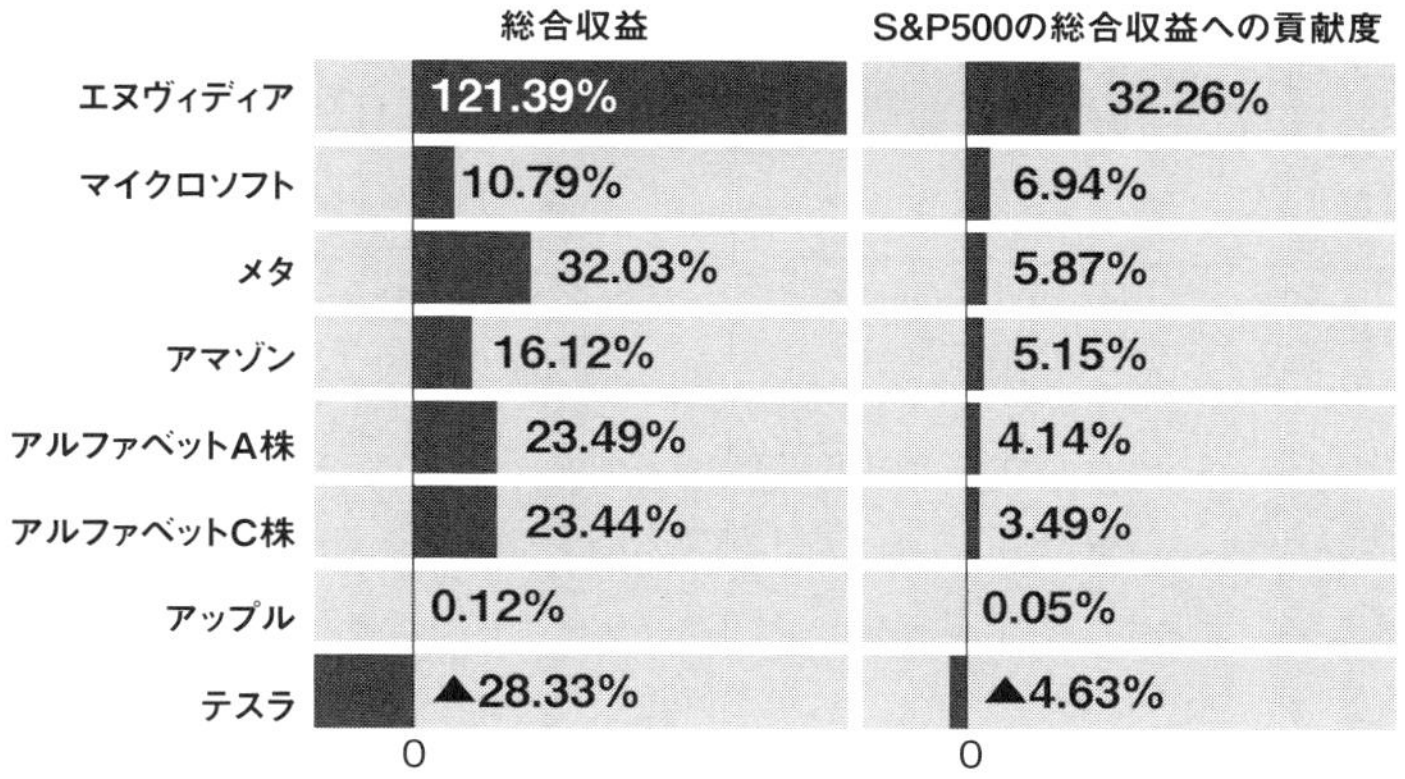

原資料：S&Pダウンジョーンズ指数社

マグニフィセント7から「そして誰もいなくなった」へ

2023年9月＝100の指数表示株価：2023年9月～2024年4月

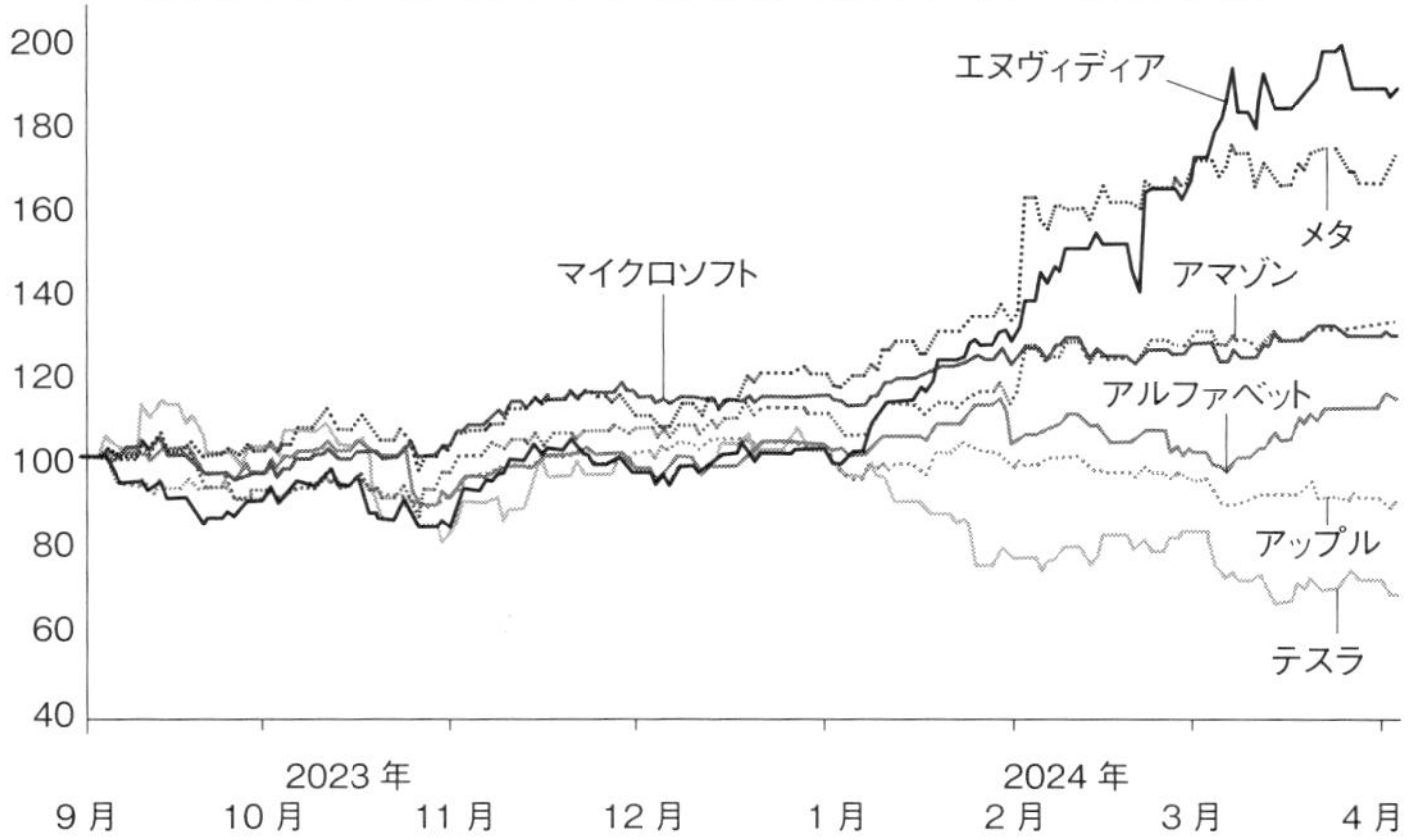

出所：（上）Rahul@rhemrajani9、2024年6月17日、（下）FinGenAi、同年3月4日のX（旧Twitter）より引用

上段の右側にはアメリカ株を代表する指数であるS&P500株価指数の上昇分のうち、マグニフィセント7がどの程度貢献していたかが表示されている。じつにS&P500上昇分の32%をエヌヴィディア1社が担っていた。そして2位はA株、C株合わせて7・63%の貢献があったアルファベットだが、貢献度ではエヌヴィディアの4分の1未満だった。

下段に眼を転ずると、2023年9月からの株価推移では、エヌヴィディアとともにメタも約80%の上昇となっている。ただ、メタの場合史上最高値からかなり下げていた株価の戻りという側面があるとともに、2024年の3月以降はほぼ横ばいにとどまっている。

つまり、2024年7月半ばの時点で、アメリカ株市場で持続的な強さを発揮していたのは**エヌヴィディア1銘柄のみ**となっていた。

だが、これからもエヌヴィディアだけが順調にひとり旅を続けて、他のあらゆる銘柄との株価上昇率の差を広げつづけられるか、大きな疑問が生じていた。

たとえ円キャリーの巻き戻しがなくても、そうはならない可能性が高かった。その理由は2023年年初から1年半ほどのエヌヴィディアの株価の上がり方はあまりにも急激だったので、このペースを長期にわたって維持できるはずがないと、ほとんどの市場参加者が考えていたことだ。

次ページの2段組グラフの上段をご覧いただきたい。

現在までのところ時価総額が3兆ドルに達したことのある企業は、マイクロソフト、アップル、エヌヴィディアの3社だけだ。そしてアップルはかなり以前から3兆ドル台を維持してきたし、マイクロソフトは長い期間をかけてじわじわ3兆ドル台に乗せた企業だ。

それに対してエヌヴィディアは、2024年の1月初めにまだ1兆ドル強だった時価総額が半年も経たないうちに約3倍になり、一時は時価総額世界最大企業になってしまったのだ。

下段は、マイクロソフトの代わりにシスコシステムズを入れた3社の株価売上高倍率（PSR）を比較したグラフになっている。

株価売上高倍率は、ある会社の株価の時価総額が1年間の売上高の何倍に当たるかを示す数字だ。もしこの倍率が5倍だったとしたら、売上高を全部株主に還元したとしても株を買ったときの資金を回収するまでに5年かかることになる。

もちろん原材料費も労賃も諸経費も金利負担もない企業などないから、株主が買ったときの資金を取り戻すまでには、それよりずっと長い時間がかかる。それほど割高な株を買うのは、売上や利益が上昇しつづけてくれるという期待があるからだ。

株価売上高倍率で見れば、5～10倍というのはそうとう割高な水準だ。ましてや2000～02年のハイテクバブルまっただ中のシスコのように40倍に迫ったり、今回のエヌヴィディアの

エヌヴィディア世界最大の時価総額に昇り詰める

2024年1月2日～6月19日

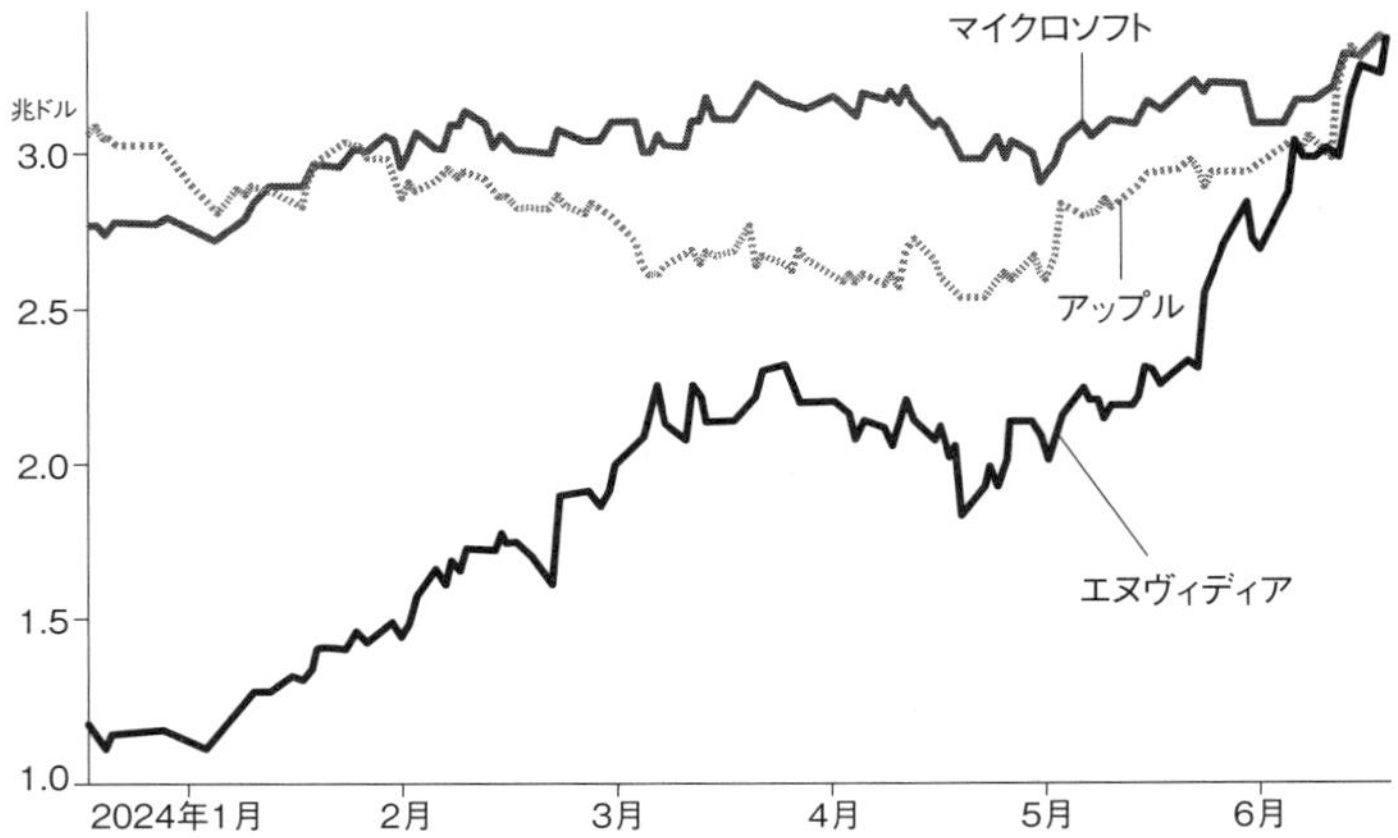

ハイテク3社の株価売上高倍率推移

1990年～2024年

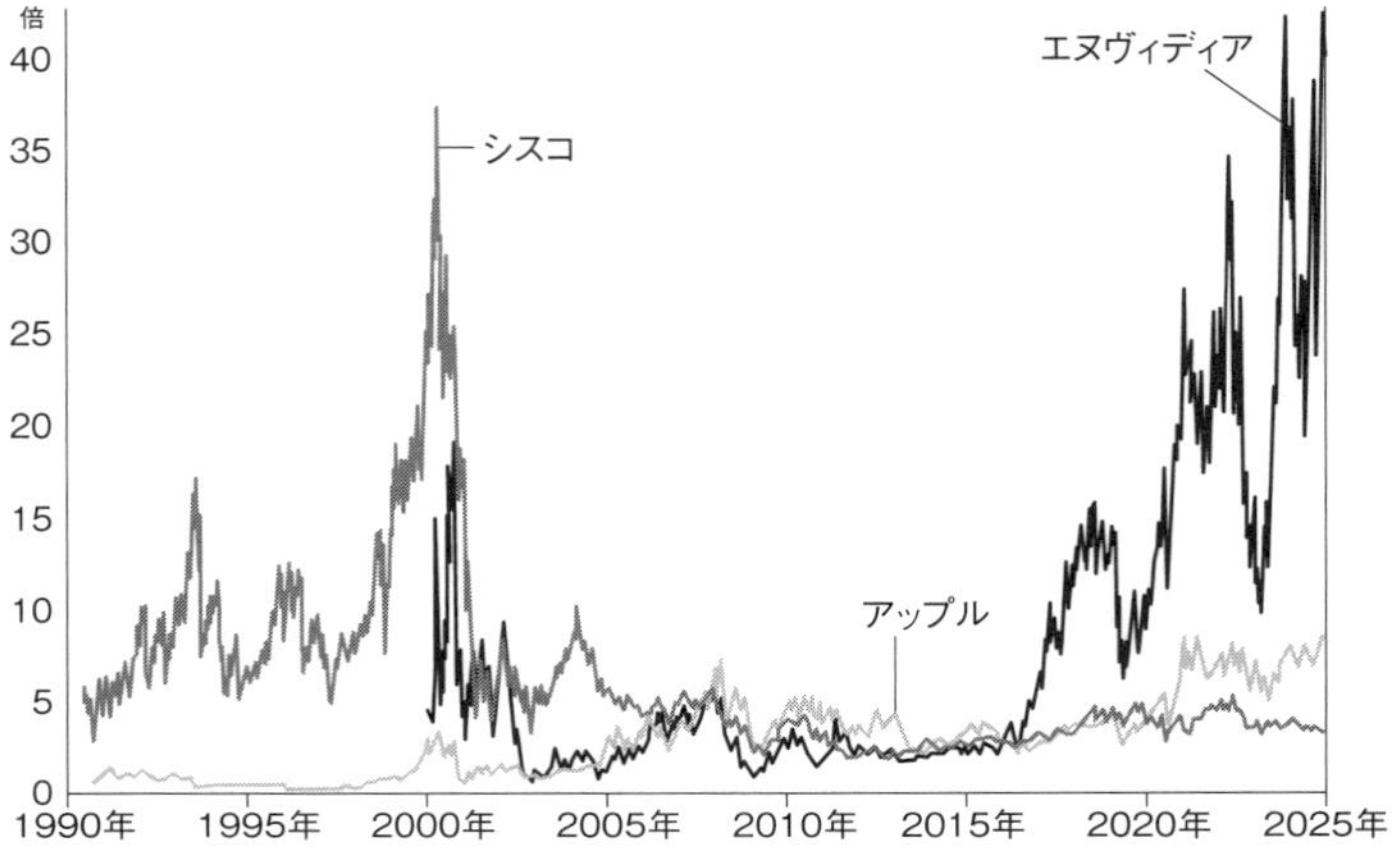

出所：Augur Labs Infinity、（上）2024年6月19日、（下）同年6月21日のX（旧Twitter）より引用

大手ハイテク株・ナスダック100株価指数の直近10年累計株価上昇率を1992年を起点とした倍率で表すと？

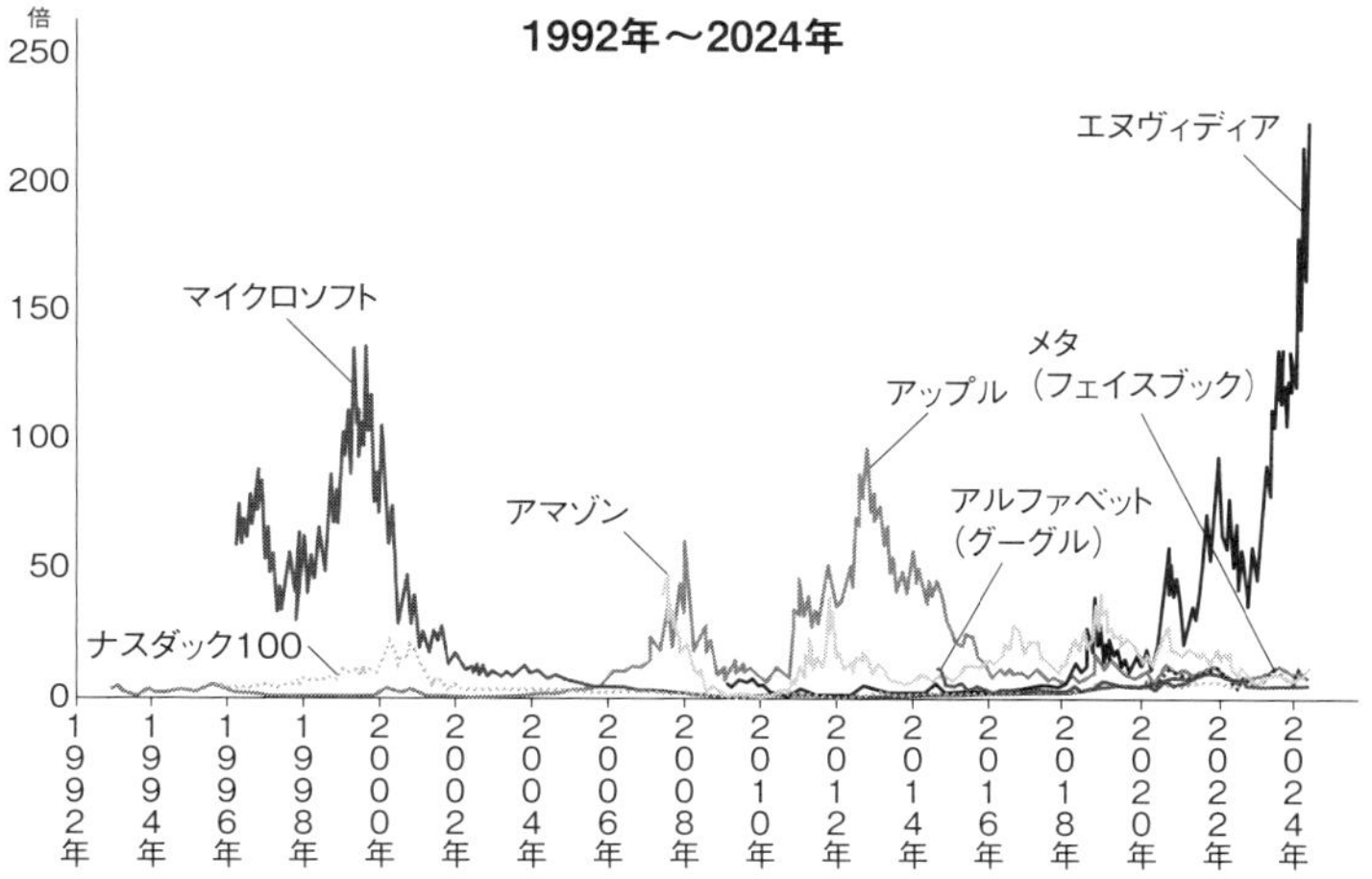

注：1982年の米株市場に存在していたのはアップル株とナスダック100だけだったので、この2つだけ1993年の時点から1992年の価格に対する10年累計倍率の算出が可能だが、その他企業の株価は遅れて登場する。
出所：The Kobeissi Letter、2024年6月5日のX（旧Twitter）より引用

ように40倍を超えてしまったりというのは、**割高を通り越して異常**と言うべき水準だ。

上のグラフで、ハイテク大手個別銘柄と、ハイテク大手中心に組成された株価指数であるナスダック100について、直近10年間の累計で株価がどの程度変動したかを見てみよう。

これまで10年累計株価上昇率で最高を記録していたのは、1989〜90年から1999〜2000年にかけて約130倍になったマイクロソフトだった。仕手株と呼ばれる小型で流動性が低いから乱高下しやすい銘柄を除けば、他には10年累計で100倍を超えた銘柄はなかったのだ。

ところが去年から今年にかけてのエヌヴィディア株の10年累計上昇率はすさまじく、あっさりマイクロソフトの記録を抜いただけではなく、史上初めて10年累計上昇率が200倍台に乗ってしまった。

エヌヴィディアをカラ売りする理由は割高感だけ？

というわけで、さまざまな株価評価基準に照らし合わせると、エヌヴィディア株は明らかに割高すぎるという結論に達する。

それだけでも、十分にカラ売りを仕掛ける理由になる。カラ売りとはまだ持っていない株を特定の価格で売ると約定しておいて、もし株価がその価格より下がったら市場で買って、約定どおりの価格で売れば利益が出るという取引手法のことだ。

もう少し「過激」な理由でエヌヴィディアのカラ売りをしようとする人たちもいる。次ページの写真をご覧いただきたい。

「今やアメリカだけではなく世界中の株式市場が、エヌヴィディア1銘柄に頼って見かけ上の好況を謳歌している。しかもアメリカの資産家たちはどんなに実体経済が悪くても、株価が上がって自分の持っている金融資産の評価益が増えているかぎり、真剣にアメリカ経済が抱える

これがエヌヴィディアをカラ売りしつづける理由

出所：Obvious Statement Man@Man_Qbvious、2024年5月29日のX（旧Twitter）より引用

問題を解決しようとしない。だからエヌヴィディアの株価を下げるという荒療治で、彼らの目を覚ましてやる必要がある」というわけだ。

　でもエヌヴィディアを「売り」と判断する理由は、こうした一罰百戒的な「見せしめ」として、この間いちばん上昇率の高かった銘柄であるエヌヴィディアに照準を合わせることだけだろうか。

　私はそうではなく、もっと深刻な理由があると思う。まず、**マグニフィセント７全体の収益成長が鈍化**していることが挙げられる。次ページの２段組グラフの上段が示すとおりだ。

　２０２４年の第１四半期には、マグニフィセント７の当期利益は前年同期比で37・２％もの大増益だったのに、Ｓ＆Ｐ５００組み入れ銘柄中、この７銘柄を除いたほかの４９３銘柄はわ

マグニフィセント7とその他大勢、収益格差逆転
2024年第1～第4四半期の当期利益前年同期比成長率予測*

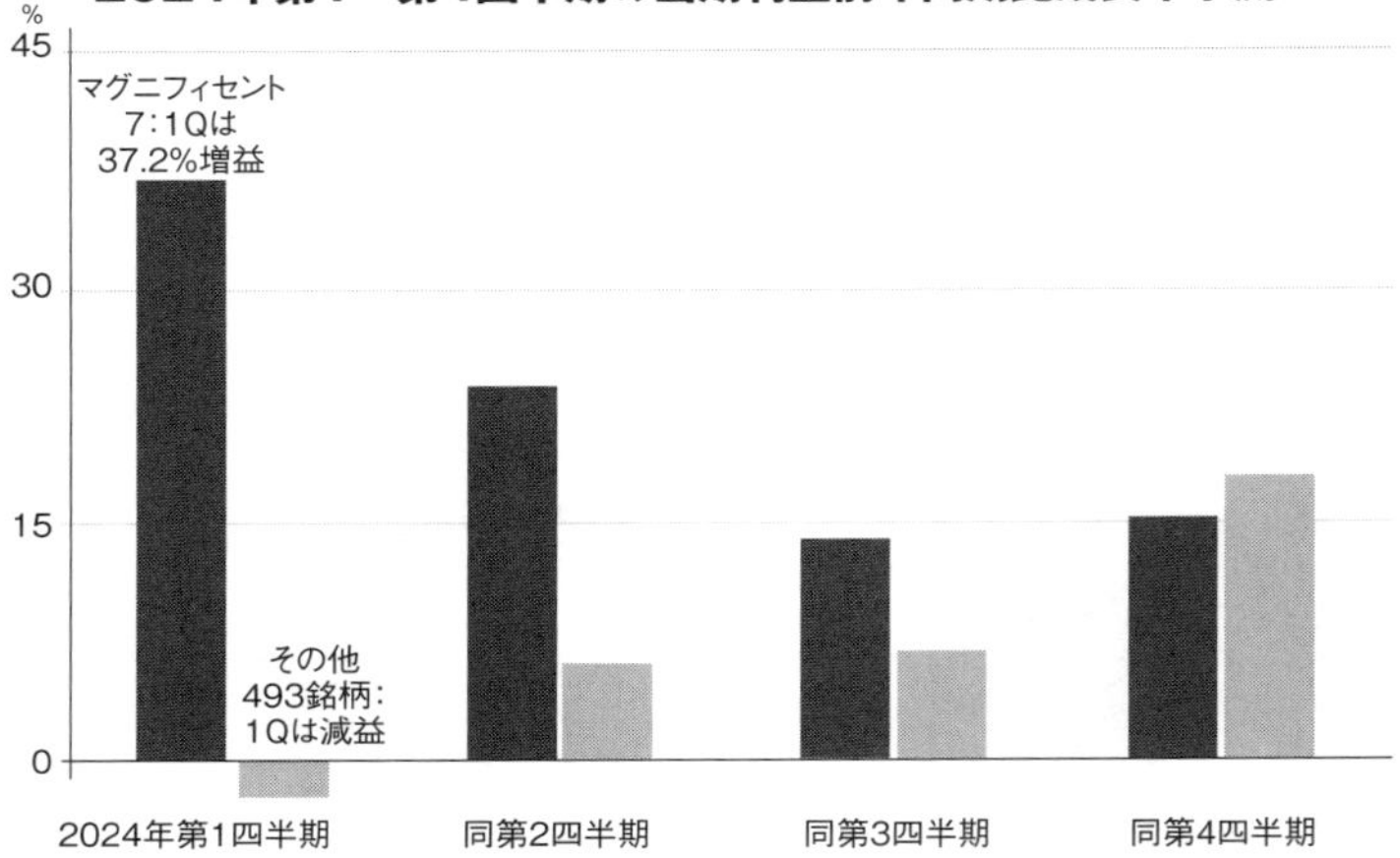

*）第1四半期は実績見込み、第2～第4四半期はファクトセット主任業績アナリストの予測

マグニフィセント7のインサイダー売り加速
テスラ、アマゾン、アルファベットが顕著：2013～24年

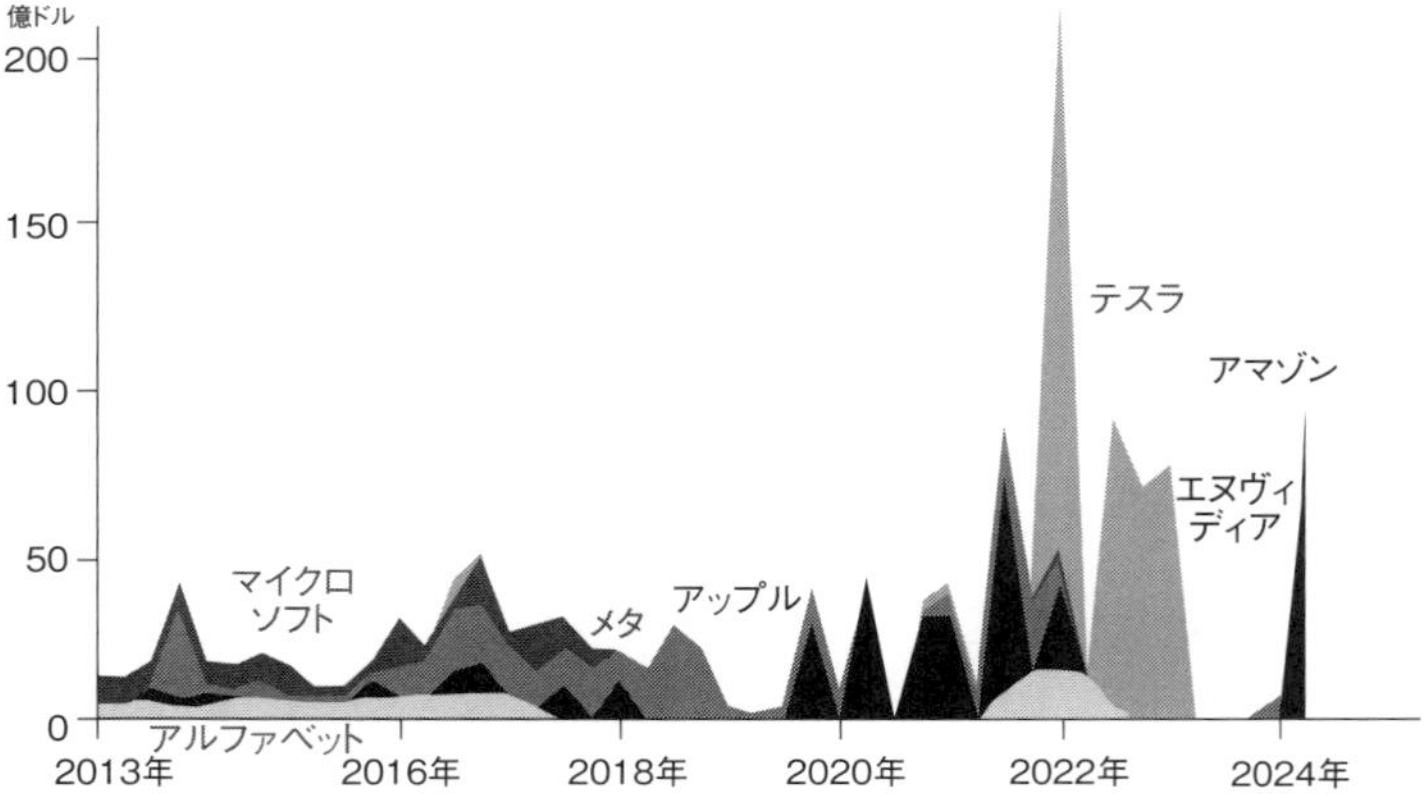

下段注：自社の重役・従業員など全関係者による売越し総額。
原資料：ファクトセット、ゴールドマン・サックス グローバル投資リサーチ、ブルームバーグ
出所：（上）Charlie Bilello、2024年4月3日、（下）Sean Gibson、同年3月4日のX（旧Twitter）より引用

ずか2～3%とはいえ前年同期比で減益になっていた。

これぐらい業績の差がはっきりしていれば、マグニフィセント7だけが牽引する相場だったのも無理はない。しかし、その差は2024年の残り3四半期を通じて徐々に狭まり、第4四半期には逆転すると予想されている。

その他493銘柄の当期利益が約17%の大増益になるのは、比較の対象となる前年の第4四半期の水準が低かったからという理由もあるだろう。しかし、マグニフィセント7の増益幅が大きく下がってくると予想されている中で、エヌヴィディアだけは大増益を維持できると考える理由は薄弱になっている。

同社が得意としているGPUとはグラフィクス・プロセシング・ユニットの略で、ふつうのパソコンなどに使われるCPUに比べて速く大量の仕事をこなせる演算処理装置のことだ。大量の演算をおこなう必要がある生成AIにはCPUでは対応しきれず、GPUを使うことが必要と言われている。

「生成AIが大ブームで、供給が需要に追いつかないほどGPUの売れ行きがいい」といった話をよく耳にするが、GPUの売れ行きの実情は、マグニフィセント7の中でデータセンターが必要な事業を展開している企業による大量買いに支えられているところが大きい。

一般企業の大部分にとってGPUは、買ってもうまく使いこなすことができないほどの過剰スペックになることが多いからだ。

そして、「生成AI需要が爆発的に拡大している」というのも、「GPUは生産が追いつかないほど売れている」というのも、どうやら**詐欺《さぎ》まがいの架空取引**によって捏造《ねつぞう》された印象であって、事実ではなかった可能性が非常に高い。

40ページ下段の表には、マグニフィセント7各社のCEOや重役などによる自社株売りの金額がどう変動してきたかが描かれている。最近はテスラやアマゾンの経営幹部による自社株売りが多かったのだが、ここに来てエヌヴィディアのインサイダー売りも目立つようになってきた。

もちろん、つい最近までエヌヴィディアは時価総額が小さく、経営幹部がかなり大量の自社株を売っても、金額的にはあまり大きくならなかったことも一因だろう。

でも、ほんとうに創業CEOであるジェンスン・フアンが言うほど業績がいいなら、経営幹部は株価がもっと上がることを期待して、自社株を保有しつづけるはずだ。

次ページの4枚組グラフをご覧いただくと、エヌヴィディアの経営幹部たちが自社株売りをしたくなる理由がよくわかる。

エヌヴィディアの収益指標にはピークがふたつあった。2019年と2022年だ。1株利益で見ると、2022年の4ドル弱は2019年の1ドル66セントの2・4倍前後だ。だから

エヌヴィディアの基礎収益指標急激に劣化

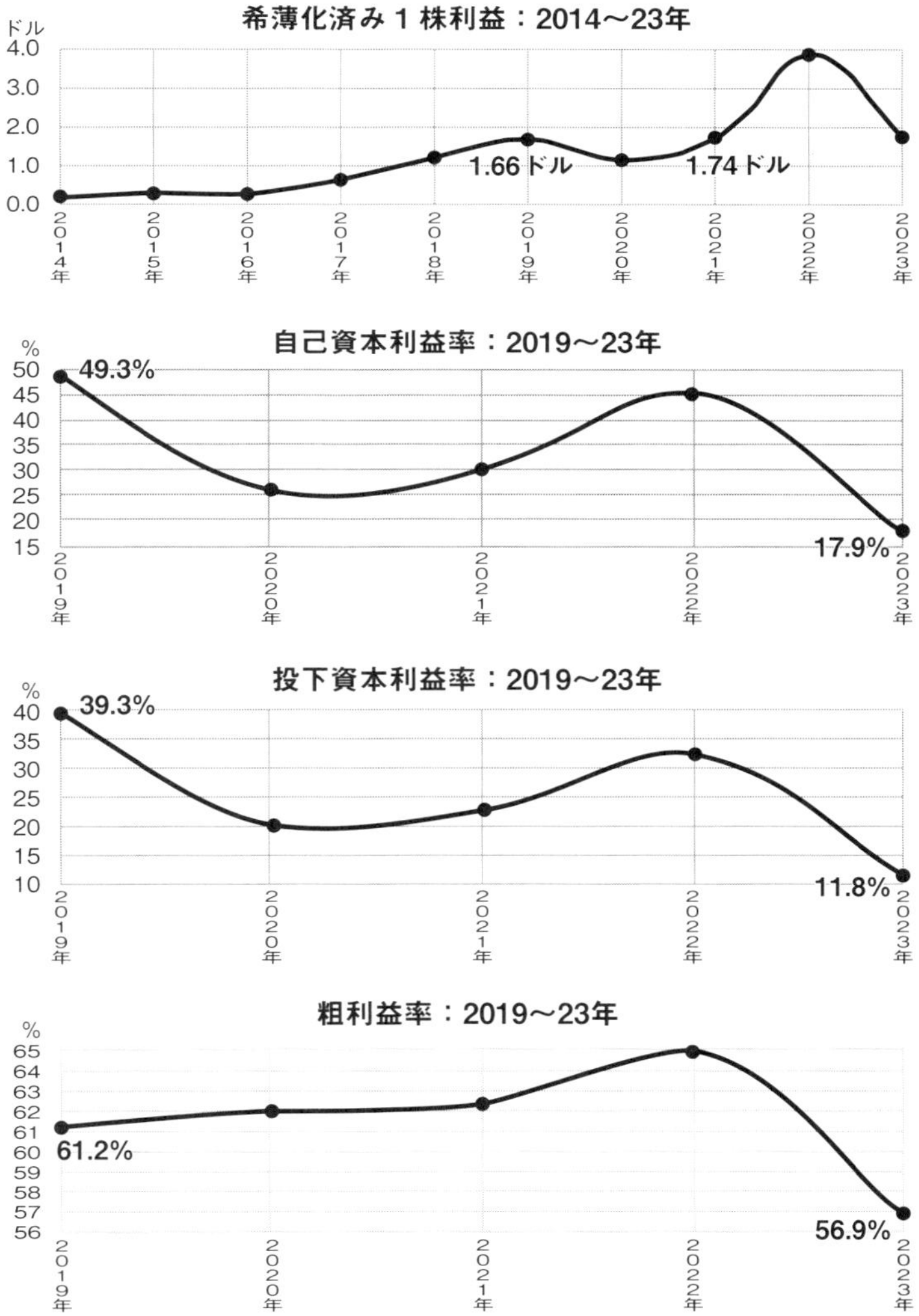

注：年次は各年1月末に締めた前年2月～該当年1月の12ヵ月通期決算の実績を示す。
出所：ウェブサイト『Seeking Alpha α』、2024年6月17日のエントリーより引用

当然、2022年のほうが収益性は向上していると思いがちだ。

ところが実際には、2度目のピークの収益性は明らかに劣化している。自己資本利益率で3～4パーセンテージポイント、投下資本利益率では5～6パーセンテージポイント下がっているのだ。

そして世間でエヌヴィディアを「好収益・高成長の生成AI関連銘柄の花形」ともてはやし始めた2023年になると、自己資本利益率は2019年の3分の1強、投下資本利益率にいたっては2019年の**30%と凄まじい下がり方**だ。

それなのに粗利益率だけは2019年の61・2%から2022年の65%ちょうどに、4パーセンテージポイント近く上がっていた。ただ、これも2023年には56・9%と大幅に低下している。

これが自社で製造まで手がけている企業なら、自己資本や投下資本に対する利益率は下がっても、粗利益率の高い画期的な新製品の売上シェアが上がったので企業全体としての粗利益率も上がったということもあり得る。

しかし、エヌヴィディアは典型的なファブレスメーカーである。詳細設計図を書くところまでは自社でやるが、実際の製造から梱包・発送までファウンドリーと呼ばれる注文に応じて製造工程を引き受ける企業にやらせている。

現代に甦る花見酒経済

ファブレスメーカーは始めから削れるコストは全部削った状態で操業しているので、めったに粗利益率が急上昇することはない。どうすれば粗利益率が急上昇するかというと、粗利益率100％の架空取引を始めるか、前からやっていた**架空取引の売上シェアを高める**ことだ。

具体的にどんな架空取引をしているのかというと、自社からはGPUをまとまった数で売ったことにする一方、「客先」の企業からはなんらかのサービス（自社製品の特徴から言って、データセンターでおこなっているクラウドサービスを買ったことにするのが、もっともらしいだろう）を同額買ったことにしているのだ。

こうすると、双方とも1セントも費用を使わずに売上を立てることができる。しかも帳簿に数字を記入するだけで成立する取引なので、**粗利100％の好収益事業**だ。もちろん、相手先から「買った」サービスを正直にこの製品販売の対価に立ててはいけない。

そんなことをしたら、費用100％で粗利ゼロの不採算事業になってしまう。客先から買うサービスは、まったく自社製品の販売とは無縁のなんらかの理由でクラウドサービスを使う必要があって、たまたまその企業のサービスを使ったことにするわけだ。

これは日本語では**循環取引**、英語ではラウンドトリッピング（往復旅行）と呼ばれる架空取引手法だ。かつて朝日新聞の論説主幹をしていた笠信太郎が『花見酒の経済』で日本経済のあり方を批判するために引き合いに出した、古典落語で花見どきによく使われるマクラ（導入部）がそっくりの構造になっている。

熊さん、八つぁんが「向島の花見客に1杯10銭で酒を売って儲けてやろう」と売上2円分の酒を仕入れたら、手元に残ったのはふたり合わせて10銭玉がひとつだけ。行き道で替わる替わる相手に10銭玉を渡して1杯呑んでいたら、向島に着いた頃には酒瓶は空っぽ。手元に残っているのは相変わらず10銭玉1個だけというオチだった。

不思議なことに、循環取引は違法行為とは見なされていないそうで、処罰の対象にもならないらしい。おそらく、そんなことをしても当事者にとってなんの得にもならないから放置しておいてもいいという判断なのだろう。

しかし現代経済では、この判断は**明らかに大間違い**だ。実際に売上も利益も1セントも増えていなかったとしても帳簿の上で売上は急増しているし、粗利益率も上がっているとなったら、株価は上がる。

仮に体裁を整えるために現実に製品を客先に送り届けて、そのための販管費と製造コストがマイナスになっていたとしても、その程度の費用とは比較にならないほど株価が上がり、時価総額が増えるという大きな得になっているはずだ。

エヌヴィディアの架空取引については、「営業実態があるのかどうかさえ怪しい得体の知れない企業にかなり大量のGPUを売ったことになっているが、ほんとうに取引がおこなわれていたのかどうか疑わしい」という点はずっと以前から話題になっていた。

次ページのグラフでほぼまん中に位置する、創業以来一貫して休眠状態のようなコアウィーヴという会社に最新のH100型GPUを4万個も納入しているのが、その典型的な事例だ。

もっと怖いのは、マグニフィセント7のうち、自社とアップルを除く5社がH100の大量購入顧客となっているが、これらハイテク大手各社への「納品」の中にも**相当な比率で架空取引が含まれていた可能性がある**ことだ。

中にはテスラ社CEOイーロン・マスクのように「御社からのGPUはテスラ社の倉庫でほこりをかぶらせていてもムダなので、今後はもっと実用化の可能性の高い（Twitter社改め）X社か、弊社の生成AI部門に成長させるつもりのxAI社に納品してくれ」とばらしてしまう経営者もいた。

大手顧客の中では2023年の納入実績が1万5000個と比較的少ないテスラでさえ、実態としてはそこまで無意味な取引をしていたわけだ。

メタはまだクラウド事業を始めていないが、15万個を受け入れていたマイクロソフトと、そ

エヌヴィディアの主要顧客別H100GPU納品実績推計

2023年の年間合計個数

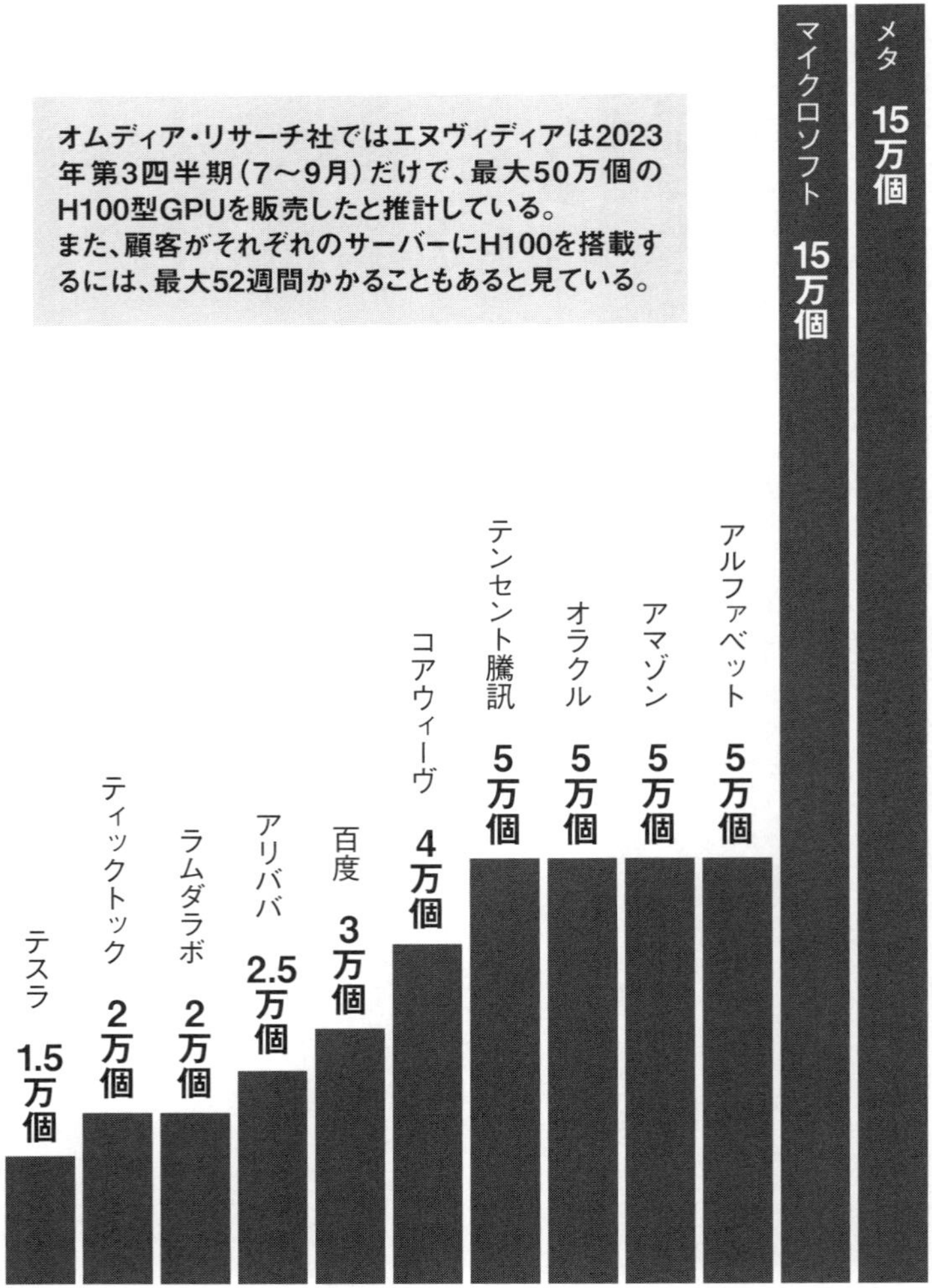

原資料：オムディア・リサーチ社
出所：Beast（Parody）@X_Beast_ETH、2024年6月3日のX（旧Twitter）より引用

れぞれ5万個ずつ購入していたアルファベットやアマゾンでは、これだけの大量購入の見返りとしてクラウドサービスなどでエヌヴィディアからかなり高額の売上を立てていたとしてもおかしくない。

データセンター事業過当競争の不思議

さらにデータセンターでおこなうクラウドサービスというのは、コンピューター自体ではなくコンピューター機能のリース・レンタルなのだが、まるで**伏魔殿《ふくまでん》のような怪しげな事業**となっている。次ページの2枚組グラフにその不思議さが表れている。

まず上段だが、積極的な設備投資で「多店舗」展開をしているか、出店は極度に絞りこんでいるかで、全世界のクラウド事業におけるシェアがどう違うか、あるいは収益性に差が出ているかというと、ほとんど脈絡のない数字が並んでいる。

データセンター数で断トツのマイクロソフトの市場シェアは2位の25％で、約3割事業拠点の少ないアマゾンが首位の31％、そして拠点を25ヵ所に絞ってシェア12％のグーグルは、クラウド事業で儲かっているかと思うと赤字といったぐあいだ。

さらにデータセンターはとんでもない電力浪費だということが、下段のグラフに出ている。

データセンター建設競争は資源浪費競争

ハイテク大手の保有データセンター数比較

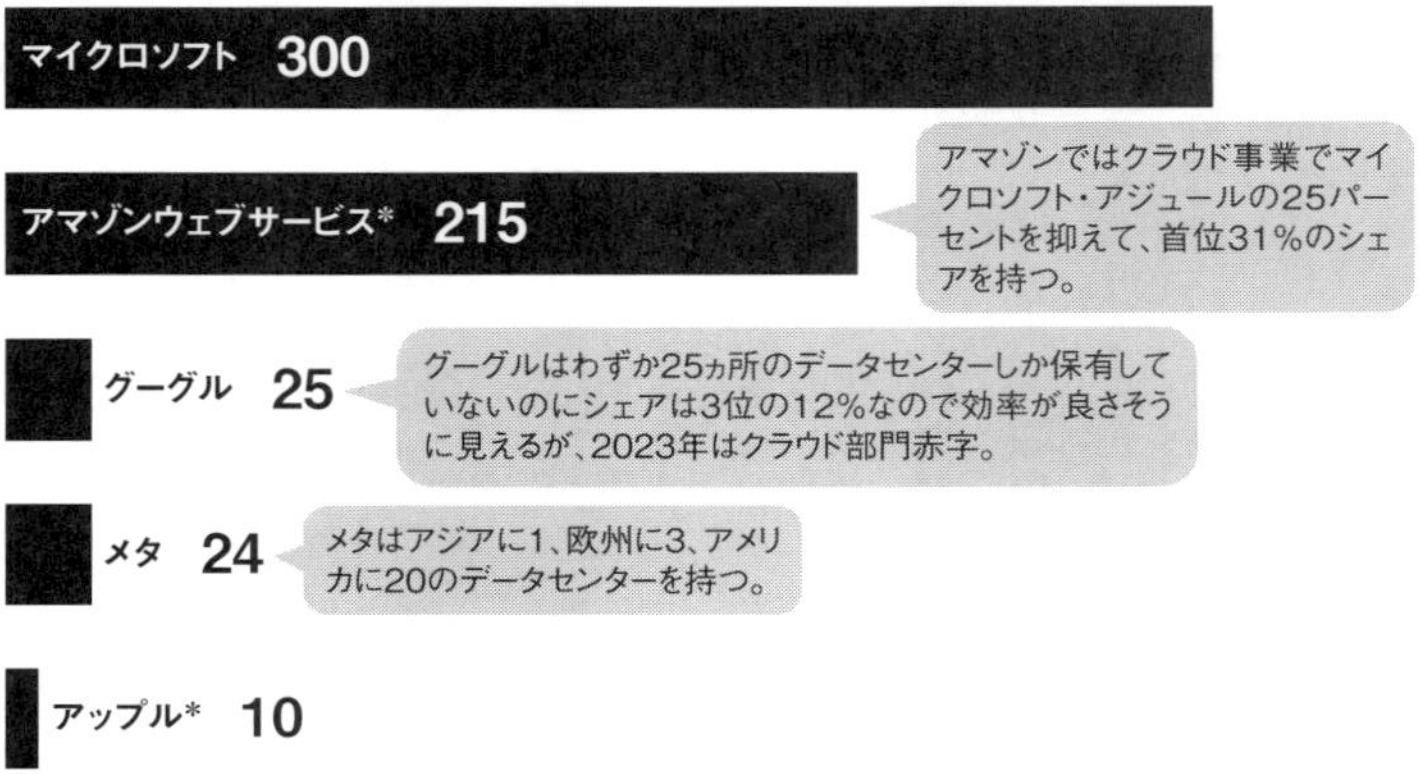

*）第3者による2024年現在の推計値

主要国と世界データセンターの電力消費量：2000〜24年

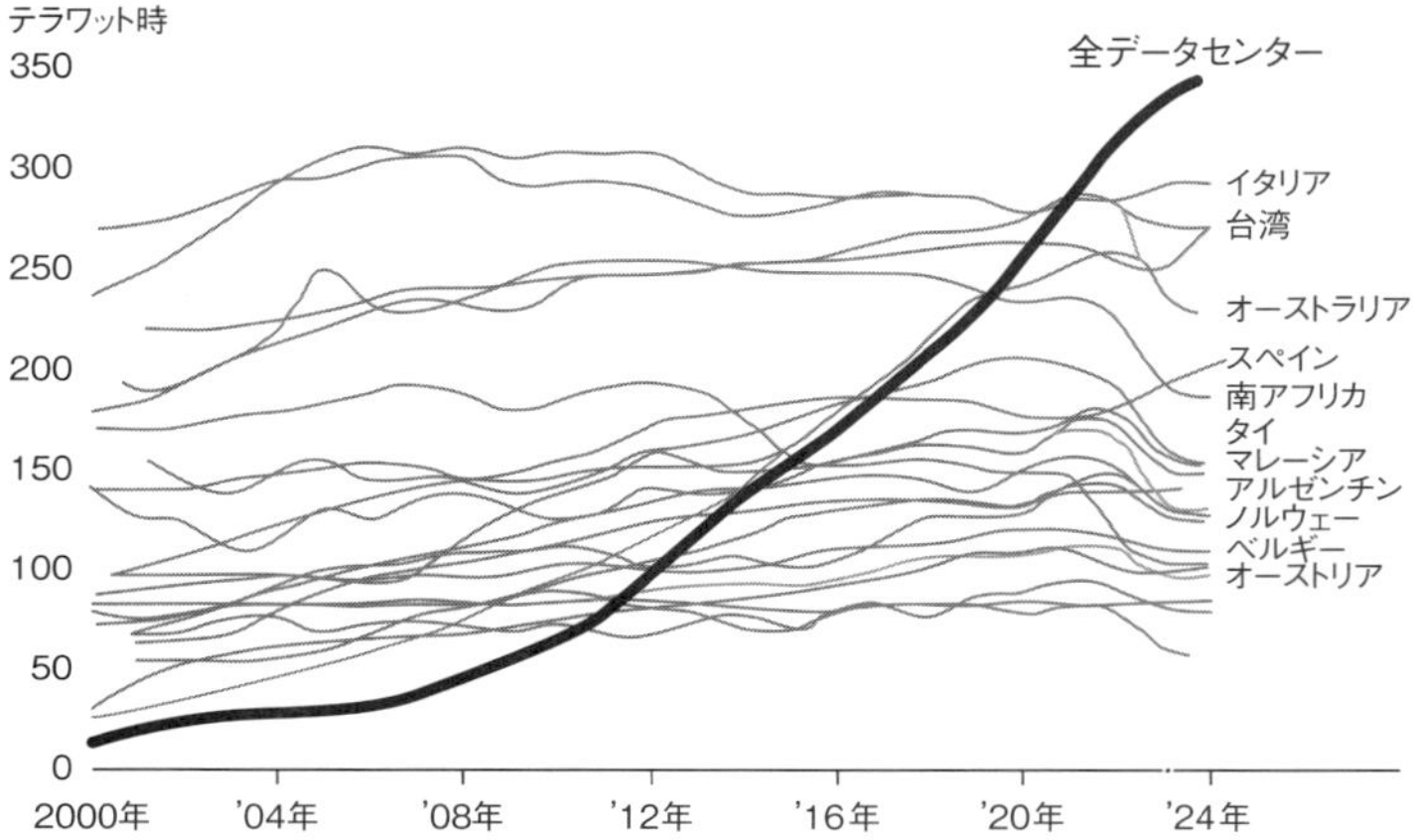

注:データセンターは2024年第1四半期までの実績。国別消費量は2022年までの実績と、実績見込み、予測。
原資料：マイクロソフト、グーグル、メタ各社広報、ブルームバーグNEF、DCバイト
出所：（上）JustDario、2024年6月7日、（下）Markets&Mayhem、同年6月23日のX（旧Twitter）より引用

世界中のデータセンターの電力消費量を合計すると、イタリア、台湾、オーストラリア、スペインといった国々のそれより多い。

しかも、データセンターの消費する電力の4割はコンピューター用ではなく、狭い場所に集中して置かれたコンピューターがかなり大量の熱を発するために必要となる空調・換気設備にかかる電力なのだ。

明らかにコンピューター機能の集中立地によって規模の不経済が生じているはずなのに、最初に大規模展開をしたアマゾンにとっては営業利益率が37・6%という好収益事業になってしまった。その結果、二匹目のドジョウを狙って多くの企業が飛びついたけれども、その後1社として**好採算になったところはない事業**だ。

その理由に関する私の推理は次章で説明させていただく予定だが、ヒントは全米でもデータセンターはバージニア州に集中しているという事実だ。

先進諸国の経済全体が製造業主導からサービス業主導に変わるにつれて、重厚長大製造業という大口顧客が衰退した電力産業は慢性不況化していた。

そんな中でデータセンターが多いバージニア州だけは、電力消費量が顕著に増加している。この州にアマゾンのAWS（アマゾン・ウェブ・サービス）部門のデータセンターが林立し、アメリカ国防総省本庁舎**ペンタゴン**も、**CIA**本庁舎も存在しているわけだ。

米国約10年ごとのGDP成長率と電力消費量増加率

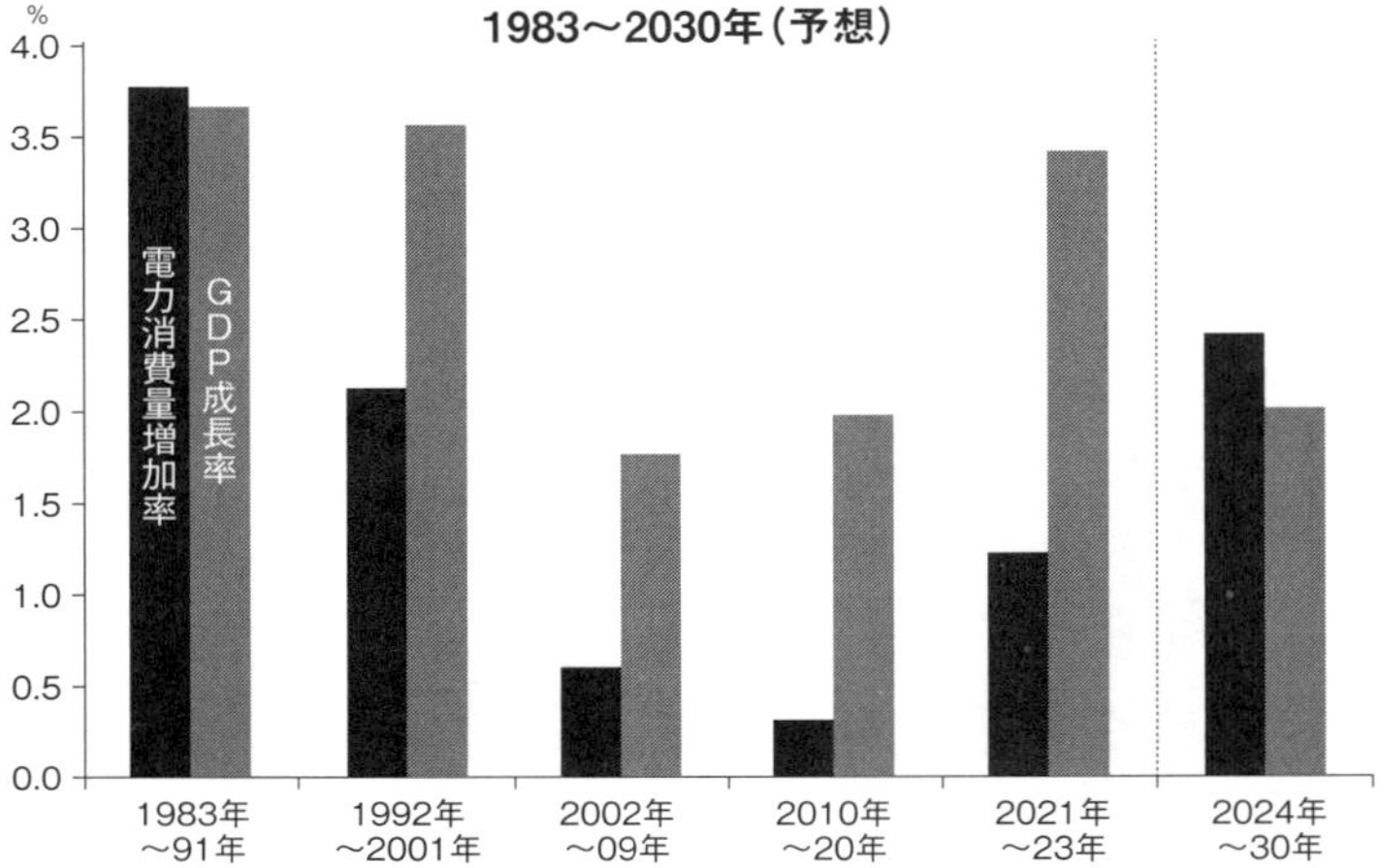

企業用電力消費量推移：バージニア州対その他全州
2010年1月〜2023年10月（2010〜16年＝100の指数表示）

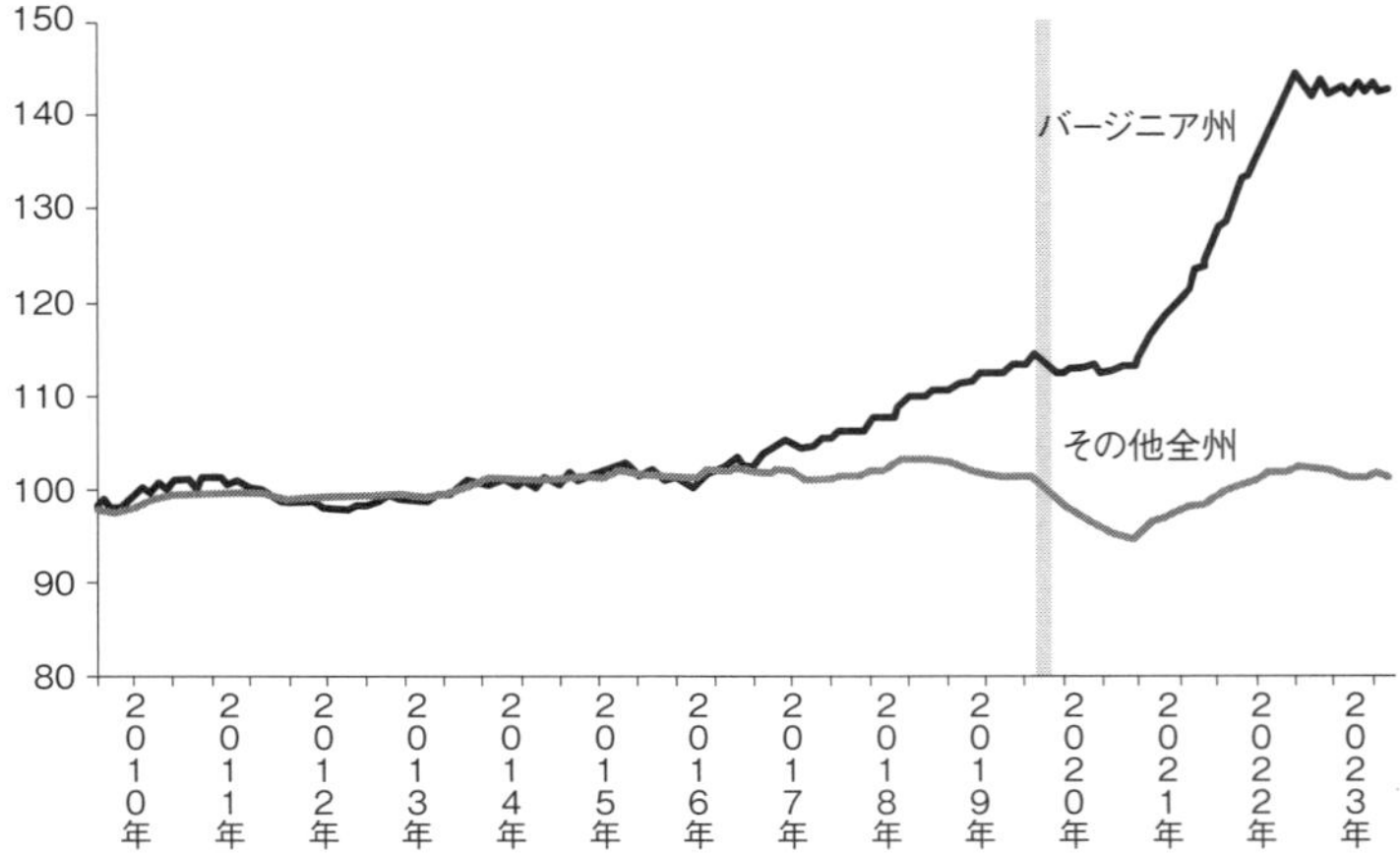

注：（上）GDP成長率も電力消費量増加率も年率換算平均値、（下）シェードは景気後退機。
原資料：米国エネルギー省エネルギー情報局、ヘイヴァー・アナリティクス、ゴールドマン・サックスグローバル投資リサーチ
出所：ウェブサイト『Zerohedge』、2024年5月15日のエントリーより引用

電力会社はデータセンターさえ建てさせれば電力需要が伸びると思いこんでいるようだが、私は「守秘義務」を口実にアメリカ軍やCIAがべらぼうな大金をアマゾンのクラウドサービス利用に際して払っているだけで、まったく**再現性のない特殊ケース**だと思う。

しかもその巨額支払いは、たんにアマゾンからロビイングというかたちでキックバックが返ってくることを期待したものではなく、世界中でアマゾンだけが持っている情報を買いとるコストなのではないだろうか。

エヌヴィディアの株価暴落はシスコ型か、エンロン型か？

さて、話をエヌヴィディアに戻すと、決算のたびに強気予想をさらに上回る実績を叩き出してきたエヌヴィディアの従業員1人当たり時価総額は1億2００万ドルで、同率2位のアップル、メタの5倍以上という突出した水準になっている。

しかし、その裏にはGPUを大量納入した客先からクラウドサービスを大量購入するというコミットメントが貼りついているわけだ。しかもその金額は、2０24年の4月で**90億ドルに近い水準**に達している。

製品の売上もクラウドサービスの購入予約も架空のまま、いつまで**好収益・高成長のふりを**

エヌヴィディアの従業員1人当たり時価総額は他社を圧倒する1億200万ドルという突出ぶり

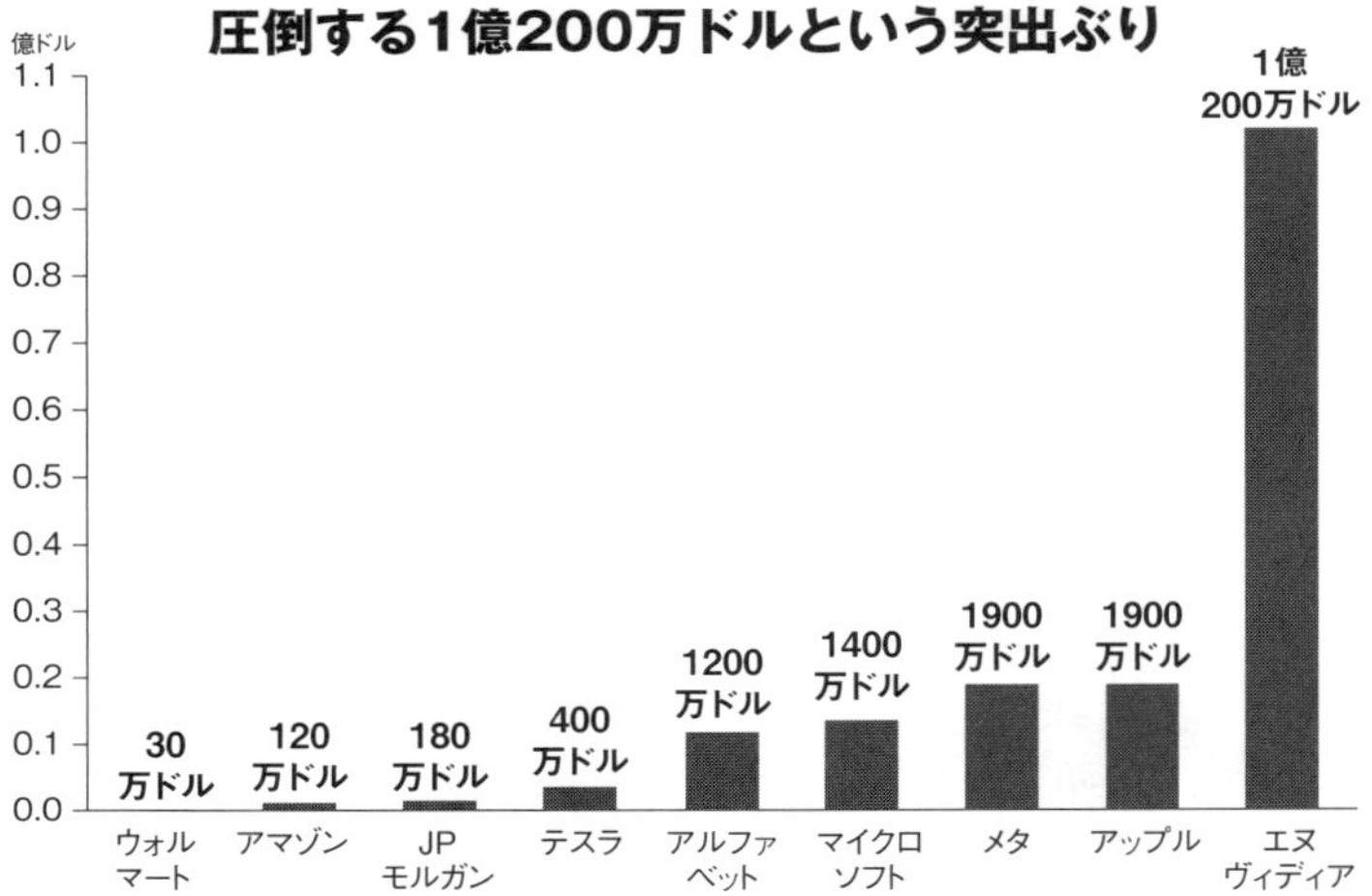

雲（クラウド）に隠れたエヌヴィディアのコミットメント

同社クラウドサービス購入予約額 2023年度第3四半期～2025年度第1四半期

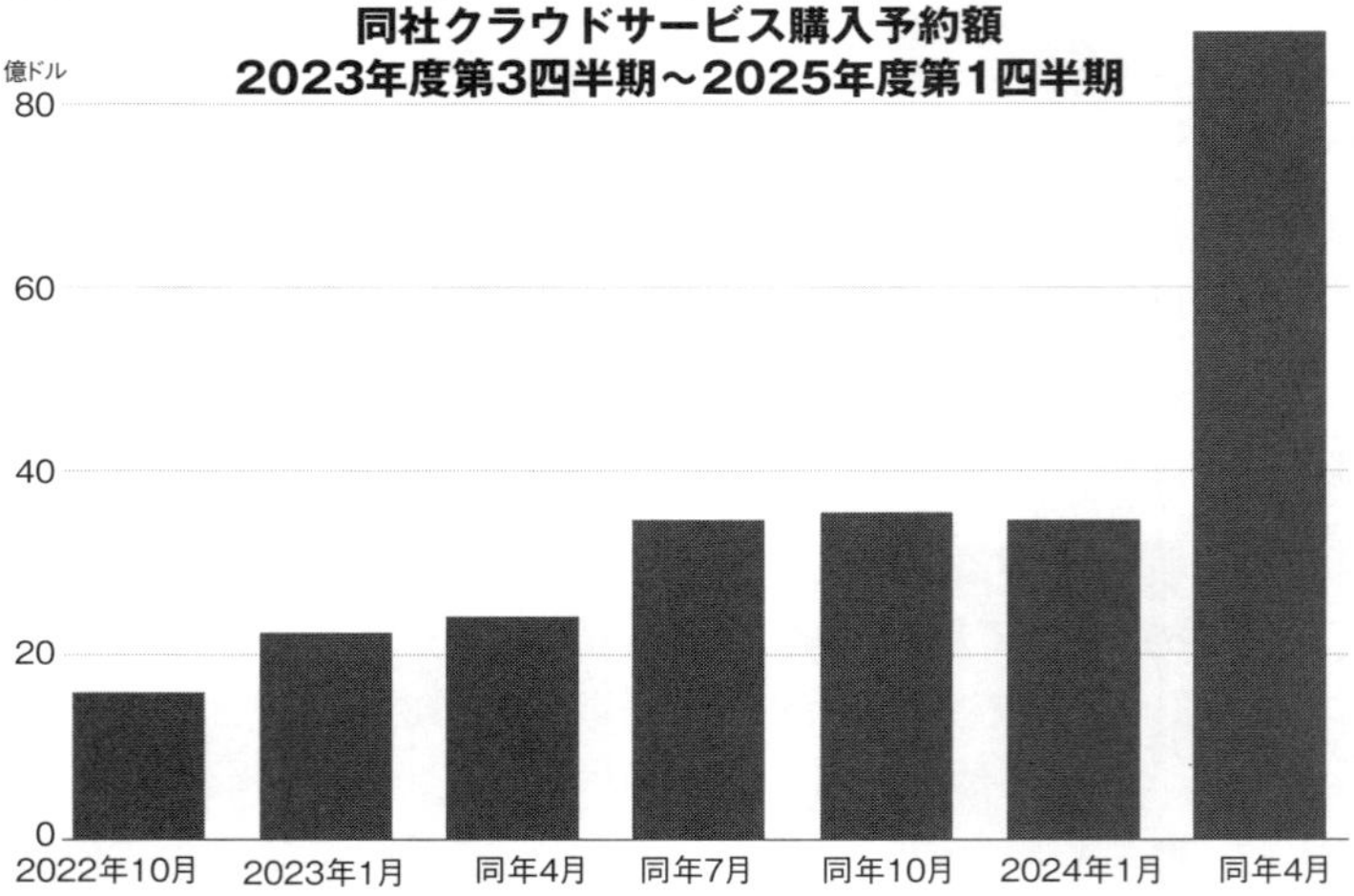

注：上段の時価総額は2024年6月13日現在の数値。
原資料：ファクトセット、会社側開示の決算データ
出所：（上）Game of Trades、2024年6月14日、（下）kakashii@kakashiii111、同年5月29日のX（旧Twitter）より引用

革ジャンはペテン師の勝負服？

「物理学の限界を超えた
1個100億ドルのICチップをご紹介しましょう」
——エヌヴィディア創業CEOジェンスン・フアン

微量の血液でありとあらゆる疾病の病状を
的確に判断できるとの触れこみで巨額の資金を調達したが、
ウソが露見して訴追され、お涙頂戴の泣き落とし作戦が
裏目に出て禁錮とは言え長期実刑判決を受けた
——セラノス創業CEOエリザベス・ホームズ

どちらも革ジャンを着ていることにご注目を。

出所：The Great Martis、2024年6月16日のX（旧Twitter）より引用

エヌヴィディアの暴落はシスコ型？　エンロン型？
1992～2002年対2016～24年

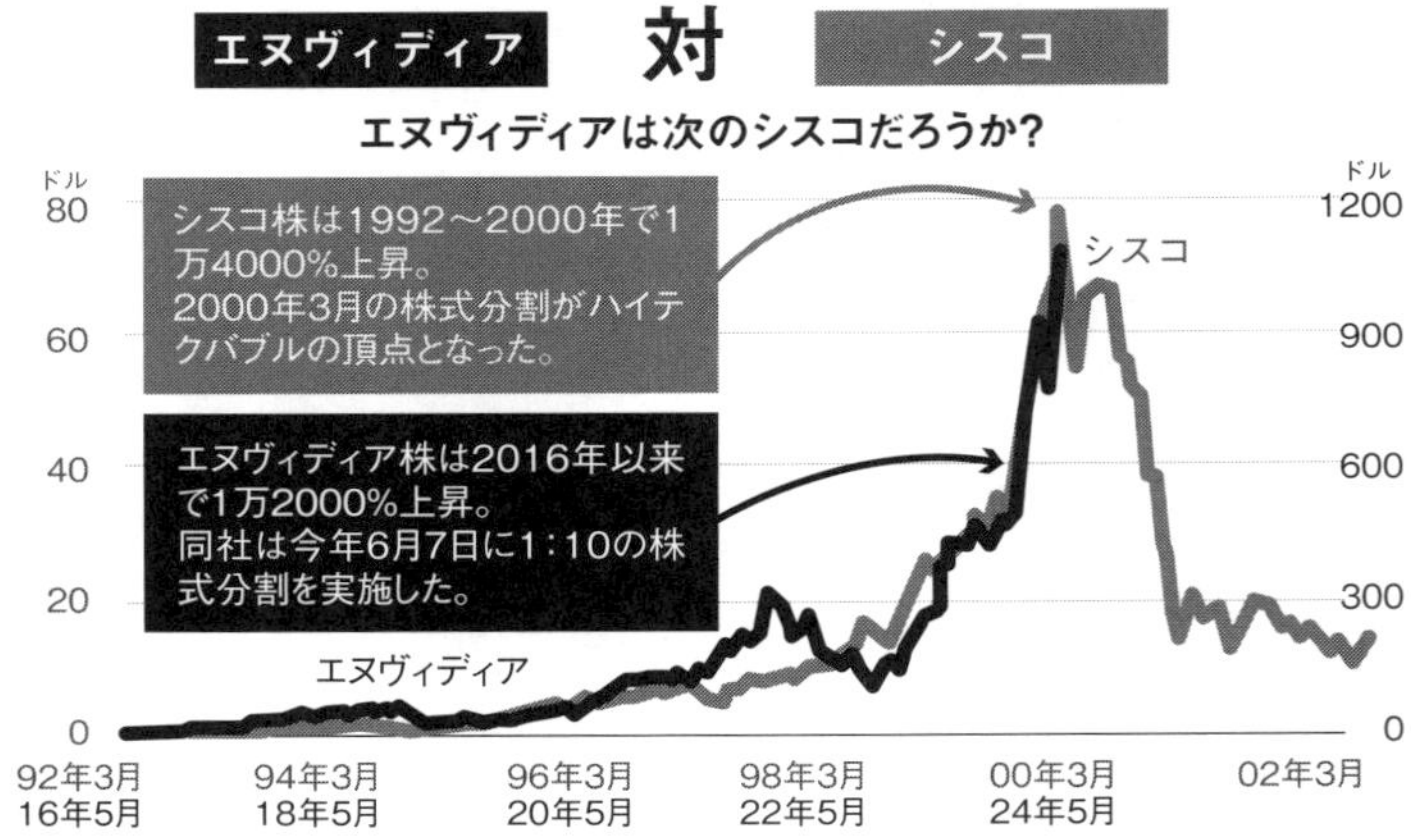

原資料：CMGベンチャー・グループ

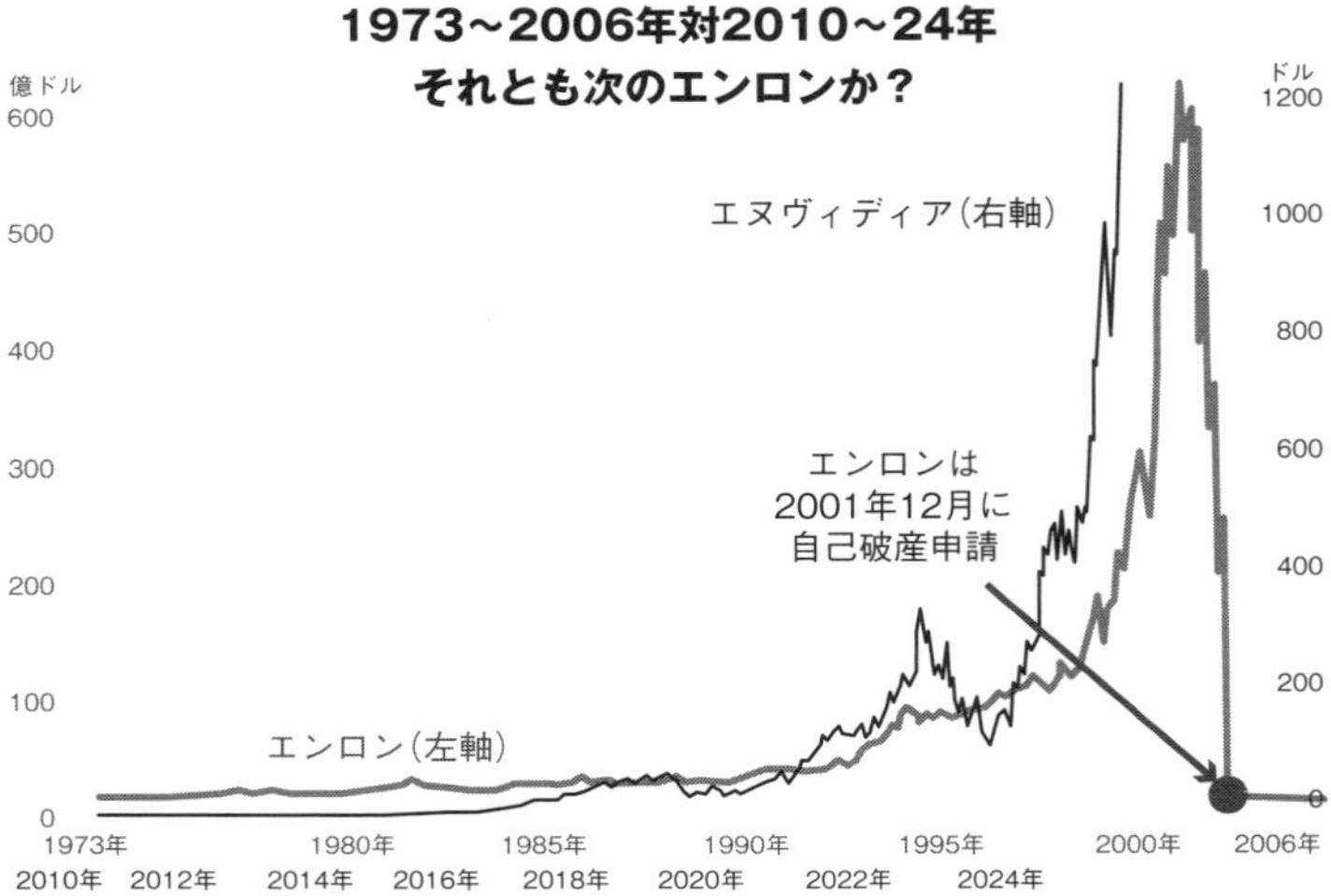

注：エンロンの数値は株価ではなく、時価総額。
原資料：トムソンロイター・データストリームのデータからフィナンシャル・タイムズが作図
出所：（上）MFHoz、2024年6月16日、（下）The Great Martis、同年6月5日のX（旧Twitter）より引用

し続けることができるのか、大いに疑問だ。

そして業績が傾いてきたかつてのマグニフィセント7の片割れから「実際にカネを払って今まで予約していたクラウドサービスの購入を実行してくれ」と言われたとき、キャッシュフローが回るのだろうか。

ものごとの本質はときに些細なディテールに潜んでいると言う。そういう意味では、55ページの2枚の革ジャン写真は**とても不吉な感じ**がする。

そして、ちまたでは今回のエヌヴィディア株の急騰が、2000~02年のハイテクバブルの崩壊を告げる株式分割をおこなってから急落したシスコ株の値動きに似ていることが話題となっている。

シスコ株は大暴落したが、今なお小さいながらも安定したニッチを築いた企業として生き残っている。だが、ほぼ同じ頃に急騰したあと株価が大暴落しただけではなく、破産申請に追いこまれて**消滅したエンロン株の値動き**もエヌヴィディア株によく似ていたのだ。

エンロンもまた、系列下の企業と循環取引をして売上や利益を大幅に膨らませた決算を開示していた企業だった。私は、エヌヴィディアの今後はシスコよりエンロンに似たものとなるだろうと考えている。

さらにエンロンが破綻して上場廃止となり、当然S&P500に組み入れつづけることができなくなったとき、エンロンに代わって採用されたのがエヌヴィディアだった。なんとも**不気味な因縁**ではないだろうか。

第2章

マイクロソフトを軸に広がる共犯の輪

生成AIを取り巻くもうひとつの循環取引疑惑

前章ではGPU製造のトップ企業、エヌヴィディアを中心とする循環取引――2社以上の企業がお互いに相手先に対する架空の売上を計上して実態より高い収益をあげているように見せかける手法――について説明させていただいた。

この章では、架空取引の規模としてはGPUをめぐる循環取引より大きい可能性が高い、生成AIとクラウド事業をめぐる循環取引疑惑について詳述したい。

なぜ誕生して間もなく、まだまだ急成長期にあるはずの生成AIが循環取引という姑息《こそく》な手段で売上高のカサ増しをしなければならないかと言うと、鳴りもの入りで華々しく登場しながら、正直な数字を出せばがっかりするほど**収益成長率が低い**からだ。

エヌヴィディアは最新のH100型GPUを2023年1年間だけでマイクロソフトとメタ（フェイスブック）には15万個ずつ、アルファベット（グーグル）、アマゾン、オラクル、テンセントには5万個ずつ売ったと主張している。

もしこれが掛け値なしの実績であって、しかも2024年第4四半期には年間売上高に換算すると1500億ドル分のGPUを販売しているはずだということになると、それだけ大量の

エヌヴィディアからGPUを買ったハイテク各社はどの程度の収入をAIデータセンターから得ていなければ採算が取れないはずか?
2022年第2四半期〜2024年第4四半期（予想）

単位：億ドル、%	2022年 第2四半期 実績	2023年 第2四半期 実績	2023年 第4四半期 予想	2023年 第4四半期 実績	2024年 第1四半期 実績	2024年 第4四半期 予想
エヌヴィディア年率換算データセンター向け売上	150	410	500	740	900	1500
AIデータセンターエネルギーコスト	50%	50%	50%	50%	50%	50%
想定AIデータセンター運営費用	300	820	1000	1470	1810	3000
ソフトウェア粗利益率	50%	50%	50%	50%	50%	50%
AIデータセンター採算点売上高	610	1650	2000	2940	3630	6000

引用者注：2023年通年でクラウド・コンピューティング事業全体の市場規模は世界で約6000億ドルだった。一見、ハイテク各社がエヌヴィディアからGPUを購入した金額から推計した採算点売上高に達しているように見える。だが、データセンターの大部分（8〜9割）は生成AIに依存しない通常のCPUで間に合うクラウド事業、あるいは自社利用のデータセンターだから、AIデータセンター収益は採算点にはほど遠い水準にある。粗利益率が50%に達しないと採算が合わないのは、この業態の販管費の多さを示す。
出所：Sequoia Capitalウェブサイト『SEQUOIA』、2024年6月20日のエントリーより引用

ＧＰＵを買った企業群は、ＧＰＵを使った事業で巨額の売上を立てる必要がある。

上の表でご覧いただけるように、セコイア投資顧問は、エヌヴィディアからＧＰＵを買ったハイテク企業全体としては、エネルギーコストや自社の粗利益を勘定に入れると、その４倍の売上を立てないと採算が合わないだろうと推計している。

現状では生成ＡＩを使ったデータセンター事業はまだ試行錯誤状態。とうてい年間６０００億ドルもの売上を達成できる段階には至っていない。生成ＡＩ業界で首位のオープンＡＩ（未上場）は「急速に普及している」と称しているが、むしろ停滞感が否めない。

はるかに早くから普及していたフェイス

これがオープンAIが言う「急速な普及」の実態

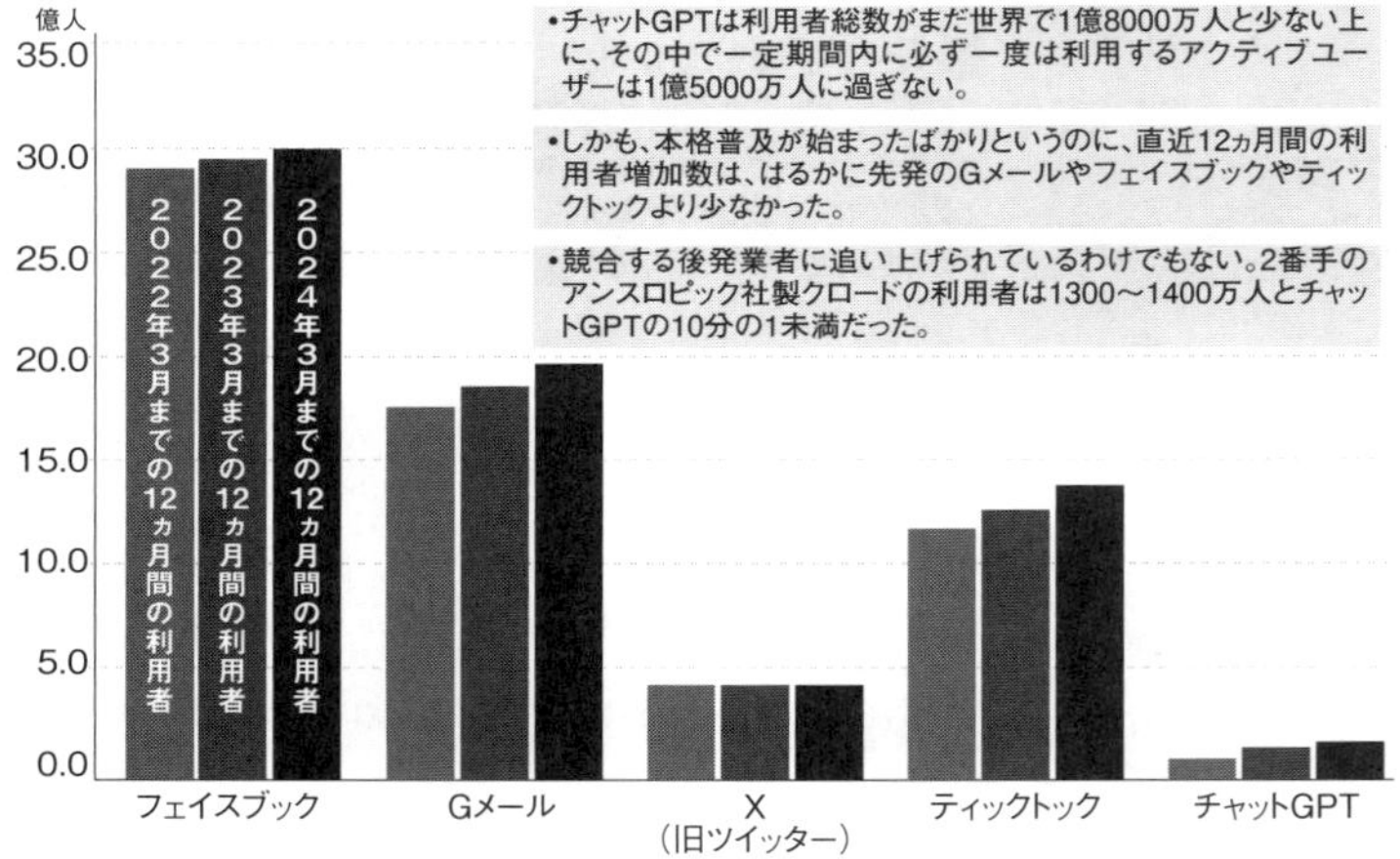

出所：Jakub Polec、2024年5月17日のエントリーより引用

ブックやGメールより、いまだに新規利用者の増加数が少ないままなのだ（上のグラフ参照）。

「生成ＡＩはフェイスブック、Ｇメール、Ｘ、ティックトックのように個人消費者向きの商品・サービスではない。使いこなせるのはかなり規模も大きく、高度な教育を受けた技術者たちを抱える企業群だろう」とお考えの方も多いだろう。

ところが、さまざまな業界で生成ＡＩを実際に日常業務に使っている企業の比率を集計すると、こちらも遅々とした歩みとしか表現できないのが実情だ。次ページグラフで、まず大分類のセクター別で生成ＡＩ普及率を見てみよう。

チャットＧＰＴが一般公開されたのが２０２２年11月末で、それまでのバージョンと比べて画期的に性能が向上したと言われるチャットＧ

アメリカ産業界の生成AI普及率は低水準で足踏み

2023年10月～2024年12月の実績と次の6ヵ月予測

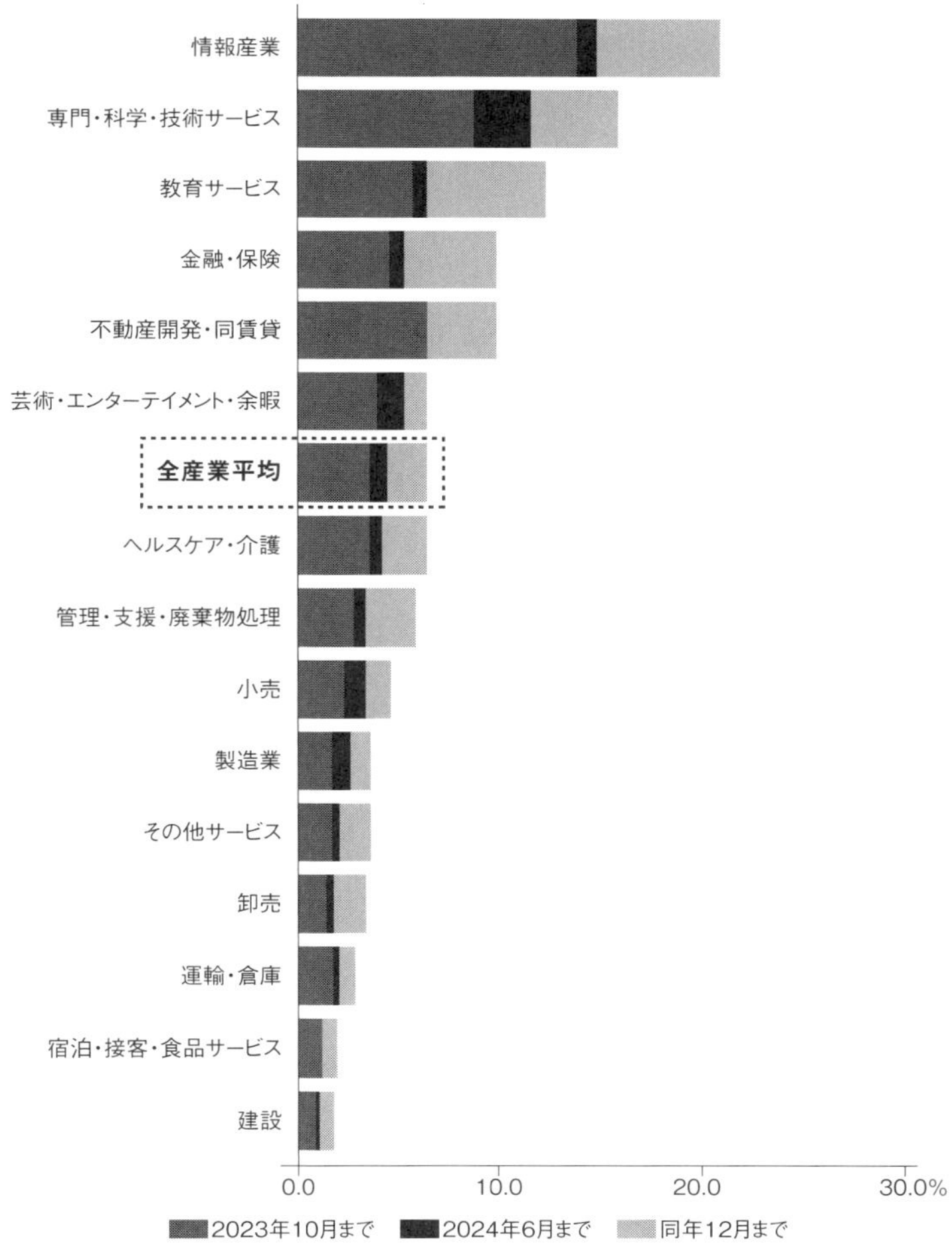

注：各セクターで生成AIを実用化している企業の比率。
原資料：米連邦政府商務省国勢調査局、ゴールドマン・サックス グローバル投資リサーチ
出所：ゴールドマン・サックス『生成AI：あまりにも巨額の投資でほんの少しの成果レポート』（2024年6月25日刊行）より引用

PT-4が市場に投入されたのが翌2023年3月中旬になる。

そう考えると、2023年11月から2024年6月までの3四半期は、もしほんとうに性能がすばらしくて使い勝手も良ければ、実務に利用する企業の数もかなり大幅に増えていたはずの時期だ。しかし、現実は必ずしもそうなっていない。

この時期にまったく、あるいはほんの少ししか普及率が上がっていない業界がけっこう多いのだ。さらに問題なのは2024年6月までの3四半期間の実績見込みに比べて、同年後半の2四半期に普及率が大幅に増える予測になっているが、その**根拠がなんとも薄弱**なのだ。

調教費は激増する

むしろ、次ページ下のグラフでご覧いただけるように、生成AIは性能を高めるごとに顧客向けに送り出す前の**調教コストが急激に増える**という大きな問題を抱えている。

上はデータの専門家がどう時間を使っているかの円グラフだ。入手済みデータの整理整頓《せいとん》などは一見機械任せにできそうだが、整理する意図を取り違えられると修復が非常にむずかしくなるので任せられないだろう。

データの収集は、生成AIには指示を出した人間の意図に合ったデータをつくってしまう癖《くせ》

データ・サイエンティストは時間をどう使っているか？

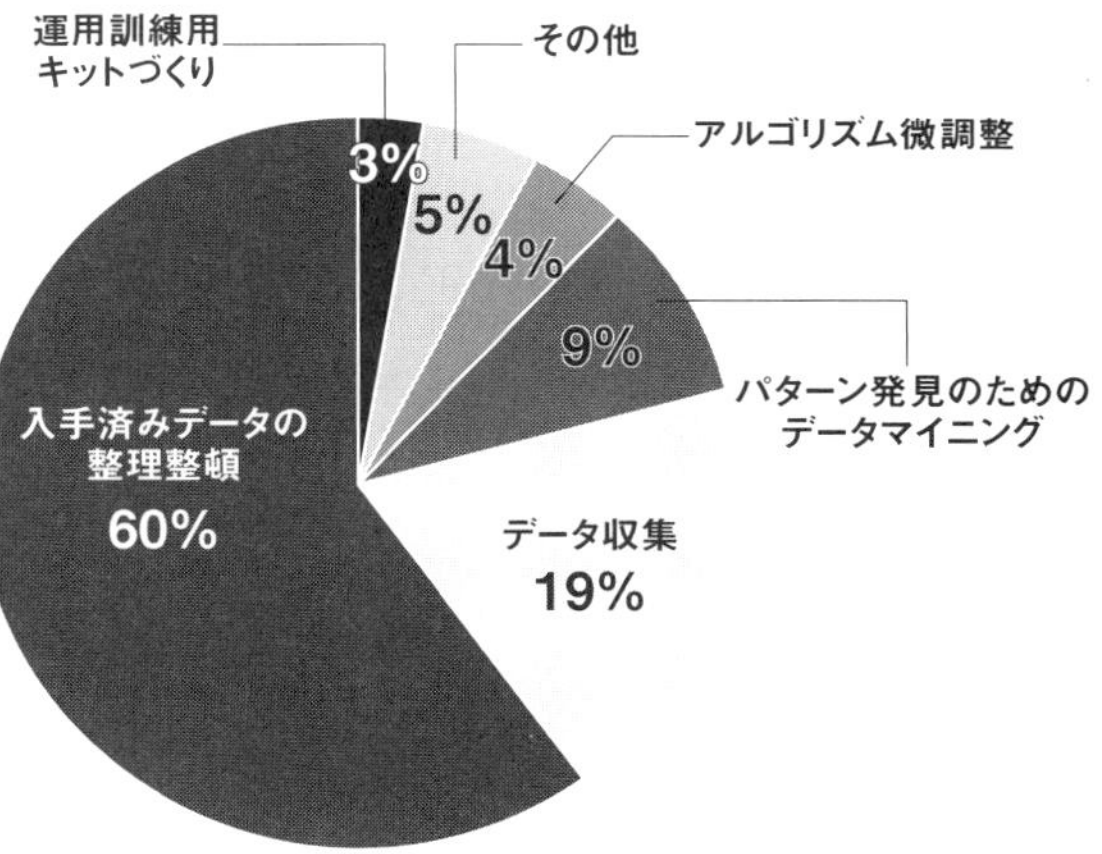

激増するAIの調教コスト
2017～24年

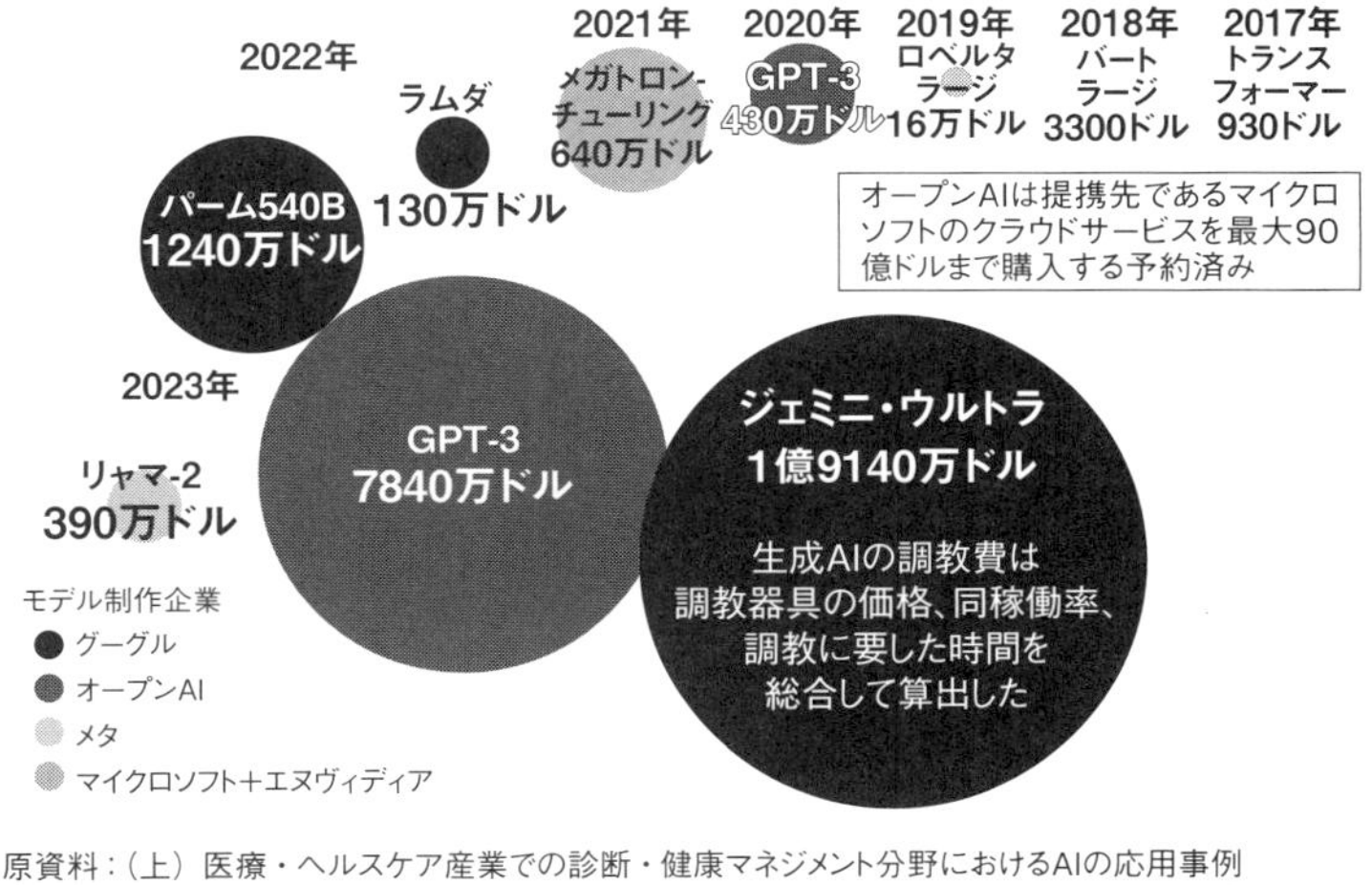

原資料：（上）医療・ヘルスケア産業での診断・健康マネジメント分野におけるAIの応用事例（https://www.researchgate.net/publication/335577003）、（下）スタンフォード大学「人工知能インデックス2024年版」のデータからビジュアル・キャピタリスト ヴォロノイ部門が作図
出所：（上）FinGenAi、2024年5月12日、（下）JustDario、同年6月6日のX（旧Twitter）より引用

歴代チャットGPTの調教コスト

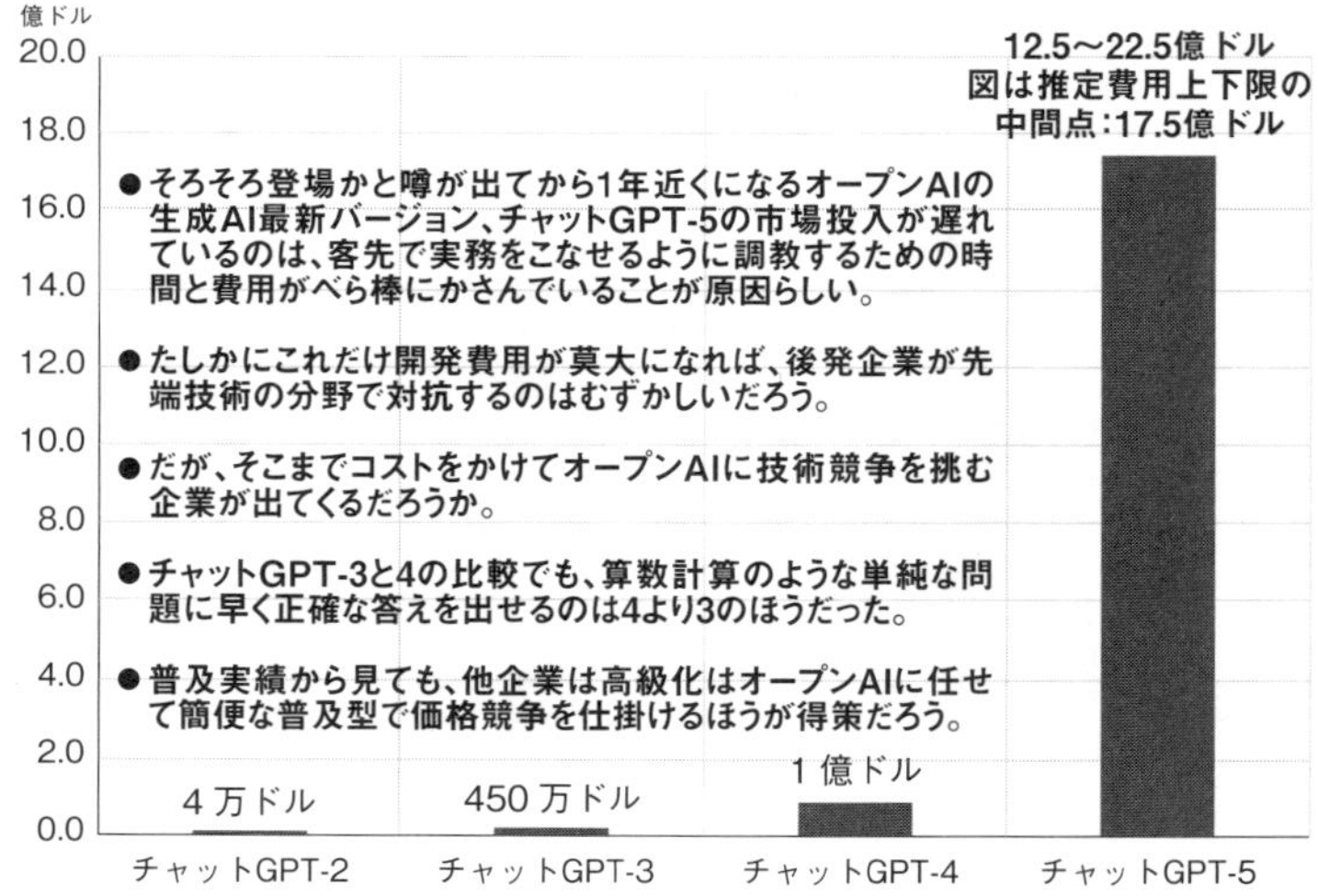

原資料：公認会計士協会、メタバース社広報、HSBCなどのデータからヴラッド・バスティオンリサーチが作成
出所：Vlad Bastion、2024年5月28日のX（旧Twitter）より引用

があるので厳重に監視しないと危険だ。結局生成ＡＩに任せられる仕事の時間配分は、もともとあまり多くなかったということになる。

それなのに前ページ下のグラフを見ると、ＡＩのほうは世代が代わるごとに調教費が激増している。その程度の軽い仕事しか任せられないのに世代交代のたびにかさんでいく開発費が回収できるような価格設定でＡＩ自体や、ＡＩが提供するサービスを買う需要があるのだろうか。

２０２４年夏はそろそろチャットＧＰＴ－５の投入時期が判明するはずだった時期だが、あまりにも調教コストがかかり過ぎて実際に投入されるかどうか怪しくなってきたという不透明感も漂っていることが、前ページのグラフでわかる。

生成ＡＩの普及ペースは、加速するどころかますます鈍化していくのではないだろうか。産業分類をもっと細かいサブセクターに分けて、普及率トップ15サブセクターに焦点を当てた次のグラフでも、明るい兆《きざ》しは見られない。

上から2つのサブセクターは、もし生成ＡＩが性能も使い勝手もいいのならあっという間に普及して、採用しない企業は競争から脱落しそうなほど重要視されて当然の分野だ。しかし、ここでも普及率は**実績見込みで20％弱**にとどまっている。

そして、これまでで普及率トップだったコンピュート・データ・ウエブホスト分野では、直近3四半期で普及率がまったく増えていない。２０２４年後半の2四半期で突然倍増に近い増え方をするという見通しは、あまりにも楽観的だろう。

また製造業への応用でも、ふたつ大きな問題が露呈している。ひとつ目は、一見いかにも生成ＡＩが威力を発揮しそうなコンピューター・電子機器の製造が実績ではいちばん下の15位で、今後半年の増加予測ではトップ15から脱落していることだ。

ただ、ラージランゲージ・モデル（ＬＬＭ）を使った生成ＡＩの本質を考えれば、これはまったく不思議ではない。生成ＡＩの特徴は人間が日常使っている言葉で指示を出しても、それを「正しく」解釈してタスクをこなすことだ。

実用化トップ15サブセクターでの生成AI普及率
2023年10月～2024年12月の実績と次の6ヵ月予測

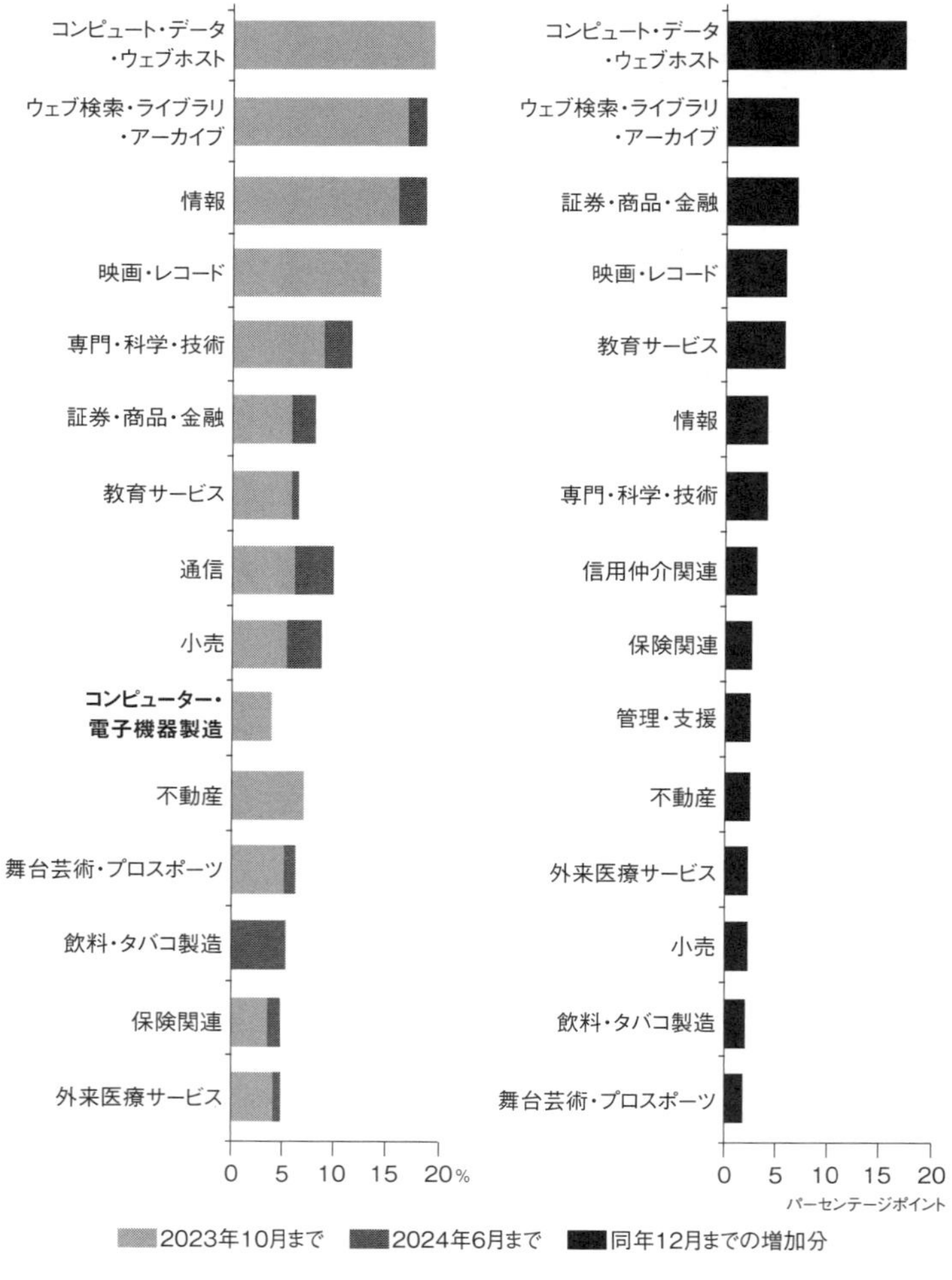

注：各セクターで生成AIを実用化している企業の比率。
原資料：米連邦政府商務省国勢調査局、ゴールドマン・サックス グローバル投資リサーチ
出所：ゴールドマン・サックス『生成AI：あまりにも巨額の投資であまりにも少ない成果レポート』（2024年6月25日刊行）より引用

我々が日常使っている日本語、英語、中国語などの言葉は、自然言語と呼ばれる。自然言語はもともと100％の正解率を求めることができない、複雑であいまいで多義的な言語体系だ。だから生成ＡＩにできるのは「この文脈でこの言葉が出てきたら、こう解釈するのがいちばんもっともらしい」という**「もっともらしさ」の精度を高める**ことであって、厳密な計算に正解を出すことではない。

厳密な正解を要求される精密な機器の設計や製造に援用できる余地は、始めからかなり限定されていたのだと思う。

もうひとつは、実績の段階でも自動車製造がトップ15に入っていないことだ。世間で完全自律走行自動車が実現可能だと想定されていた頃には「生成ＡＩこそ完全自律走行を可能にするキラーコンテンツになる」と期待していた方も多かったはずだ。

だが、今でも完全自律走行自動車が公道を走れるようになると信じているのはテスラのＣＥＯイーロン・マスクだけと言っても過言でないほど、このプロジェクトから降りる自動車メーカーが増えている。

自動車製造業で普及が遅れているのは、そもそも安全確実を求められるタスクに生成ＡＩが不向きであることを立証しているのではないだろうか。

生成ＡＩの電力浪費は凄まじい

ここで次ページの2段組グラフをご覧いただきたい。

上段を見ると、２０１５〜19年の5年間で、データセンターはまったく同じ電力消費量で2・5億件から5億件へと**2倍の仕事量**をこなせるようになっていた。どんどん効率的にエネルギーを利用できるようになっていたのだ。

ところが、オープンＡＩ社が企業や研究者にチャットＧＰＴ-2を提供して生成ＡＩの「慣らし運転」をし始めた２０１９年頃から仕事量とともに電力消費量も上がり、やがて仕事量以上のペースで電力消費量が上がるようになっていったのだ。

下段でデータセンター増設需要グラフの中で、生成ＡＩを使ったデータセンターの需要が細い線から徐々に幅のある線に変わっていった頃のことだ。

エヌヴィディアの創業ＣＥＯジェンスン・ファンは、ＧＰＵの新機種を開発するたびに計算1回当たりの電力消費量が減っていくことを自慢する。

だが生成ＡＩがもっともらしさを高める唯一の方法は、より多くの文章例を引き合いに出していちばんもっともらしい答えを求めることだ。

データセンタータスク処理件数と電力消費量推移

2015〜23年（実績見込み）

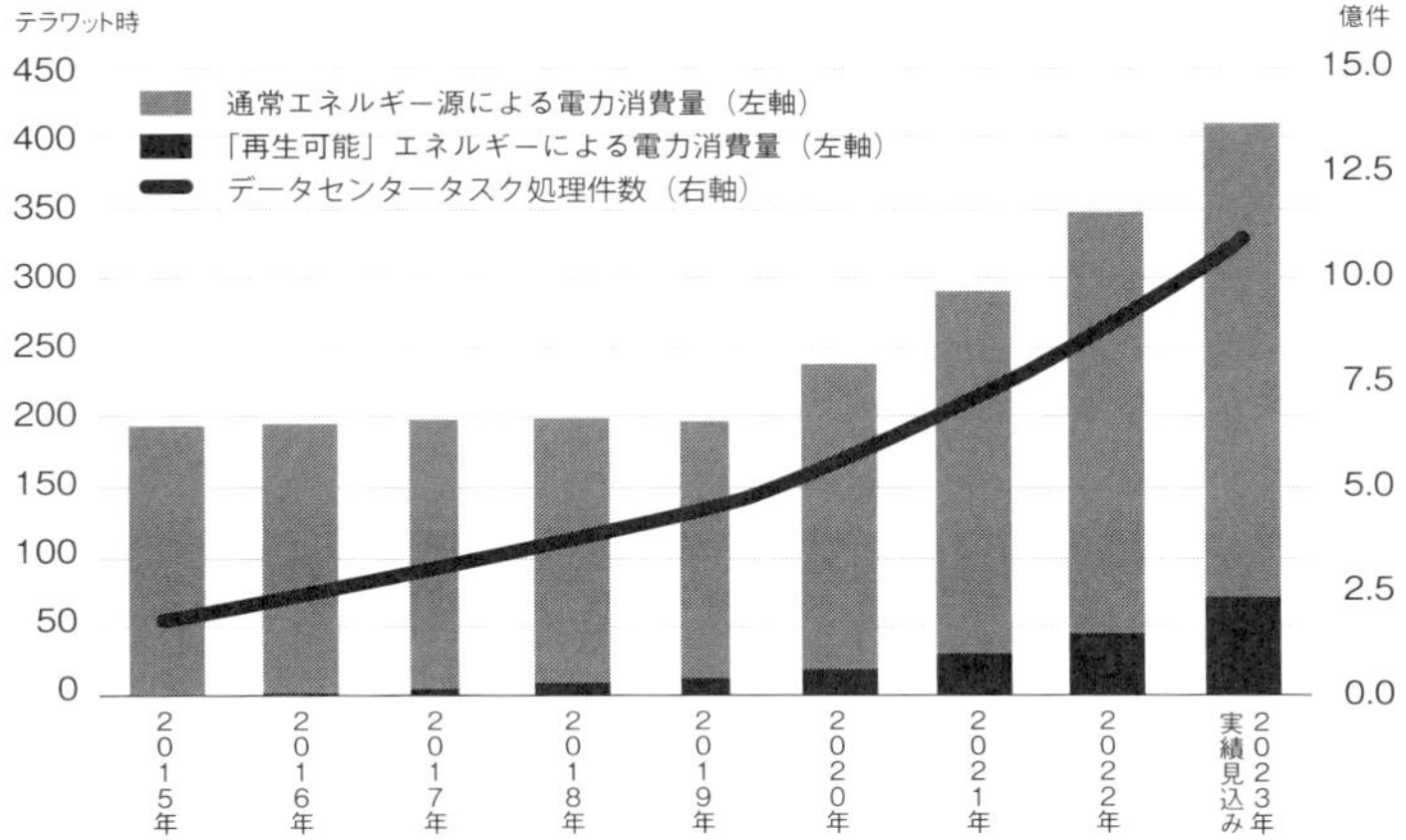

データセンター増設需要中のAI比率：2015〜30年

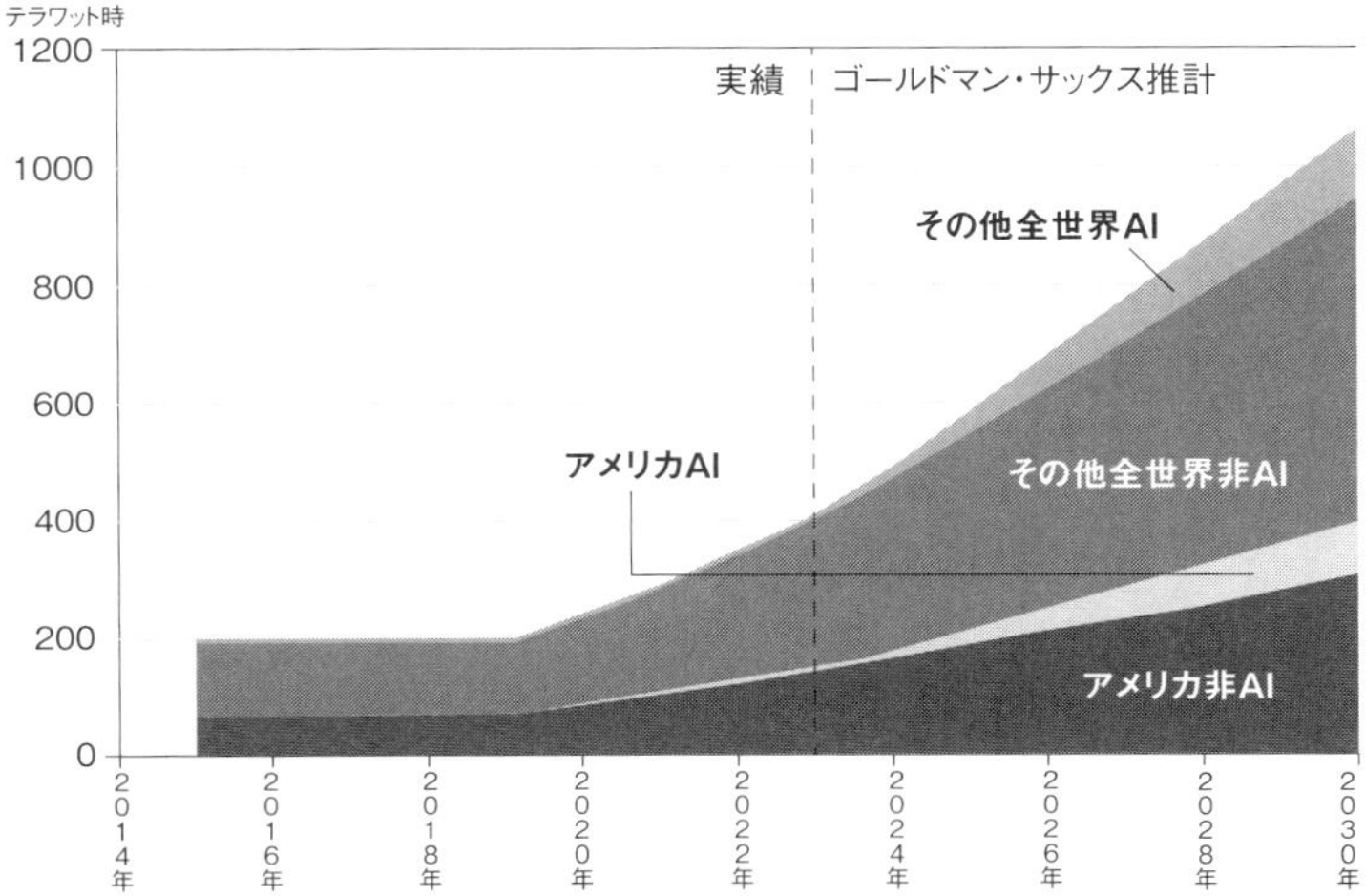

原資料：メイサネット他著2020年論文、シスコシステムズ、国際エネルギー機関、ゴールドマン・サックスグローバル投資リサーチ

出所：ゴールドマン・サックスレポート『生成的な成長: AI、データセンターと来たるべきアメリカ電力需要の激増』（2024年4月28日刊）より引用

だから生成AIがひとつのタスクを指示されて、その指示が「何をどうしろ」と言っているのかを推理するための演算回数は、飛躍的に増えてしまうのだ。もちろん大ざっぱな目安だが、参照する文章例を2倍にしたら、必要な推論演算回数は2倍ではなく、二乗倍になる。そこでの電力消費量の増加もかなり大きなものになる。

それに加えて、高速大量の演算によってGPUは発熱する。周辺の空気が暑くなりすぎると演算のスピードも落ち、間違いも増える。このためGPUがたくさん置いてある場所では、室温を涼しく保つための冷房と換気が欠かせない。

しかも、この冷房・換気用の電力消費量は、データセンター運営費全体の約4割に達すると言われるほど膨大なのだ。

次ページ上段の表には最高出力の50%の段階から80%の段階までは1秒当たりに詰めこむことのできる画像の枚数というかたちで測った性能も上がるけれども、それ以上出力を上げてもGPUの温度が上がるだけで、性能は上がらないことが示されている。

上段の表を解説する文章は2022年秋にインテルやアドバンスト・マイクロ・デバイシズのGPUを使っておこなった実験をもとに書かれていた。その頃、これら2社はあまりにもエネルギー効率が悪いのでGPUには深入りしない方針に転じたと推測できる。

一方、エヌヴィディアの顧客層は、ほんの少しでもゲームの登場人物の影が遅く出ることを

GPUは出力を高めるほどエネルギー効率が低下

出力限界		平均コアクロック周波数	平均GPU温度	平均画像数／秒
%	ワット	メガヘルツ	℃	枚
100	250	1935	69	71
90	225	1905	67	71
80	200	1860	65	71
70	175	1785	61	70
60	150	1710	57	68
50	125	1590	53	64

グーグル対チャットGPT検索1回の電力消費量

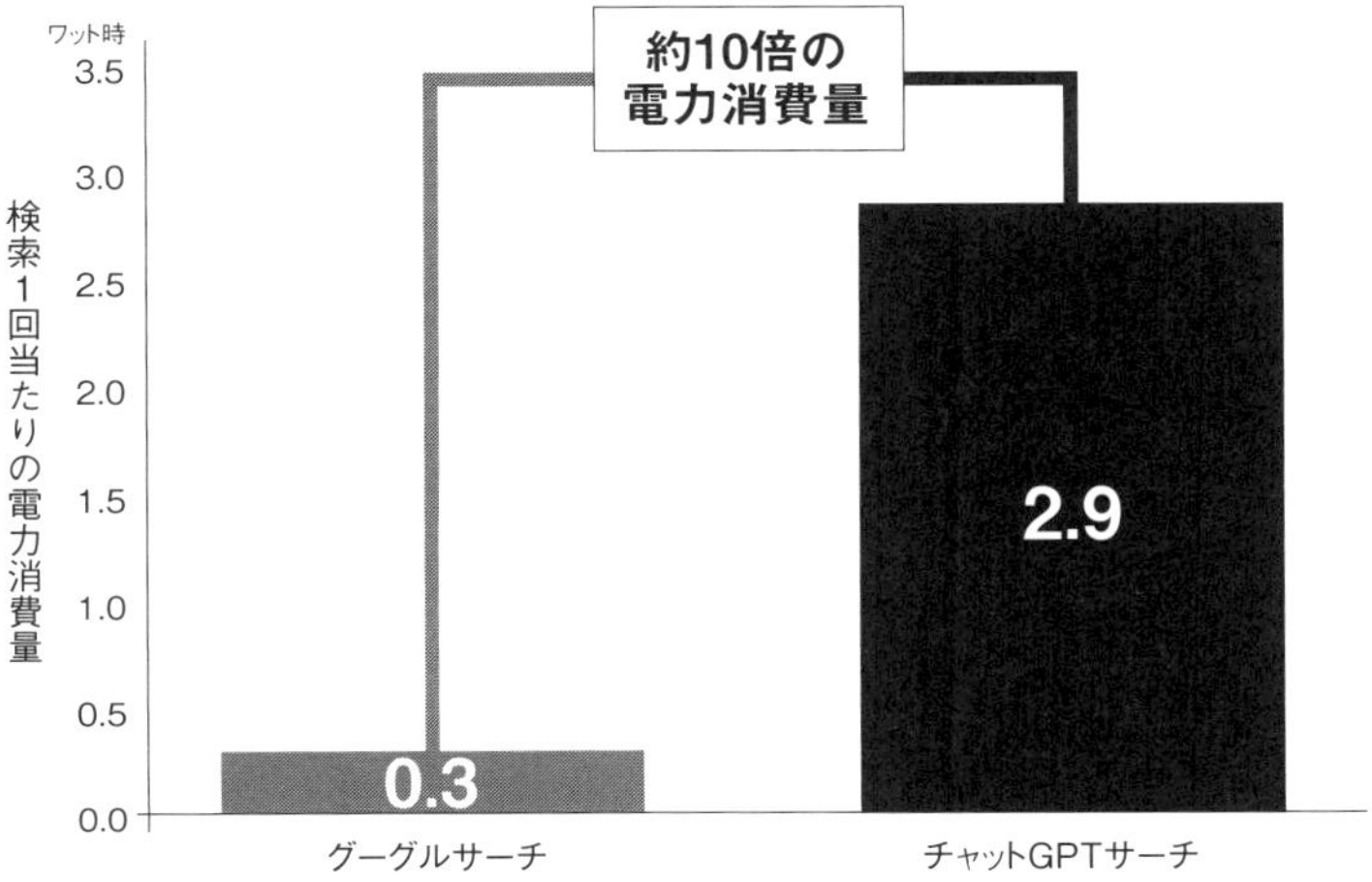

データセンターの普及とさらなる電化によって、ヨーロッパの電力需要は約40〜50%拡大すると予想される。
過去の実績は将来のパフォーマンスの保証ではありません。
原資料：ゴールドマン・サックス銀行・グローバル市場部『グローバル投資戦略レポート』、2024年4月号
出所：（上）ウェブサイト『Tech Spot』、2022年10月24日、（下）『Zerohedge』、2024年5月15日より引用

嫌がる**真剣なゲーマーたち**や、何度失敗してもとにかく他社より少しでも早く正解に到達すればいいとする**暗号資産採掘業者**に限られていた。

そこでエヌヴィディアは、生成ＡＩが普及すれば顧客層と収益が急拡大することに賭けて、いっそう性能のいいＧＰＵの開発に邁進することになったわけだ。現状ではエヌヴィディアの賭けが成功したように見える。

だが、架空取引でカサ上げされた業績を正直な数字に直してみると、ほんとうにそうなのかどうか、疑問が残るところだ。

次ページの２枚組写真のうち上から3分の2が２０２４年4月にゴールドマン・サックスが出したＡＩ関連の推奨レポートダイジェスト版の表紙だが、いかに電力会社による発電量と送電網整備が重要かを強調した図柄になっていた。

ところが、下から3分の1を占めるゴールドマン・サックスが6月下旬に出した最新のＡＩ関連レポートでは、レポート全体のタイトルから「あまりにも少ない成果」を強調している。

短期的には電力業界も潤うが、結局生成データセンター需要の拡大から持続的な恩恵を受けられるのは**クラウド事業者だけ**という論調に変わったのだ。

前ページ下段のグラフでたった1回の検索に要する電力の差を見ると、チャットＧＰＴでの検索はグーグルの検索の約10倍の電力を消費するので、グーグルより深く、また広く適切な答

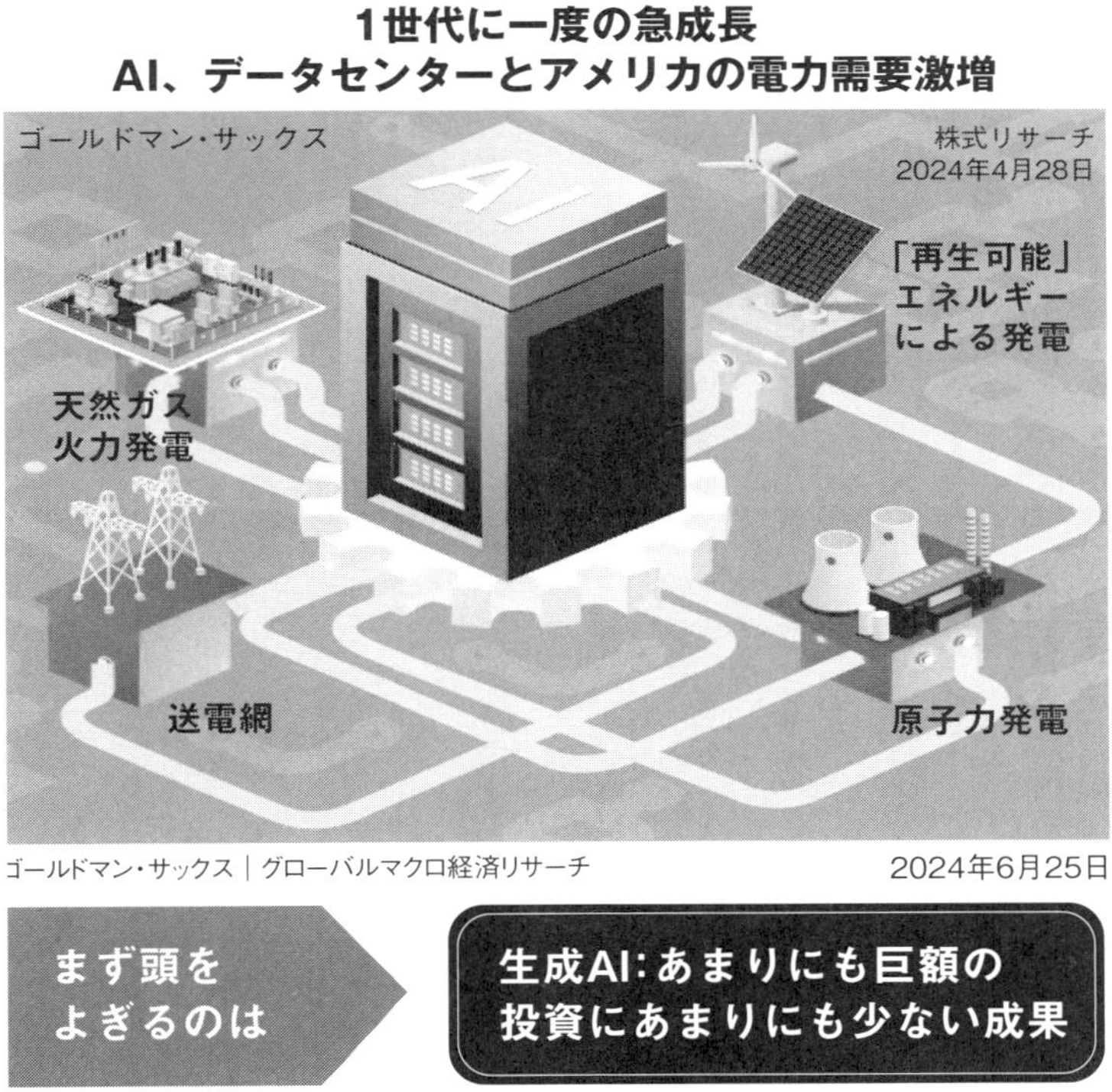

出所:Goldman Sachs、（上）2024年4月28日付株式リサーチレポート、（下）同年6月25日付マクロ経済リサーチレポートより引用

えを探しているように感じる人が多いだろう。

しかし実際には、チャットGPTによる検索は「質問者が何をどう考えるためにこの言葉を検索しようとしたのか」の推論と、その過程で出した大量の熱を冷却し、よそに送るために使っているのであって、検索作業自体にかける電力はほとんど変わらないだろう。

しかもチャットGPTの場合、質問者の意図に適合する答えがないと判断するとその意図にあった答えを

AIデータセンターで莫大な電力需要が発生

AIと暗号資産採掘による電力需要拡大予測：2022〜26年

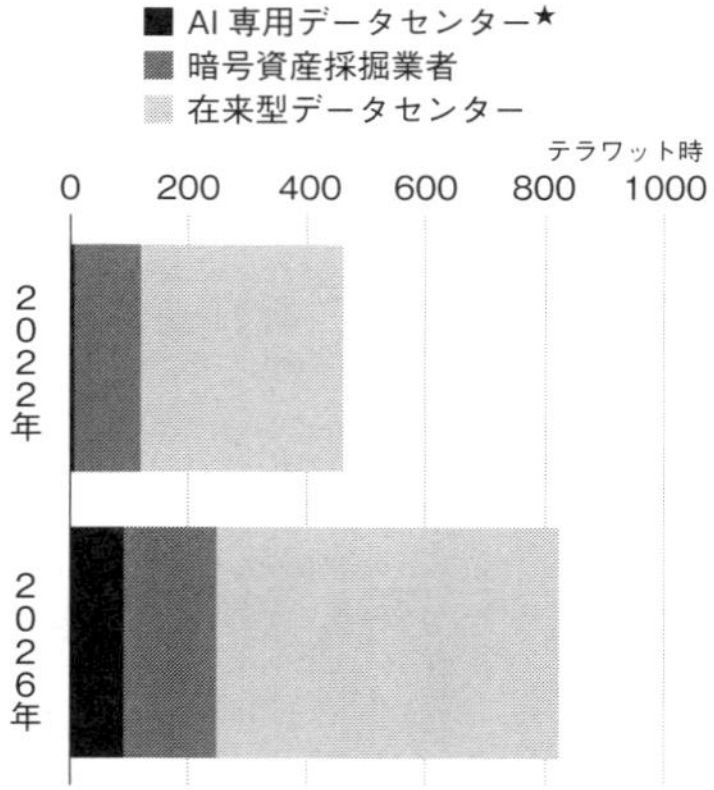

電力消費量によるデータセンタートップ11都市・地域：2023年

順位	都市圏・地域	電力需要（メガワット）
1	バージニア州北部	2552
2	北京	1799
3	ロンドン	1053
4	シンガポール	876
5	東京	865
6	フランクフルト	864
7	上海	725
8	シドニー	667
9	ダラス	654
10*	シリコンバレー	615
10*	フェニックス	615

★）データ・ネットワーク（オペレーション）センターは除く。＊）同率10位。
原資料：（左）IEA、（右）クッシュマン&ウェイクフィールド、データセンター・ホーク
出所：（左）ウェブ版『Nikkei Asia』、2024年6月12日のエントリーより引用、（右）『Zerohedge』同年5月15日のエントリーより作成

捏造《ねつぞう》することもあるので、検索のような単純作業をするにはグーグルのほうがチャットＧＰＴよりずっと時間とエネルギーを節約でき、深刻な間違いを減らせる。

こうした事実が広く知られるようになり、アメリカの大手証券会社のＡＩ推奨レポートなどの中にも、徐々に生成ＡＩの開発業者やＧＰＵなどの主要部品のメーカーよりも、生成ＡＩによる電力消費量の激増を見こんで電力会社に絞ろうとする動きが出てきた。

上の左側のグラフを見ると、ここでも生成ＡＩ利用のデータセンターは、伸び率こそ高いけれども、需要の伸び全体に占めるシェアは２０２６年になってもまだ、非常に小さくとどまると見られてい

AI普及の恩恵が持続するのはクラウド事業者のみ
2023年3月を起点とした売上増減額予測：2024～25年

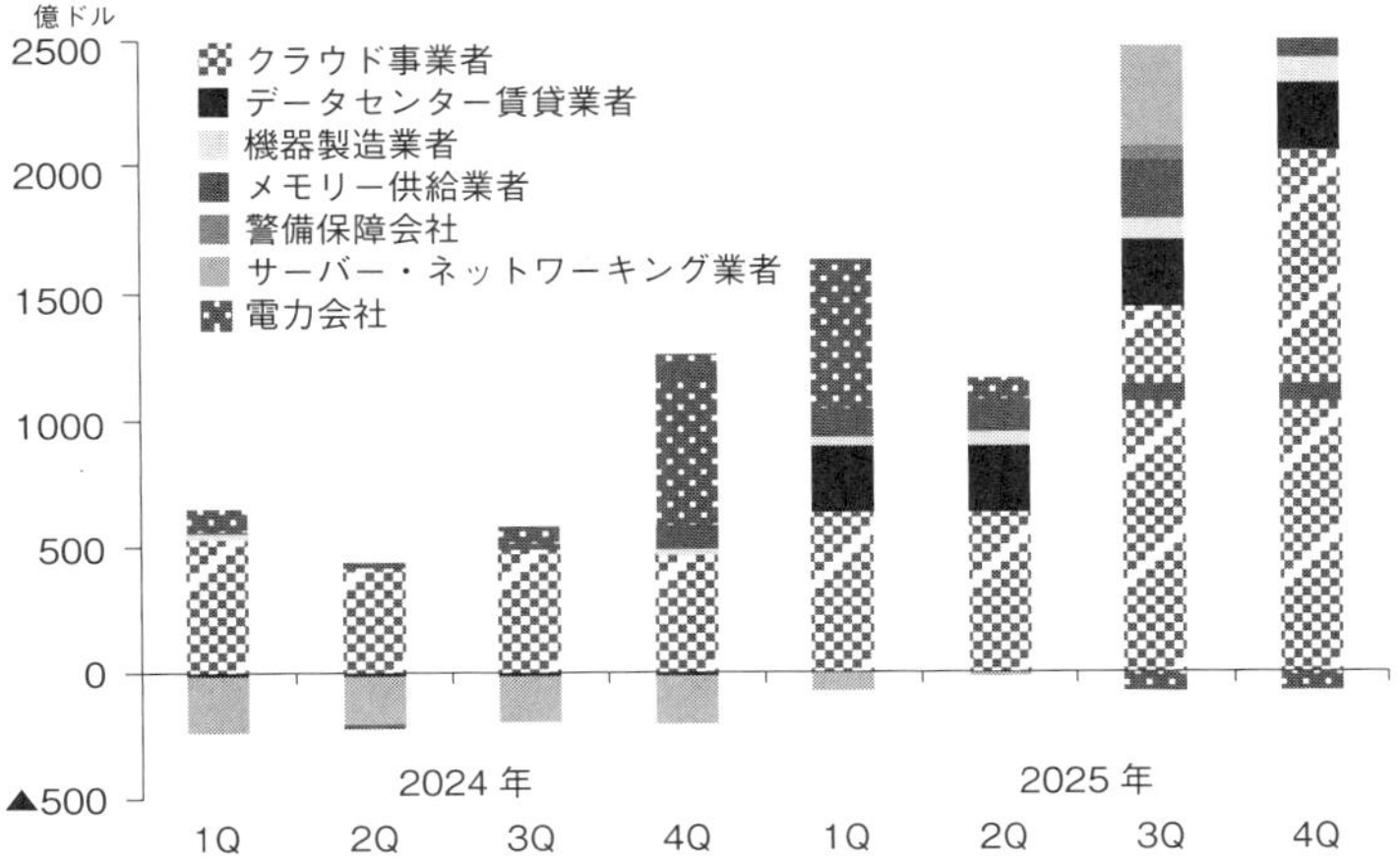

原資料：ファクトセット、ゴールドマン・サックスグローバル投資リサーチ
出所：ゴールドマン・サックス『生成AI：あまりにも巨額の投資にあまりにも少ない成果レポート』（2024年6月25日刊行）より引用

ることがわかる。

ただデータセンターの密集している地域は、世界的に見てもそれほど多くはない。そこで電力を供給する業者やそこに建てたデータセンター用建物の賃貸業者などは収益の成長が見込めるといった趣旨の推奨レポートになっていた。

前ページ右側の表で、データセンター立地のアメリカ1国への集中ぶりがわかる。データセンター自体は、冷房・換気機能を強化する必要がある以外に特別な技術を要する建物ではない。ほんとうに実用性の高い施設ならこんなに1国だけに集中するだろうか。

上のグラフでゴールドマン・サックスが電力各社の享受する恩恵が2024年

2024年上半期のS&P500はテク・通信サービスの圧勝

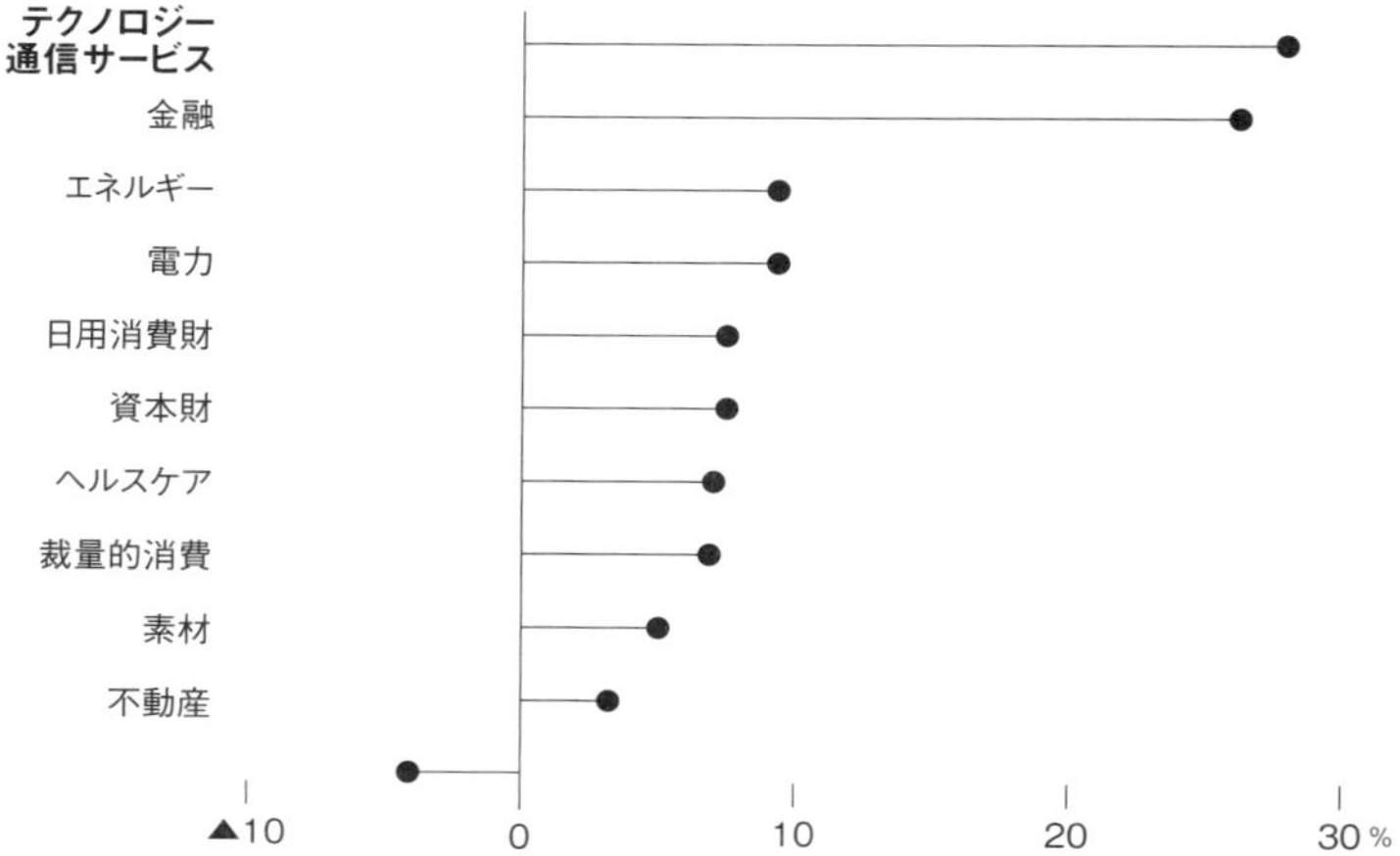

ヘッジファンドテクノロジー・メディア・通信サービス セクター株大幅な売り越しに転ず：2017～24年

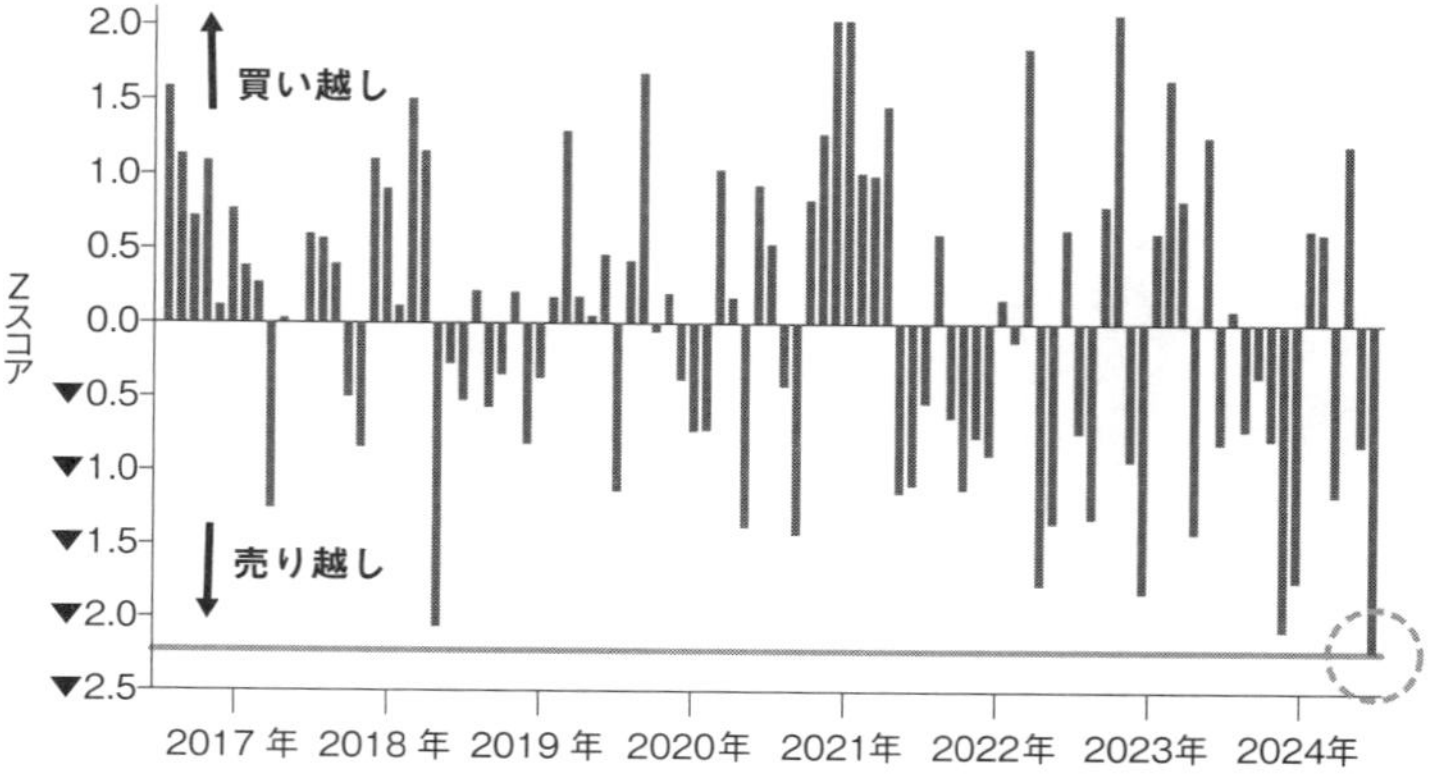

原資料：ブルームバーグ、ゴールドマン・サックス
出所：Win Smart、2024年、6月30日、（下）同年6月28日のX（旧Twitter）より引用

第4四半期から2025年第1四半期の半年でピークを打つと予測しているのは重要だ。生成AIは世代が代わるごとにモデルに取りこむ文章例を増やしているから、電力消費量が増えるのは確実だからだ。

それでも電力会社への恩恵が来年の第2四半期から減少に転ずると予想しているのは、その頃には**もう生成AI自体の普及が頭打ちになる**と見ているからだろう。

ゴールドマン・サックスと言えば、いまや一心同体と化しつつある民主党リベラル派とユダヤ系財閥の経済政策司令部とも言うべき存在だ。そのゴールドマン・サックスが前述のように「あまりにも巨額の投資にあまりにも少ない成果」と断言している。

同社は自社の方針が失敗だったと見れば、客に損を押し付けることなど構わずにさっさと損切りをして逃げてしまうことでも悪名高い証券会社だ。これはもう、値上がり益を享受できるうちに**生成AI関連銘柄全体を売り切ってしまおうというサイン**だろう。

そして2024年上半期は、テクノロジーと通信サービスというハイテク大手の集中している2セクターのパフォーマンスが圧倒的に良かった。このことが次ページの2段組グラフの上段に出ている。

だが目ざといヘッジファンドのマネジャーたちは、ゴールドマン・サックスが発信したサインを見落とさなかったようで、前ページのグラフ下段を見るとテクノロジー・メディア・通信

S&P500株価指数セクター別パフォーマンス
2024年7月第3週（15～19日）

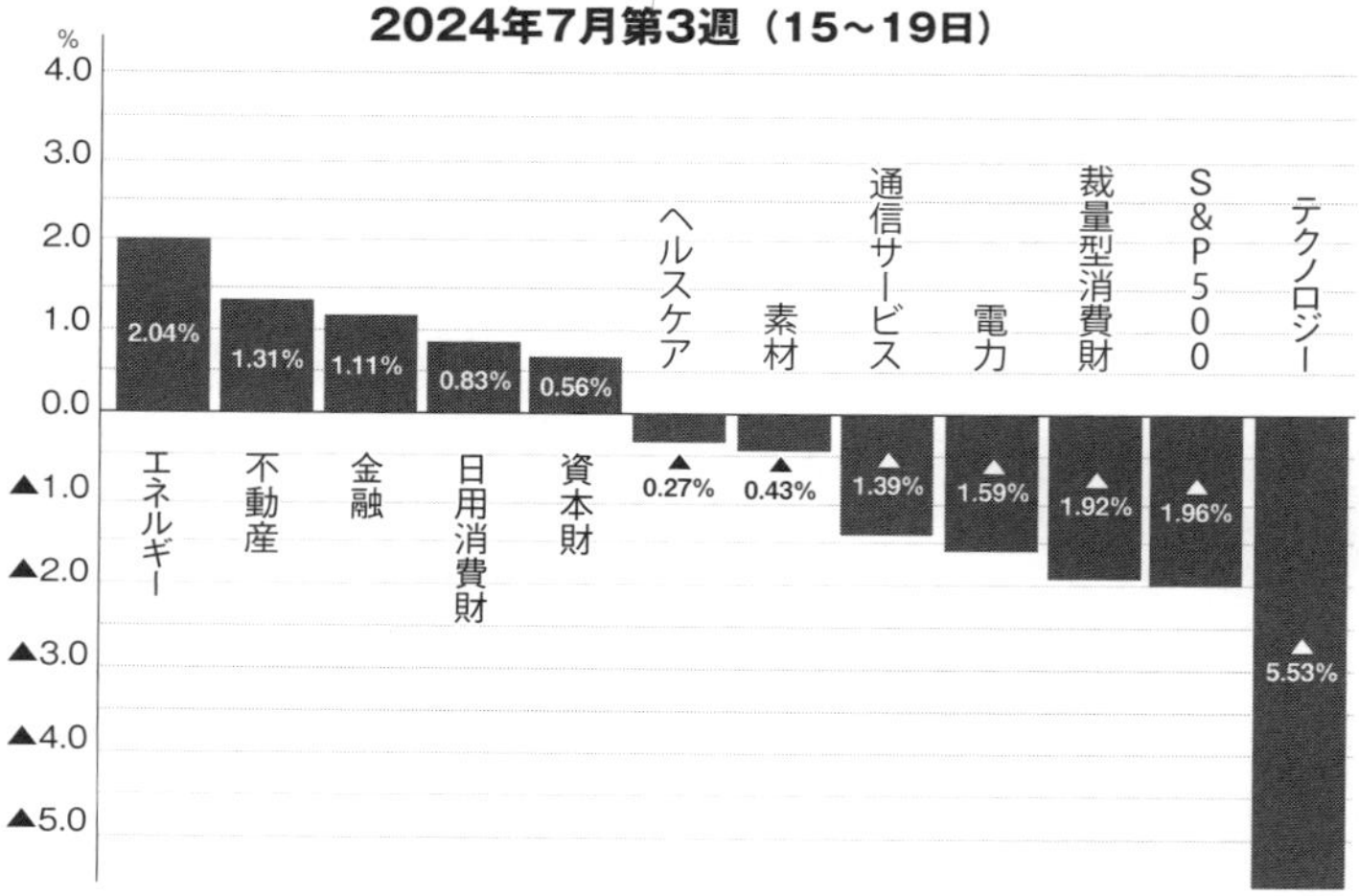

機関投資家の不動産セクターオーバーウェイト比率推移
（オーバーウェイト引くアンダーウェイト）2006～24年

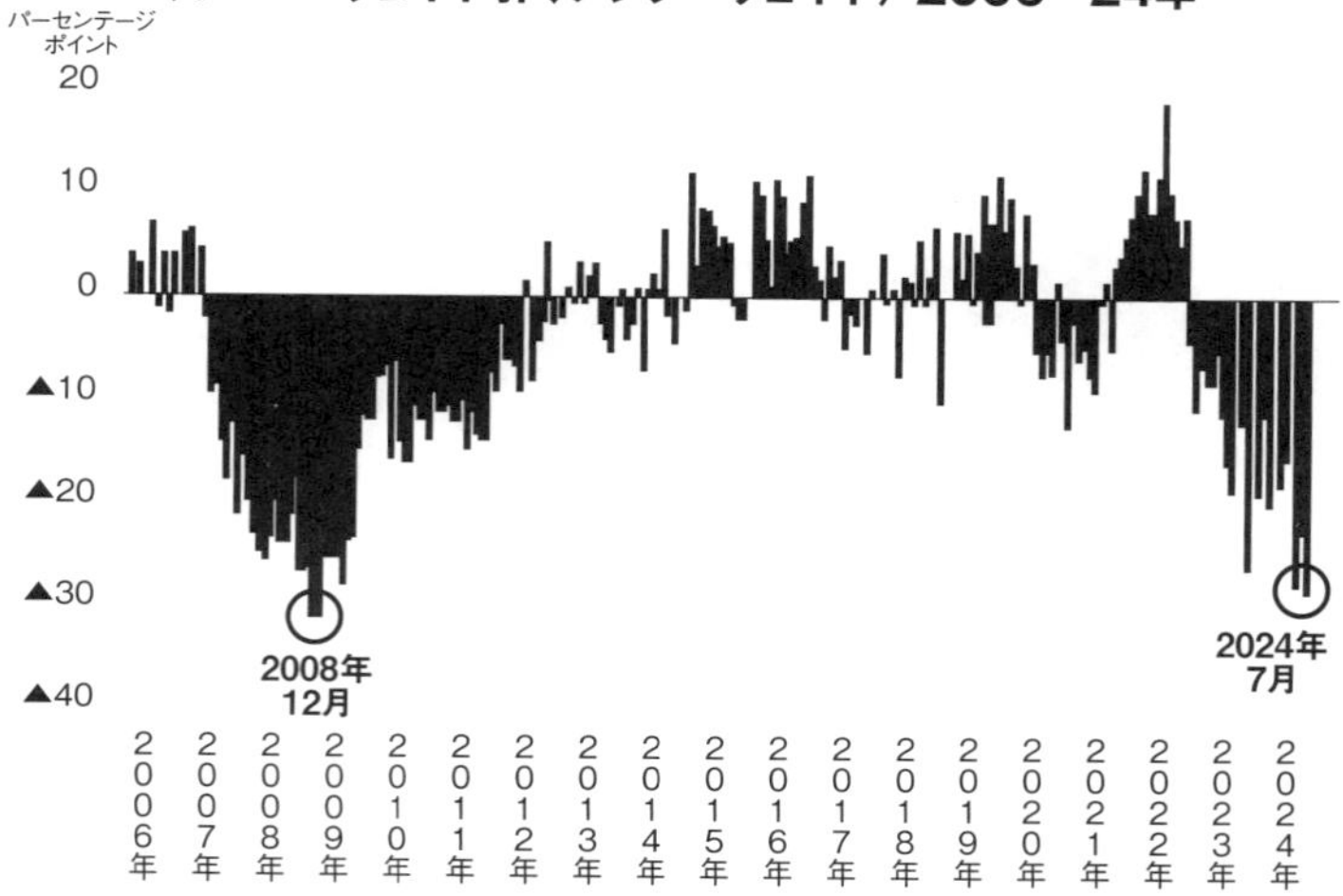

原資料：（上）Stock Charts©、（下）バンク・オブ・アメリカ グローバルファンドマネジャー調査
出所：Mike Zaccardi、2024年7月20日のX（旧Twitter）より引用

サービスセクター株について、過去7年間で最大の売り越しに転じていた。

前ページの2枚組グラフ上段が、このレポートが出たあとこれまで延々と米株市場を牽引してきたテクノロジーセクターが最悪の値下がり率になったと示しているのは、決して偶然ではないだろう。

さらに、それではどんなセクターが好調になったのかを見ると、電力のそのまた上流で主として石油や天然ガスといった化石燃料の採掘精製をメインにしているエネルギー産業が1位で、2位は下段でおわかりのように機関投資家全体としては国際金融危機のどん底の頃に似たドン引き状態になっている不動産だ。

1位のエネルギーについては、ようやく欧米でも「再生可能」エネルギーに関する幻想が剝《は》がれ落ちて、植物の生育には欠かせない二酸化炭素を排出する化石燃料に人気が戻ってきたと考えれば、明るい兆しと言える。

だが今後、大都市中心部の高層オフィスビルでさえ、債務不履行で差し押さえが続出しそうな不動産がセクター別パフォーマンス2位というのは、**アメリカ経済がかなり深刻な手詰まり状態**になっている事実を象徴する動きと言えるだろう。

こうなると、ゴールドマン・サックスは推奨しているクラウド事業自体が順調に売上高を増やしつづけることも疑問になってくる。だが、それ以前に確認しておくべきことがある。現在に至るまで、クラウド事業がきちんとした収益の上がる事業だったことがあるのだろうか。

クラウド事業は儲かるのか?

クラウド事業とはコンピューター機器ではなく、コンピューター機能の賃貸事業のことだ。前章でもこの事業の大手3社は、市場シェア31%のアマゾンと、25%のマイクロソフト、そして12%のグーグル(アルファベット)だとご紹介しておいた。

このうち首位のアマゾンだけは、次ページの円グラフでおわかりのようにクラウド事業の売上が全社売上の16%に過ぎないのに、営業利益は全社営業利益の62%と圧倒的な高収益部門になっている。部門営業利益率はコンスタントに30%台を維持しているのだ。

ところが2位マイクロソフトと3位グーグルのクラウド事業は、赤字になったり黒字になったり**採算点すれすれの経営**状態だ。コンピューター機能の賃貸というあまり経営能力の差が出そうもない分野で首位企業と2~3位企業のあいだに、これほどの差がつくものだろうか。

もし首位のシェアが70%で2位が15%、3位が5%といったふうに首位と2~3位のあいだに歴然とした市場シェア格差があるなら、そういうこともあり得るだろう。しかし現実の市場シェアの差はそれほど大きくない。

アマゾン部門別売上高・営業利益比較
2023年度（同年1〜12月）実績

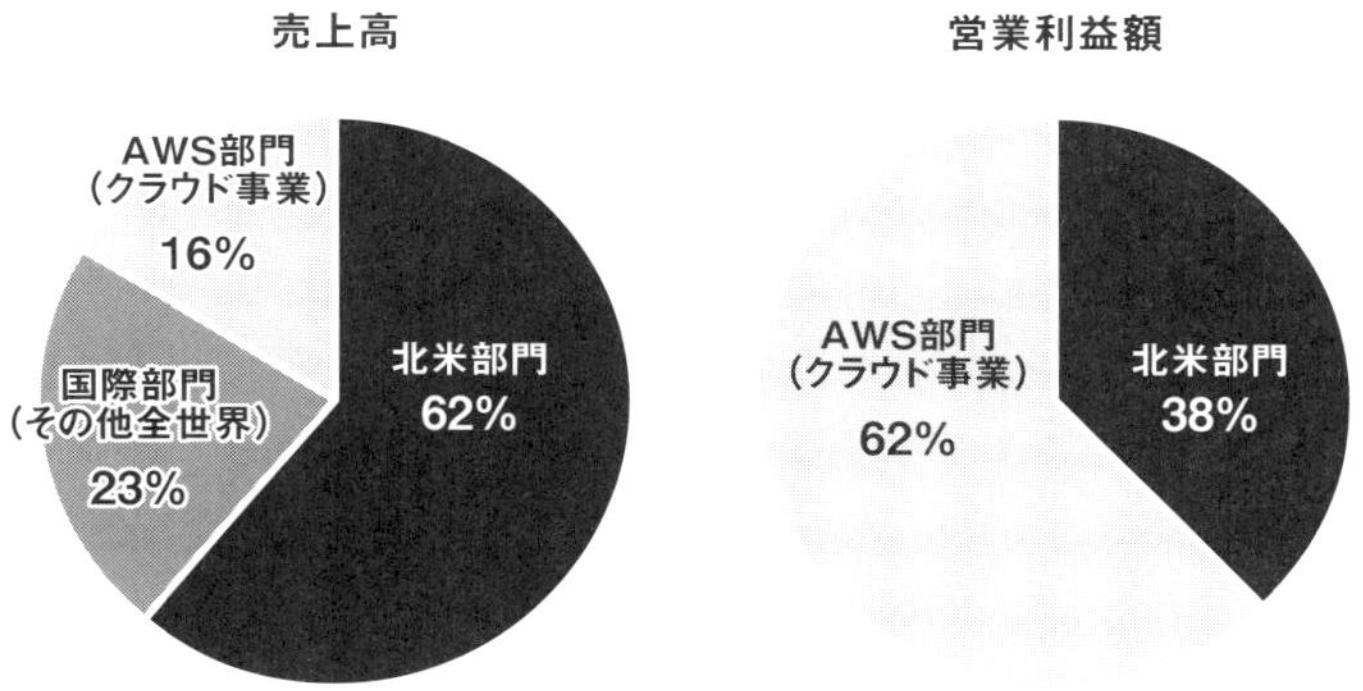

注：2024年第1四半期の営業利益率は、AWS部門が37.6%、北米部門が5.8%、国際部門が2.8%だった。
原資料：会社側開示の決算データからインベストペディア社のマシュー・ジョンソンが作図
出所：ウェブサイト『Investpedia』、2024年6月11日のエントリーより引用

一応世間で言われているのは、アマゾンはクラウド事業に取り組んだのが早くて、**国防総省やCIAなど軍産複合体がらみのカネ払いのいい優良顧客**をつかんでいることだ。その後も守秘義務がからんで延々と優良顧客をがっちり押さえているから**利益率が高い**という説明だ。

営業利益率の大きな差を生んでいるのが軍産複合体だというところは、おそらくそのとおりだろう。ただ、2〜3位に対する利益率の差を見ると、他の顧客より多少高く、多少大量に買ってくれる程度の差ではないはずだ。

おそらくアメリカの軍産複合体は、世界中の政財官界の要人や野党の主要政治家などについて、グーグルマップとアマゾンのラスト1マイル宅配ルートについてひんぱんなアップデートを受けている。巻き添え被害者を最小限に保つ

精密ドローン爆撃や交通事故に見せかけた**暗殺のために周到な準備**をしているのだろう。

世界における大多数の国の個人世帯レベルまで降りて行った位置情報を始終アップデートしながら維持している情報（＝諜報）企業は、グーグルマップを常時更新しているアルファベットと自社が進出している国の配送網をつかんでいるアマゾンの2社だけなのだ。アメリカの軍産複合体がこの貴重な情報に支払う対価は、それなりに巨額になるわけだ。

グーグルは他に好収益部門があるので、この情報料収入をクラウド事業に算入することで目立たせる必要がない。けれども世界中どこでだれがやっても薄利多売にしかならないｅコマースとクラウドしか事業部門がないアマゾンは、どんなに目立ってもこの情報料収入をクラウド事業部門に算入するしかないということだろう。

ひとつだけ確信をもって言えることがある。クラウド事業大手3社の中で、アマゾンのクラウド事業による**電力消費量は突出して少ない**はずだ。

ハイテク大手各社の中で電力消費量が最大だったのは、グーグルを擁するアルファベットとマイクロソフトの年間24テラワット時だった。これはアイルランドやセルビアがそれぞれ国全体で消費している31テラワット時には負けるが、ヨルダンの20テラワット時より多い莫大な量だ。

そしてハイテク大手で次に電力消費量が多かったのがメタの12テラワット時で、その次はもうアップルの2テラワット時と、極端に少なくなる。そしてアマゾンはこのリストに登場さえしない！

ちなみにアップルは消費者向けに特化したハイテク企業ということで業務用の利用が多いデータセンターを設置して大量の電力を消費しなければならないクラウド事業は参入していない。だがアマゾンは、そのアップルより全社の電力消費量が少ないのだ。

アマゾンの好収益は、絶対に**クラウド事業そのものであげているのではない**だろう。

なぜマイクロソフトもクラウド事業を？

それではいったいなぜ、軍産複合体に高く売りつけられるような情報を持ち合わせていないマイクロソフトが、あまりにも大勢の顧客から1人・1社当たりではごく少額の収入しか得られない面倒なクラウド事業を維持しているのだろうか。

次ページの表でおわかりのように個人・法人合計で7億を超える顧客アカウントがあって、1人・1社当たりではやっと100ドルを超えた売上では、当然管理費倒れになるだろう。おまけに個人客の約30%は学生や引退後の高齢者となると、**個人客部門はほぼ確実に大赤字**のはずだ。

マイクロソフト、アジュール（クラウド事業）部門の顧客数と売上推移：2017～22年

年度	売上（億ドル）	顧客数（人／社）	顧客1人／1社当たり売上（ドル）
2022	753	7億2222万	104.26
2021	600	7億2076万	83.25
2020	484	7億1932万	67.29
2019	391	7億1788万	54.47
2018	322	7億1644万	44.94
2017	275	7億1500万	38.46

アジュール部門個人顧客の年齢層別構成比

年齢層	構成比（%）
15～24歳	25.49
25～34	32.38
35～44	19.02
45～54	11.58
55～64	7.00
65歳以上	4.53

まだ学校に行っているはずの人が大部分の年齢層と、そろそろ引退という年齢層で、ほぼ正確に個人顧客の30%を占める。売上高がしょぼいのも当然か。

出所：ウェブサイト『JustDario Daily』、2024年5月22日のエントリーより引用、加筆

それなら、法人顧客の中には突出して大きな売上を得ている大口顧客がいるかとなると、それも怪しいものだ。

次ページ上段の表にあるとおり法人顧客中でトップのベライゾン・コミュニケーションズでも8000万ドル未満で、1社も1億ドルを超える売上を得ている法人顧客はいない。また、これらの大口顧客の中で近年マイクロソフトからクラウドサービスの買い入れを顕著に増やしてきた企業もなさそうだ。

それではなぜ、顧客数は6年間でわずか1・01%増えただけ

アジュール企業顧客中、売上トップ10は？

ベライゾン・コミュニケーションズ	7990万ドル
MSIコンピューター	7800万ドル
LG電子	7670万ドル
センチュリー・リンク	6190万ドル
NTTアメリカ	4870万ドル
ウィキメディア財団	4260万ドル
リンクトイン	4120万ドル
ニュース・コープ	4050万ドル
アドビ	3990万ドル
インテル	3850万ドル

マイクロソフトフリーキャッシュフロー推移 2009～2023年度

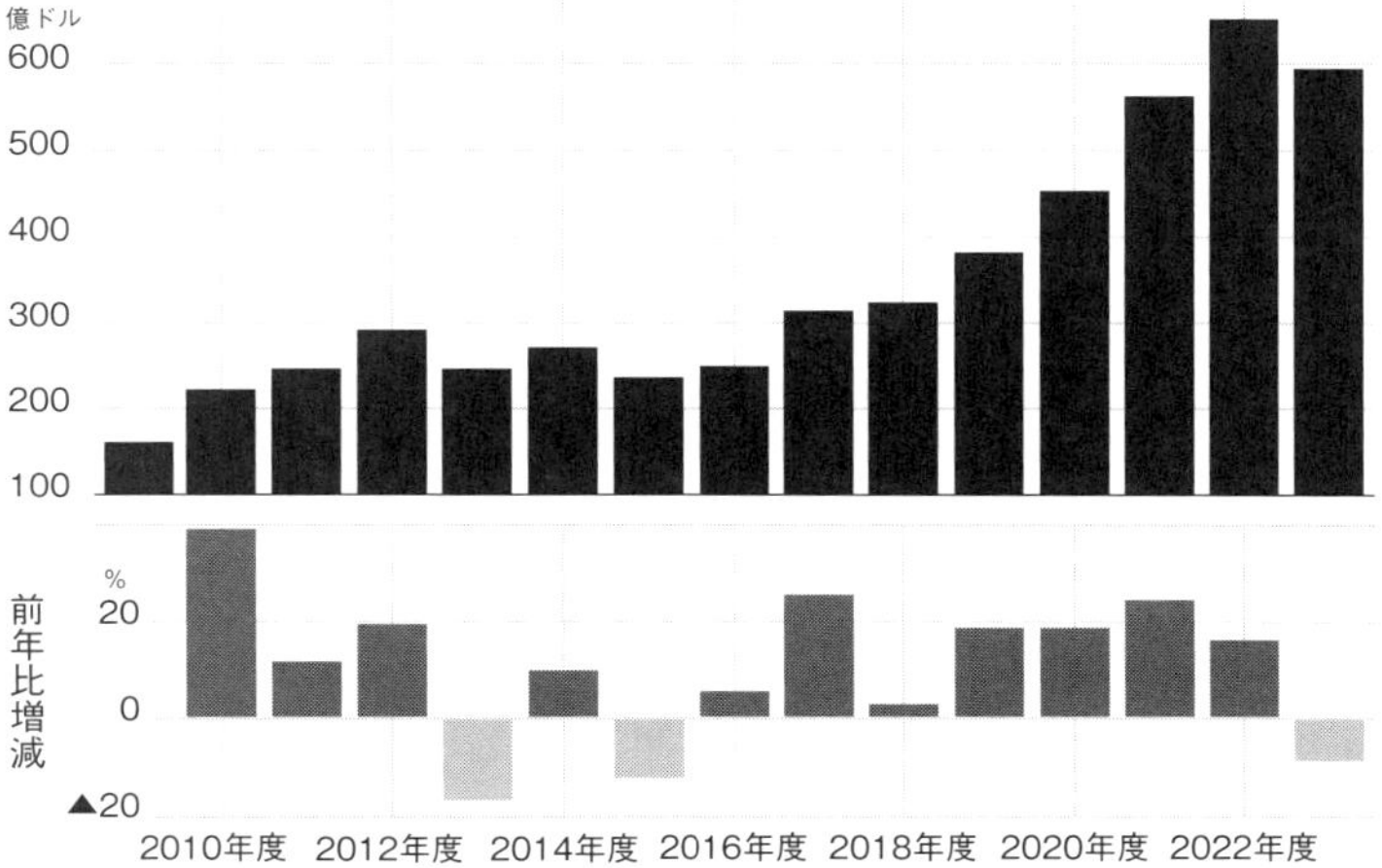

出所：ウェブサイト『JustDario Daily』、2024年5月22日のエントリーより引用

なのに、同じ6年間でクラウド事業売上は2・7倍も増えたのだろうか？　この疑問の答えは、なぜクラウド事業を続けているのかという疑問への答えと同一だと思う。

たとえば、エヌヴィディアのような企業と**循環取引で収益のカサ上げを図る**とき、先方から買うGPUへの対価として売上に立てるのに、**クラウド事業は好都合**なことが多いからだろう。

マイクロソフトのフリー・キャッシュフローは、2023年度に若干減少していた。これは2023年1月にオープンAIに100億ドルの追加投資をしたためということになっているが、減少幅は100億ドルほど大きくない。

その100億ドルの大部分は将来オープンAIがマイクロソフトのクラウド事業を使うときのための予約購入権というかたちでの出資で、現金は少ししか出していないと言われている。今後何年かにわたってマイクロソフトはオープンAIがクラウド事業購入権を「行使」するたびにクラウド事業の売上を立てていくわけだ。

その金額がかなり大きなインパクトを持つことは、クラウド事業顧客トップ10社でも年間売上が8000万ドルに達していた企業はないことからも、容易に推測できる。

循環取引という手法は、こうしてマイクロソフトからオープンAIへの「投資」と将来オープンAIがマイクロソフトのクラウドサービスを買うときの**「代金」というかたちにも応用できる**わけだ。

ベンチャーファンド、湯水の如く生成ＡＩベンチャーに出資？

このマイクロソフトによる半ばカラ手形のようなオープンＡＩへの「投資」は、見返りの架空売上をクラウド事業に計上して同部門の採算を「好転」させるだけではなく、ウォールストリートがどこに「次の成長分野」を見出すかにも大きな影響を及ぼしている。

次ページの２段組グラフは、上下それぞれ非常に示唆に富んでいる。

まず上段だが、マイクロソフトから傘下のオープンＡＩへの追加出資を「ベンチャーキャピタルによるベンチャー企業への投資」と表現すること自体にも問題はある。ベンチャーキャピタルという概念をそうとう拡大解釈しているからだ。

ただ、最近は時価総額で世界一を争うような企業が**平然と粉飾決算をするご時世**だから、それは不問にしておこう。

だが、とにかく２０２３年第１四半期に突然生成ＡＩへの投資が激増したことになり、この頃から「ＥＶの次の有望分野は生成ＡＩ」というコンセンサスが形成されたことは、既存の事業部門が頭打ち傾向になっていたマグニフィセント７各社にとって、とても有利な展開だった。

アップルを除く５社はすでにエヌヴィディアやオープンＡＩに唾《つば》をつけてあったし、アップ

ベンチャーキャピタル、湯水のようにAIベンチャーへの投資を拡大：2021年1Q〜2023年2Q

AIで設備投資が肥大化するハイテク大手3社

2016〜26年（予測）

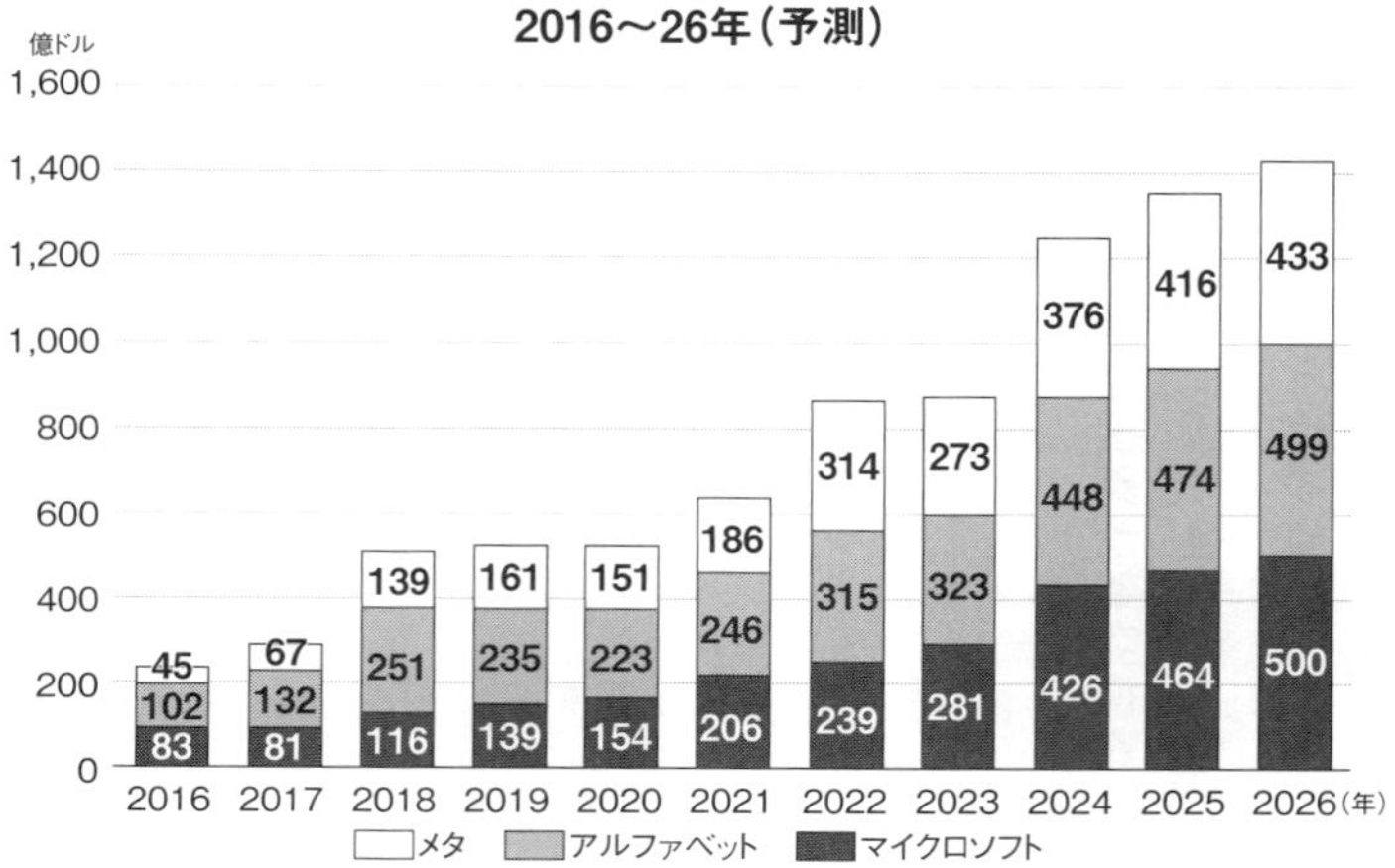

原資料：LSEGデータストリームのデータからヴラッド・バスティオンリサーチが作成
出所：（上）ウェブサイト『Downside by Philo』、2024年1月24日のエントリー、（下）Vlad Bastion、2024年4月26日のXより引用

ルも「他社のように大げさな前宣伝はしないが、やるときは本格的にやる」と宣言して収益が横ばいから微減に転じている事実から投資家たちの眼をそらすことに成功したからだ。

もし点線の枠で囲ったマイクロソフトからオープンＡＩへの１００億ドルの追加投資がなかったら、２０２３年上半期の前年同期比は３倍を超える伸びではなく、58％増にとどまっていたはず。我先に生成ＡＩ銘柄に飛びつく風潮は発生しなかったかもしれない。

下段は、マグニフィセント７の中でも昔からグーグルマップや世界配送網の維持拡充に巨額の投資をしていたアルファベットとアマゾンを除くと、その他のハイテク大手が設備投資を飛躍的に拡大しはじめたのは、２０１８年頃からだとわかる。

問題は、そのうちどの程度が本物の投資で、どの程度がマイクロソフトからオープンＡＩへの１００億ドルのような**「架空投資」**なのかということだ。エヌヴィディアとハイテク大手各社とのあいだの架空売上同様、あるいはそれ以上の金額になっているのではないかという懸念さえある。

なお、マイクロソフトからオープンＡＩへの１００億ドルの**追加投資が架空投資**だという主張は、根拠のない当て推量ではない。

その証拠に、もしマイクロソフトからの１００億ドルがほんとうに投資としてオープンＡＩの金庫や預金口座に納まっていたら、絶対あり得ないような経営危機が現在オープンＡＩに発

今後12ヵ月間に破綻の危機に直面するオープンAI

オープンAIは今期の赤字が50億ドルの見込みで、12ヵ月のうちに新しい出資者を探せなければ破綻の危険あり

速報 **ケヴィン・オケンワ記者が23時間前に執筆**

新しい出資者の発見にオープンAIの存続がかかっている。

コメント欄

(現状では空白)

この記事の要点

- **今期決算が50億ドルの赤字と見こまれているオープンAIは破綻の危機に瀕している**
- **同社はAIモデルの調教に70億ドルをかけ、人件費も15億ドルになっている**
- **売上の35億ドルでは営業経費を賄えない**

CEOサム・アルトマンのコメント

赤字が5億ドルだろうと、50億ドルだろうと、500億ドルだろうと全然気にしない。

ほんとうに気にしていないんだ。

アンドロイドフォン上で利用されているチャットGPT 画像提供：ダニエル・ルビーノ
出所：kakashii、2024年7月27日のX（旧Twitter）より引用

生している。

上の記事をご覧のとおり、35億ドルしか売上が出ていないのに、次世代のチャットGPTの調教費だけで70億ドルもかけ、人件費にも15億ドルを使ったのでなんとか新しい資金を導入しないと50億ドルの赤字となり、**破綻の危険がある**と報道されているのだ。

マイクロソフトからの追加投資が実際に資金として利用できるかたちでの出資だったら、当然こんな騒ぎにはならないだろう。それにしても、マイクロソフトのクラウド事業アジュールの利用権100億ドルとはとんでもない数字だ。

現在アジュール事業の最大顧客であるベライゾン・コミュニケーションズでさ

え、年間7990万ドルしかアジュールの提供するクラウドサービスを消費していない。最大顧客並みの大口消費で125年分以上の利用権を差し出して「100億ドルの投資」とは、いくらなんでも**でたらめすぎる会計処理**だろう。

このマイクロソフト＝オープンAIを軸とする「循環投資」とも呼ぶべき不正会計は、規模から考えてもたんなる逸脱行為ではなく、**正真正銘の金融犯罪**としていずれは訴追されることになるだろう。そのときアメリカの金融業界とアメリカ経済全体が受ける衝撃は凄まじいものになるはずだ。

この章最後の図表として、この複雑な問題を整理するためにエヌヴィディアを中心とするGPU循環取引、そしてオープンAI・マイクロソフトを中心とする生成AI循環取引の相関図をつくってみた。どこから、どんなかたちでボロが出始めるか、今後の展開に注目したい。

この相関図で小さく右下の隅に表示したアップルは、これまでのところエヌヴィディアを中心とするGPUがらみの循環取引にも、マイクロソフト＝オープンAIを中心とする生成AIがらみの循環取引にも加わらず、孤高を保ってきた。

ところが、すでに完全自律走行のEV開発を断念していたうえに、2024年6月中旬に、今後は生成AIの独自開発路線も撤回して、自社のスマートフォンにはマイクロソフト＝オープンAI連合のチャットGPTシリーズを搭載すると発表したのだ。

AI、GPU、クラウド事業をめぐる
マグニフィセント7＋オープンAI相関図

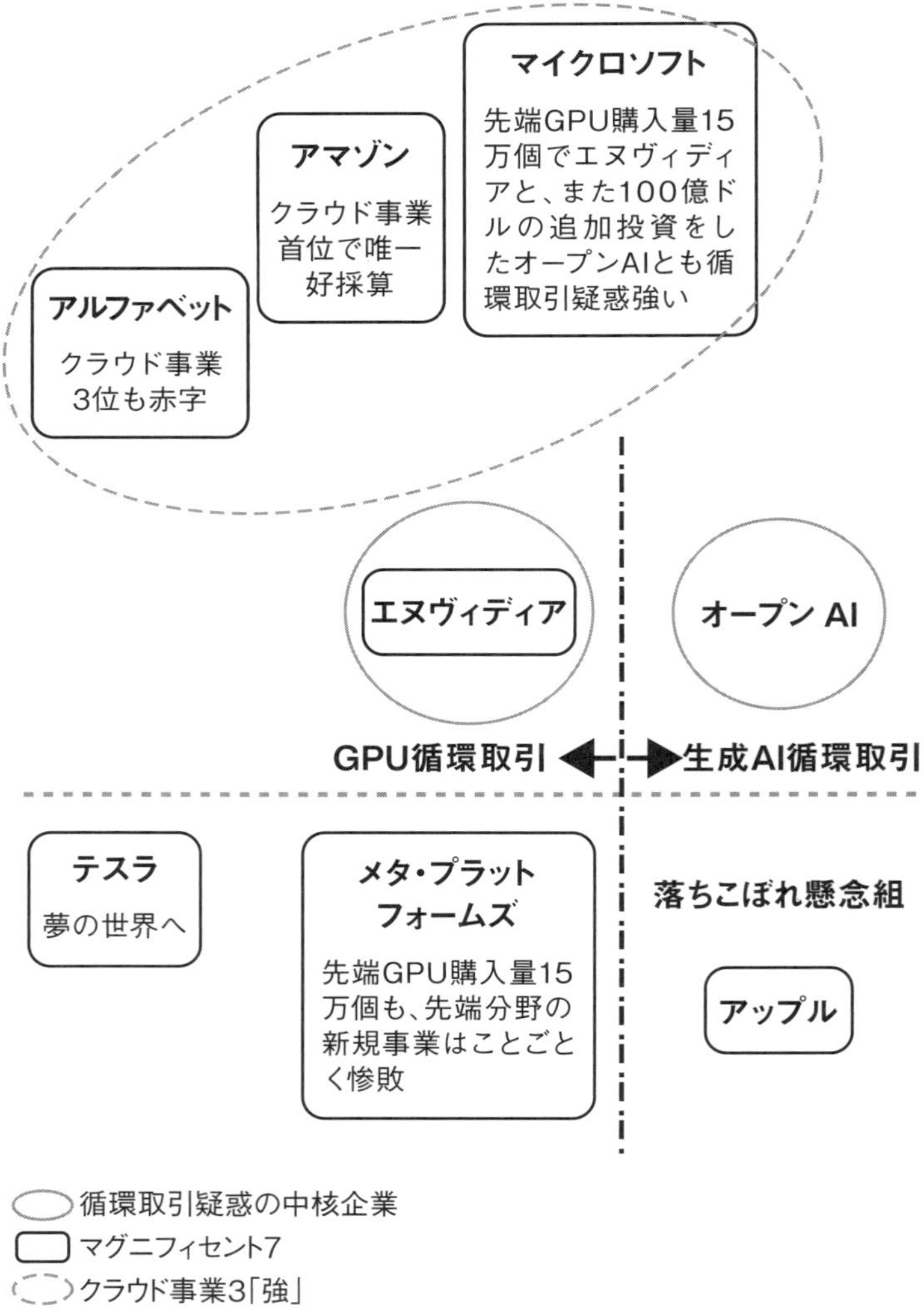

出所：大手メディア、SNSなどの情報を総合して著者作成

アップルがマイクロソフト＝オープンＡＩ連合の軍門に下ったとわかったのとほぼ同時に、それまでパッとしなかったアップルの株価が動意付いて、エヌヴィディア、マイクロソフトを抜いて時価総額第1位に躍り出た。それどころか、なんと**前人未到の時価総額3兆5000億ドルを突破**してしまったのだ。

またアップルより、さらに深刻に株価が低迷していたテスラもメタ（フェイスブック）も、2024年の年初来なかったほど顕著に株価上昇が続いた。これはもう、**アップルが共犯サークルの中に入ってくれた**ことに対する「やれやれ、ひと安心」の株高と見るべきだろう。

共犯サークルにもとから参加していたのは、アップルを除くマグニフィセント6、大手投資顧問各社、大手投資銀行、そしてほぼ間違いなく米国証券取引委員会だろう。

アップルほど時価総額が大きな企業が、「生成ＡＩ独自開発路線断念」というそれ自体はむしろ悪いニュースで、仕手株のように急騰する。その裏には何があったのだろうか。

アップル以外の6社には大規模な循環取引ネットワークの仕組みが摘発されそうになったとき、アップル1社だけが「良い子」になって6社だけの犯罪とされることへの強烈な恐怖心があったのではないだろうか。

当事者である6社とともに、マグニフィセント7すべての大株主となっている大口機関投資家のあいだでも、マグニフィセント7全体が関わっていたことにできれば、**きびしい訴追の対**

象となる可能性が下がるという安堵感があったとしか思えない。

こうしてマグニフィセント7全面高の時期が約1ヵ月続いたあと、共和党候補指名直前のドナルド・トランプが暗殺未遂事件に遭遇するのとほぼ同時に、それまで好調だったハイテク株が軒並み下がるという事態が起きたわけだ。

これは偶然というには、あまりにもタイミングが良すぎる話ではないだろうか。

第3章

EV、生成AI、ヒト型ロボットはパンクな末端肥大症

出発点で方向が間違っているから開発が進むほど資源を浪費

過去10年以上、ハイテク技術開発の焦点となっていたEV、生成AI、そしてヒト型ロボットには共通点がある。そもそも出発点で目指す方向が間違っていたので、開発が進むほど**資源の浪費になるという皮肉な現実**だ。

EVの出発点は「人為的二酸化炭素排出量が多すぎるから地球は温暖化し、動植物が住めないほど環境が悪化する。だから自動車は化石燃料を使わず、電力で走るEV（電気自動車）にしなければならない」ということだった。

生成AIの出発点は「プログラム言語を修得していない人間でもAIが使いこなせるように、日常話したり書いたりしている自然言語で指示を出せるAIを開発しよう」ということだった。

ヒト型ロボットの出発点は「自分たちのように高級な人間がやるには、煩瑣《はんさ》でうっとうしく時間がもったいない雑用をさせる奴隷を現代社会に再生させよう」ということだった。

このうち最後の点については、欧米の研究者や知識人一般はあまり認めたがらない。だが日本人が開発した人型ロボットの大半は愛玩物《あいがん》として愛嬌のある顔を持ちながらも、直立二足歩行という精緻《せいち》で複雑なメカニズムは始めから求めていなかった。

一方、イーロン・マスクが開発しているオプティマス・ロボットなどは、明らかになるべく人間の一挙手一投足を忠実に再現して、古代のギリシャ・ローマ時代からヨーロッパ人にはおなじみだった奴隷を侍《はべ》らせたいという願望がかなり露骨に出ているように思う。

日本人、いやおそらくアジア・アフリカ・中南米の人たちであっても、漠然と「もし人間が頭と手足を使ってする仕事は全部できて、しかも混雑した室内でも車輪を使う乗りもののように不細工ではない、軽やかな足取りですり抜けていける召使いがいたらいいなあ」と考えるかもしれない。だが、そんなことは無理と諦めるだろう。

ところが欧米の富裕階級は、19世紀中頃まで実際にそれができる優秀な召使いを持っていた連中の子孫である。「どうしても奴隷身分の人間を使うことが人道的に許されないなら、そういう機械をつくってしまおう」と本気で考える人たちが多いのだ。

私はこれが欧米による世界支配もそろそろ500年が過ぎて、彼らがもてはやす芸術が末端肥大症的なバロック調からちょっと優雅なロココ調に変わった時期も過ぎて、今ではパンク調に変わっているのと似たような経路をたどって、爛熟《らんじゅく》期を過ぎて衰退期に入った人々が持つ**思考様式の特徴**が出ているのではないかと思う。

なま身の奴隷の代わりに、人間サイズのロボットに人間が頭と手足を連動させてする仕事を全部やらせようとしたら、どれほど巨額の費用を注ぎこもうと、まず体重があまりにも重くなってしまってアウトだろう。

ＥＶもまったく同じことで、金属電池にくり返し充電するかたちで電力を使おうとすると、大型トラック、大型バスなどの重いモノを運ぶ自動車になるほど、電池自体の重さが加速度的に増えてしまう。実際に運べるものの量や人の数は、ほとんど増えないという袋小路に陥る。

これはリチウムを他の金属に変えれば改善できる難点ではなく、地球上に存在する金属の中ではリチウムがいちばんエネルギー密度は高いので、**絶対に克服できる問題ではない**。

なおエネルギー密度とは、同じ体積・重量の中にどれほど大きなエネルギーを詰めこむことができるかの指標だ。ガソリンや軽油はあらゆる金属に対して数十倍から百数十倍のエネルギー密度を持ち、それだけ軽く小さなクルマで重いものを運べるのだ。

さらに人間をはじめとする動物たちが二酸化炭素排出量を増やすのは、それだけ多くの植物を育てられることを意味するので、ちっとも悪いことではない。

百歩譲って二酸化炭素排出量を減らすことが地球環境にプラスだったとしても、ＥＶに搭載するための重くかさばる電池をつくるには必要不可欠の金属の採掘・精錬段階から数えていけば、ＥＶは電池を寿命まで使いきったとしても二酸化炭素の削減にならない。

むしろリチウムやコバルトの採掘・精錬時には、大量の二酸化炭素が出るだけではなく、正真正銘の有害廃棄物が大量に発生する。

生成ＡＩも似たような問題を抱えている。我々が日常の会話や文章で使う自然言語（ようするに日本語や英語などのことだ）は、あいまいで複雑で多義的だ。ある文脈の中にこの単語が出てきたら、それは必ずこういう意味を持つなどと断定できるものではない。

そこでラージランゲージ・モデルにぶち込んだ大量の文章をＡＩに読み込ませて、「この文脈にこの言葉が出てきたら、だいたいにおいてこういう意味を持つことが多い」という推論演算の結果、最大公約数的な「いちばんもっともらしい」解釈を選ぶ。その解釈にもとづいて特定の指示によって要求された答えを出すわけだ。

ラージランゲージ・モデルが取りこむ文章例が多くなればなるほど、タスクを処理する前の「この人間はこの指示で、いったい何をどうしてほしいのか」という推論のほうに凄まじいエネルギーを使う。

半導体微細化技術はもう歩留まりがマイナス？

半導体（ＩＣ）とは、小さな基板の上に数えきれないほど多くのスイッチを詰めこんだ仕組みだ。ひとつひとつのスイッチの点滅に使う電力量はたかがしれていても、大量のスイッチを超高速で点滅させれば、発熱量も半端ではなくなる。

たくさんのICを使うCPU（セントラル・プロセシング・ユニット）やGPU（グラフィクス・プロセシング・ユニット）が目まぐるしく点滅する中で高温による誤作動を防ぐためには、高性能の冷房・換気装置が欠かせない。

最近のデータセンターでは、消費電力の約4割がこの冷房・換気機能で使われているという。原理的に100％の正解はあり得ない仕事である。なるべく正解率を高めるために、これだけのエネルギーを消費するわけだ。

エヌヴィディアが業界首位に立っているGPUは、いくつかの課題に関する演算を並行して超高速でこなしていくという。そして新機種を発表するたびに演算1回当たりのコストが下がったことを自慢している。

だが、この超高速GPUの安定顧客は、かなり長期にわたってたったふたつのグループに限定されていた。

ひとつは「自分が動かすゲーム中の登場人物（動物でも怪物でもいいが）の影が瞬時に本体が動くとおりに動いてくれなければ、臨場感が消え失せて没入できなくなってやる気がなくなる」という真剣なゲーマーたちだった。

もうひとつは何千回何万回と失敗しても「とにかく他社より先にブロックチェーンを閉じるための鍵となる方程式を解いて正解を出せればいい」という暗号資産採掘業者たちだった。

その頃のエヌヴィディアは、マイナーな半導体製造業者にとどまっていた。ところが生成AIブームが起きて、機種を更新するたびにラージランゲージ・モデルの「指示を解読するために必要な推論演算」の数が指数級数的に増え始めると、エヌヴィディアは半導体メーカーでもっとも時価総額の高い企業となった。

だが、エヌヴィディアは超微細化技術を駆使した半導体で構成されたGPUをつくっているわけではない。自社はファブレス（工場を持たない）メーカーとして、詳細な設計図をファウンドリー（顧客の注文に応じた半導体を実際に製造する業者）に送って、製造から梱包・発送まで任せている。

そこで非常に不思議なのが、ファブレスメーカーであるエヌヴィディアと、実際の製造を請け負う台湾積体電路製造（TSMC）のあいだでの**利益の分け方**だ。TSMCは次のグラフでご覧のようにファウンドリーの中で突出したガリバー型寡占（突出したシェアを持つ最大手寡占企業）となっている。

しかもGPU製造に必須の3ナノメーター（ナノはミリの100万分の1）とか5ナノメーターとかの超微細化半導体では、同社は9割を超えるシェアを持つと言われている。

どう考えても、他にも詳細設計図を書ける同業企業が多いエヌヴィディアより、他に3ナノや5ナノの半導体を量産できるメーカーはほとんどいないTSMCのほうがバーゲニングパワ

ファウンドリー業界は1強多弱

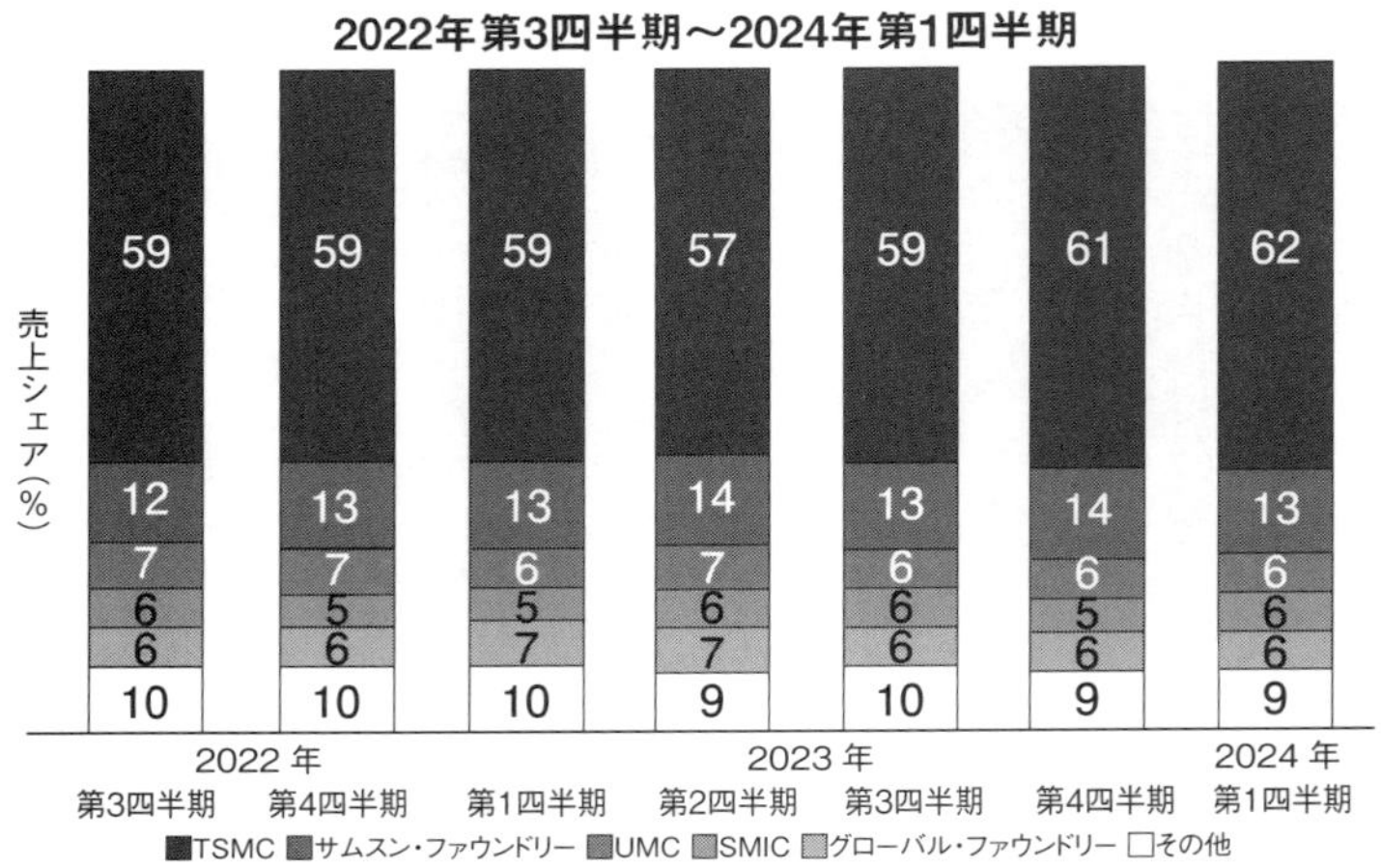

＊）サムスン・ファウンドリーは自社消費・外販合計額の推計値。
注：各四半期パーセンテージの合計は四捨五入のため100％にならないこともある。
原資料：香港の先端技術調査会社カウンターポイント・リサーチHK『世界ファウンドリー売上シェア調査』2024年第1四半期号
出所：Kyle Chan@kyleichan、2024年6月25日のX（旧Twitter）より引用

ー（交渉力）は強いはずだ。

ところがエヌヴィディアが公式開示資料で70％を超える粗利益率を吹聴しているのに対して、ＴＳＭＣは直近の数字で53％の粗利益率にとどまっている。

相互の交渉力から考えれば、ＴＳＭＣはこの粗利益率格差が逆転するくらいにエヌヴィディアから発注されるＧＰＵの受注価格を引き上げたとしても、エヌヴィディアは受け入れざるを得ないだろう。

しかしＴＳＭＣのＣＥＯはエヌヴィディアに「そんなに儲かっているなら、こちらへの発注価格も少し上げてくれないだろうか」とやんわり注文するにとどまっている。

ＴＳＭＣは毎年、小国の国家予算規模

の金額を設備投資に注ぎこんで、超微細化技術での同業他社に対するリードを維持しつづけている。

それと同時にもう半導体の超微細化技術そのものの歩留まりが悪くなっている。工場レベルで大量に使用した場合の冷房・換気に要する電力コストまで考えると、歩留まりはマイナスになったことを知っているのではないだろうか。

だから生成ＡＩのようにモデルを更新するたびに、自然言語で出された指示の意味を解釈するために必要な推論演算の数が途方もなく拡大する分野で、しゃにむに発注量を増やして業界首位の座を守ろうとするエヌヴィディアの存在がありがたい。

エヌヴィディアのような企業が存在してくれなければ、超微細化技術をこれ以上細かくしても設備投資がムダになるだけというところまで来ている。だからエヌヴィディアからの発注のかなりの部分が架空取引のための発注とわかっていても、共犯者の立場にとどまっているのだろう。

ヒト型二足歩行ロボットにしても、ＥＶにしても、生成ＡＩにしてもあまりにも歩留まりの悪いところに**あまりにも多くの費用と知的能力と時間が注ぎこまれている**というのが、私の率直な感想だ。

技術開発をここまで無駄の多い方向に集中させようとしている人たちは、そんなことは承知の上で、なるべく人類全体を貧しくするためにこうした**ドロ沼に優秀な研究者たちを引きずりこんでいる**のではないだろうか。

生成AIのエネルギー浪費については1~2章でかなり突っこんだ議論をした。そして奴隷ロボットについては、今のところ本気で商品化を考えているのはイーロン・マスクひとりだろう。

そこでこの章では、とくに内燃機関を用いた自動車製造がすでに成熟した大産業となって重要な技術的蓄積があるにもかかわらず、そうした蓄積をほぼ全面的に放棄して、**人類全体をEVというエネルギー浪費の権化**のような乗りものに依存させようとする企みに焦点を当てることにしよう。

「EVは無理筋」を象徴するテスラのシェア低下

共和党公認大統領候補となることがほぼ確実視されていた時点でドナルド・トランプ前大統領に対する暗殺未遂事件が起きたとき、テスラ社CEOのイーロン・マスクが速攻で「トランプ断固支持」を表明した。

いつもどおりのスタンドプレーと言ってしまえばそれまでのことだが、最近のマスクの言動には、とくに自社が開発中のプロジェクトに関する**大ボラ吹き**としか表現しようのない大言壮語が多くなっている。

マスクによる「トランプ」支持宣言の直後に、2024年11月の大統領選に向けた共和党の綱領に「EV開発・実用化支援の撤回」が盛りこまれたのは何とも皮肉な成り行きだが、マスクとしてはそれでもトランプ支持の姿勢を崩さないだろう。

ハイテク大手各社の首脳陣はほぼ軒並み民主党リベラル派支持で、今回の大統領選については、負けるとわかっていても副大統領を務めたカマラ・ハリスを支持する人が大多数だ。

それでもマスクが「トランプ支持」を続ける最大の理由は、逆説的に聞こえるかもしれないが、EV自体が**「気候変動=地球温暖化危機説」**抜きではとうてい存続するはずのない自動車産業の一分野だとよく知っているからではないか。

アップル、マイクロソフト、アルファベット（グーグル）、アマゾン、メタ（フェイスブック）、エヌヴィディア各社の首脳陣も、一応口をそろえて「地球温暖化対策としての人為的二酸化炭素排出量ネットゼロ化」を支持している。

だが彼らは「ネットゼロ化に貢献する」と称することができなければ成立しない製品やサービスを本業で提供しているわけではない。一方、EVは「ネットゼロ化への貢献」以外には何ひとつ存在理由のない分野なのだ。

民主党リベラル派の掲げる「グリーン＝クリーン（緑豊かで環境を汚染しないという建前の）革命」の諸施策がきびしく再点検されたら、ＥＶの売れ行きが激減するだけではなく、ＥＶ関連の研究開発、インフラ整備全体も廃棄されるかもしれない。

そうなったら、マスクはツイッターを改名したＸというＳＮＳや、まだ海のものとも山のものとも判断できないヒト型ロボットや、すでに激戦区になっている生成ＡＩ分野にかなり遅れて乗り出すｘＡＩに頼らざるを得なくなるだろう。

そのとき現職に復帰しているであろうトランプ大統領に対する支持をいち早く鮮明に打ち出していたマスクは、いろいろ政治的に便宜を図ってもらって新分野での出直しがスムーズに達成できるとそろばんを弾《はじ》いているのだろう。

マスクがそこまで思い詰めている理由は、普及途上にある新技術の首位企業としては異常と言えるほど乗用車市場全体でも、バッテリーＥＶ市場でもテスラのシェアが減少に転じているという事実だ。

地域内を本拠とするベンツ、ＢＭＷ、フォルクスワーゲン、ルノーがＥＶ化に突っ走ってから極端に技術力が落ちたため、今やヨーロッパ一帯がほとんどホームタウン・バイアスなしで米中日の自動車メーカーが競合する市場となっている。

そのヨーロッパ市場でのテスラのマーケットシェアの惨憺《さんたん》たる低下ぶりをご紹介しておこう。

乗用車新車市場全体でのテスラのシェアは、結局何度再挑戦しても２０２３年１月の３・２％を奪回することができず、２０２４年５月には２％の大台を割りこむ寸前まで下がっていた。ＥＶ市場がテスラの１強対その他各社の多弱という構図だった２０２３年初頭でさえ、テスラの乗用車市場全体に占めるシェアは３・２％に過ぎなかったのだ。全乗用車市場の30分の１にも満たない。

創業した２００３年から20周年、上場した２０１０年から数えても13年も経っている「先端産業の最大手」としては、亀のように遅い歩みではないだろうか。

バッテリーＥＶ市場でのテスラのシェアに眼を転じると、ほぼ同様に２０２３年３月の21・６％をピークに、その後は上値・下値を切り下げる長期低落傾向に入っている。また２０２４年５月には15％の大台を割りこんでしまった。

乗用車市場全体では無理にしても、ＥＶ市場では断トツのガリバー型寡占になると目されていたテスラが、ヨーロッパで20％台のシェアが保てず、アメリカ本国でさえＥＶ市場の５割を割ったという事実には、もちろんマスクの経営者としての拙劣さも影響している。

テスラ社のフリー・キャッシュフロー、そして在庫関連キャッシュフローをチェックすればそれがわかる。なおフリー・キャッシュフローの大ざっぱな定義は、営業キャッシュフローから設備投資額を差し引いた金額となっている。

テスラはフリー・キャッシュフロー全体ではプラスが増えている時期でも、在庫に限定すればほとんど常に生産台数を増やしすぎて在庫が積み上がっていた。このため生産過程に投じた資金を販売によって回収しきれず、在庫限定の**キャッシュフローはマイナス**という時期が延々と続いていた。

2023年を通じてかなりの値引き販売をして在庫圧縮に成功し、やっと在庫キャッシュフローが黒字に転じたのもつかの間。またぞろ巨額設備投資・大増産をして2024年第1四半期には、在庫キャッシュフローが大幅な赤字となっている。

ようするに万年強気で、販売できそうもない台数を生産してはキャッシュフローの大幅赤字を招くという愚行を性懲りもなくくり返してきたのが、イーロン・マスクという経営者なのだ。

EV本格普及への「夢の条件」は満たされたが……

アメリカのEV業界には「これさえ満たされれば、EVの普及は画期的に加速する」と期待されていた**「夢の条件」**があった。

その条件とは、次ページの2枚組グラフのうち上段のタイトルになっている「充電1回で300マイル（480キロ）走れるEVの価格が、エンジン車全体の新車価格平均値を割りこむ

充電1回で300マイル走行可能なEV中最低価格車種がエンジン車平均値より低価格に：2012～24年

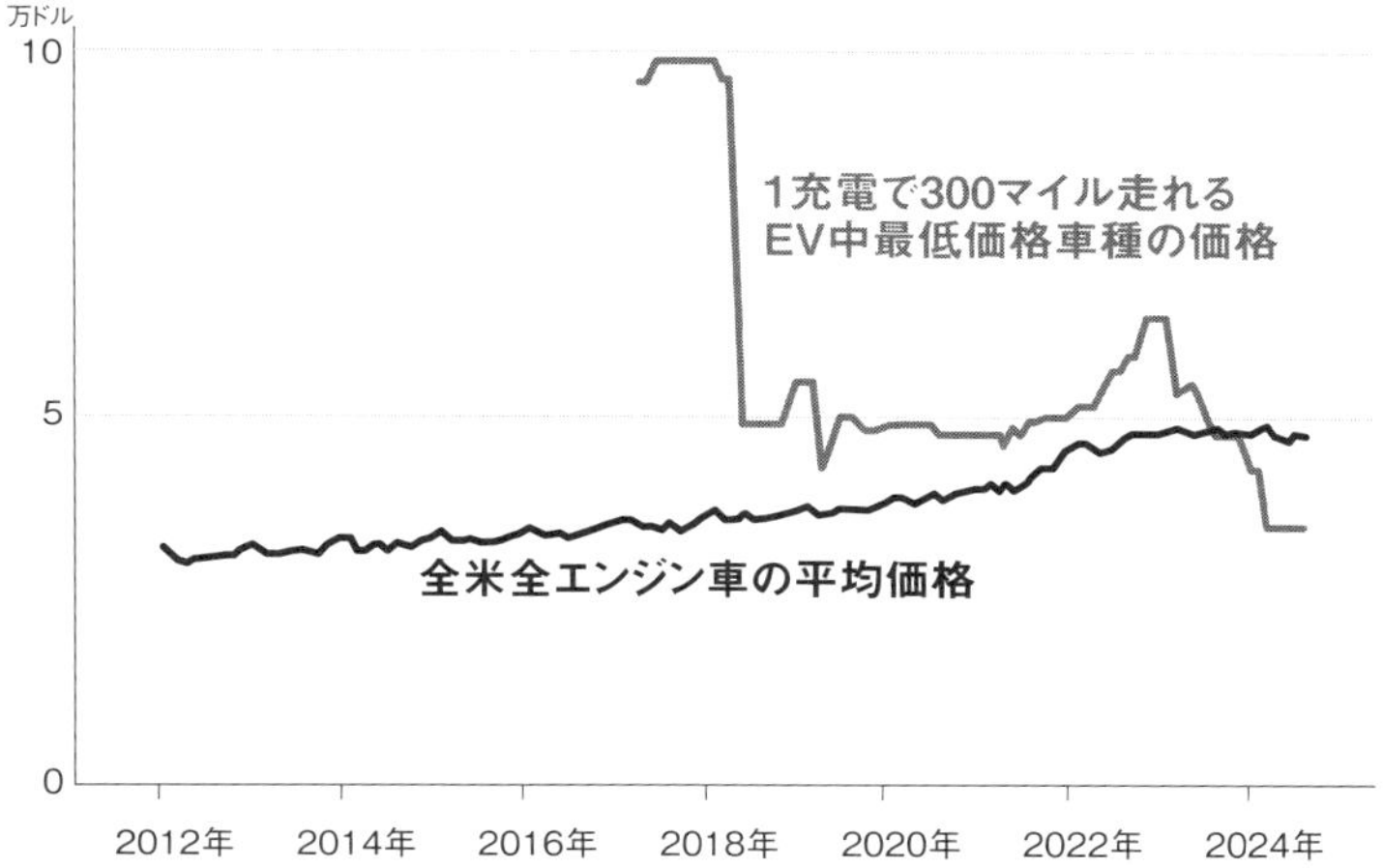

注：EV車の価格は政府補助金を除いた小売価格で、消費者の支出は補助金の分だけさらに割安になる。

主要国・地域実売乗用車のEV比率推移：2018～23年

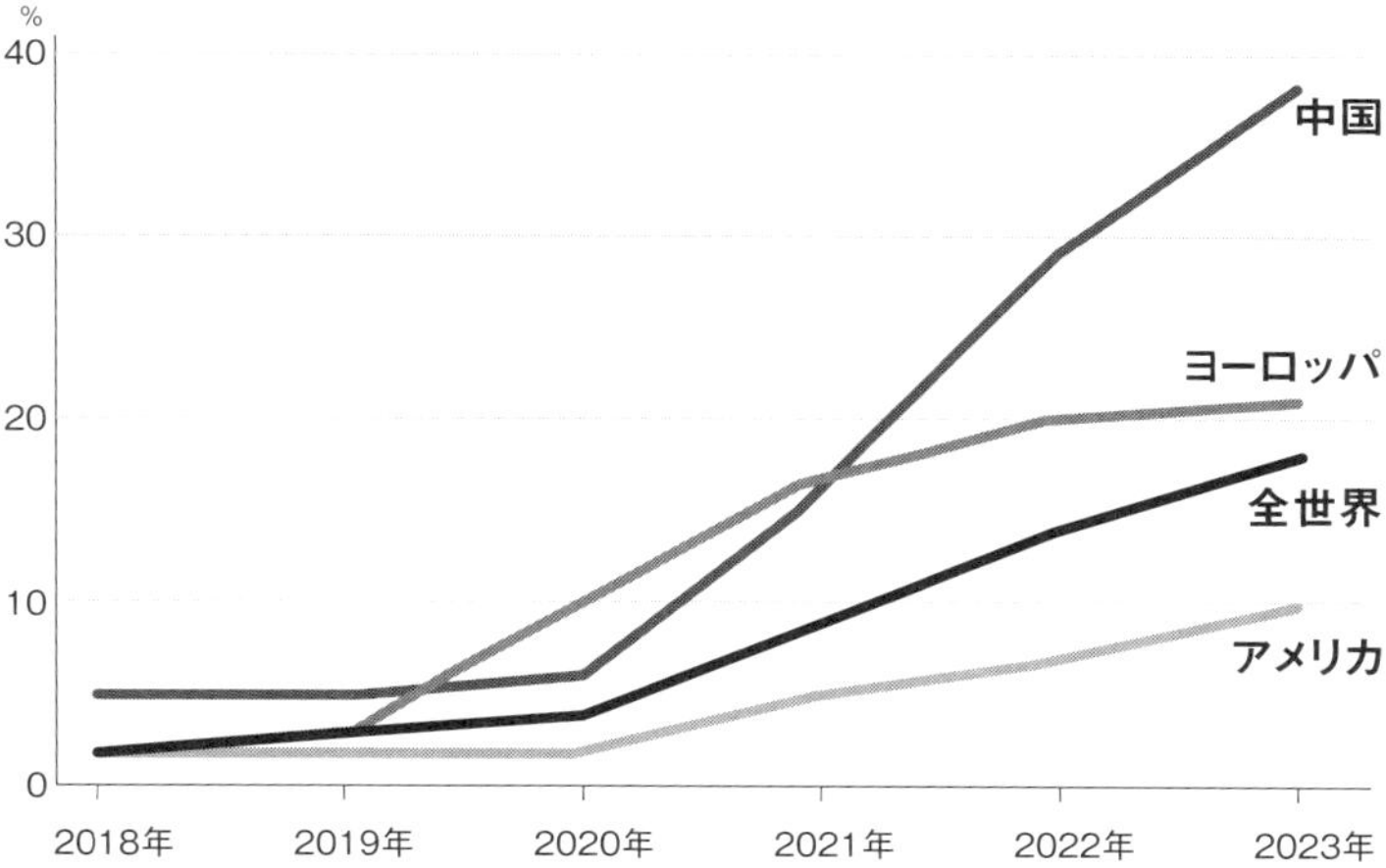

原資料：ブルームバーグ・グリーン、中古車価格調査エドマンズ社、フィナンシャル・タイムズ
出所：（上）unusual_whales、2024年6月19日、（下）Michael A. Arouet、同年6月13日のX（旧Twitter）より引用

こと」だった。

下段でご覧いただけるように、アメリカ乗用車市場でのEV化率はその他の地域より低くなっている。

アメリカは世界中でいちばん自動車なしでは日常生活での移動に困るし、時にはそうとう長距離を自分が運転する自動車で走らなければならない国だ。そのアメリカでEV普及の足を引っ張っていたのは、中断なく走りきることのできる距離に不安があったからだった。

EV業界では、もし1回の充電で500キロ近く走行することができれば、アメリカ国民も走行距離への不安を捨てて、どんどんEVを買うようになると期待していた。

この夢の条件は、2023年末にはすでに満たされていた。いや、先進諸国のほとんどでEVを購入する消費者にはかなり多額の補助金が出るので、この条件は2017年末から2018年初頭にかけてEVの価格が急落した時点ですでに実質的には満たされていたと言ってもいいだろう。

ところが実際には、アメリカではその後も乗用車のEV化は遅々として進まず、ヨーロッパではむしろEV化に歯止めがかかってしまい、2022年以降EV化率はほぼ横ばいになっているのだ。

なぜ、夢の条件が満たされたのにEV化率は急上昇しないのだろうか。理由は明白だ。

大増産や画期的技術の導入によってコストが下がったから価格を下げているのではなく、値引きをしなければ売れないので利益率低下や赤字を覚悟して叩き売りしているからだ。

この点についても、テスラ社CEO**イーロン・マスクの甘い経営判断**が大きく影響している。一度大幅な値下げをすれば、中国を中心とする財務力の弱い新興EVメーカーを脱落させ、テスラの天下が続くと思っていたというのが通説だ。

そこで、それまでEV界における高級車志向を鮮明にして値引きを避けていたテスラ社は2023年に大胆な値引き戦略を打ち出して話題になった。結果はどうだったか。

同年第1四半期には世界EV市場に占めるシェアを22%まで上げたが、同年を通じて値引き効果は薄れていき、2024年の第1四半期には在庫圧縮とシェア再拡大を狙って、また値引きに踏み切らざるを得なかった。

しかし私は、テスラの値引き戦略への転換が中国EVメーカー各社による安値攻勢に対抗するためだったという通説には疑問を持っている。

テスラが値引き戦略に転換したのは、中古車市場でのテスラ車の値下がりに歯止めがかからず、新車と中古車との価格差が広がりつづけていたからではないだろうか。

2022年夏に約6万8000ドルでピークを打ったテスラ中古車価格は、その後急速かつ一度も反騰のない値下がり基調が続いた。2024年6月の価格はピーク比54%減の3万97

0ドルに落ちこんでいる。

この中古車価格の暴落は、どんなに強調しても強調しすぎることはないほど深刻な事態だ。台数ベースで見ると、アメリカの中古車市場は新車市場の2~3倍の規模があるからだ。

さらに新車を買うのは一家に2~3台の車を持つ経済的な余裕を持っている世帯が多いが、中古車を買うのはほぼ1台しか持っていない世帯が多い。だから新車市場に参加している世帯に比べて、中古車市場に参加している世帯の数は4~5倍にのぼると想定されている。

この膨大な数の中古市場に参加している世帯こそ、一家にたったひとつの移動手段として、堅牢《けんろう》で耐久性があって、荷重や気候条件などに左右されない安定した走りを求めているアメリカの庶民層なのだ。

この層に属する人たちの中にも、商品知識の蓄積が浅かった頃には好奇心からEVを買ってしまった人たちもいたかもしれない。

だが、彼らは電池を交換することになったら、新車価格の6~7割を負担する必要があると知って心から後悔している。次ページにご覧いただく2枚組の写真がその証拠だ。

左側の写真は、テスラ社ギガファクトリー周辺の納車待ち完成品置き場に並べられたテスラ新車の行列が気象観測衛星からでも確認できるほどの量になったことを示している。

右側は、ネット販売をしている中古車ディーラーが、たった17時間前に2万3500ドルで

テスラ社の抱える2大問題

気象観測衛星からでも確認できる延々長蛇の在庫車行列と
底なしで下がりつづける中古車価格

テスラ社の 巨大な売れ残り在庫の
行列は宇宙空間からでも
観察可能だ

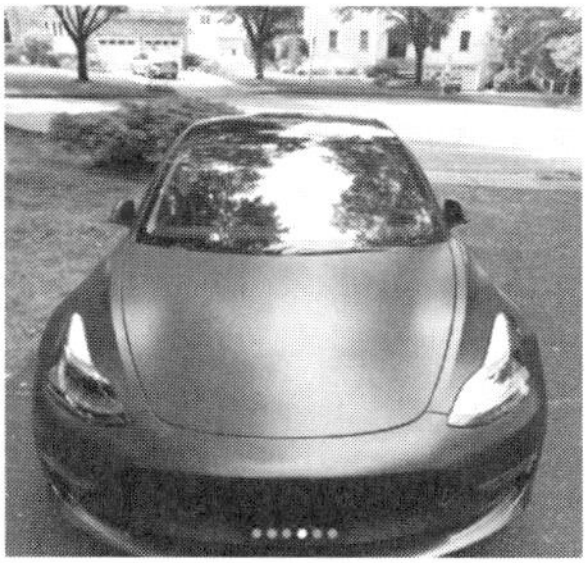

2022年型テスラモデル3
長距離走行用4輪駆動
売り出し価格：~~2万3500ドル~~
（17時間前）
現在の価格：1万9999ドル

売り手へのメッセージ欄
「もしもし、このクルマ
まだ売れていませんか?」

出所：（左）Joe G@EastEndJoe、2024年6月13日、（右）John C. Ryan@johncryan、同年6月8日のX（旧Twitter）より引用

売り出したテスラモデル３の長距離走行用４輪駆動車に買い注文が入らず、３５０１ドル（15％）引きの１万９９９９ドルに値下げしたところを捉えた写真だ。

中古車市場でのテスラ車価格大暴落は、２台目、３台目のお遊び用、見せびらかし用のクルマにはふさわしくても、一家にたった1台のかけがえのない実用的移動手段としてのクルマには**まったく不適格だと立証**している。

乗用車だけのラインナップでは退勢を挽回するのはむずかしいと考えたマスクが市場に投入したのが、サイバートラックだった。小型ピックアップ並みの収納力を持ち、車体もペラペラのプラスチックばかりのEV乗用車に比べて頑丈なステンレス製というのがウリだった。

ドア一面に散弾銃の銃痕《じゅうこん》が残っても乗っている人は安全といった派手なお披露目はともかく、基本性能ではあちこちに**問題を抱えたままの見切り発車**だったらしい。

納車直後にたった3週間家を空けておいただけで、帰ってきたらクルマが電子錠に反応せず、ドアさえ開けられないので修理工場に送らざるを得なかったとか、試運転中に後輪ブレーキがロックされたまま走ってコントロールが効かず隣家の塀に激突したとか、あまりにも誤作動が多すぎるようだ。

株主からは当然の批判が殺到

こんな状態だから、長年のマスク教信者のあいだからも痛烈な批判が出ている。次ページのテスラとエヌヴィディアの株価を比較したチャートで、いちばんご注目いただきたいのは、投稿者のX（旧Twitter）アカウント名だ。

@から下はスペースが入っていないので読み取りにくいが「Bet it all on Tesla（有り金全部テスラ株に賭けた）」となっていて、要するに熱狂的なマスク信者のひとりだと思われるアカウ

寄り付き後40分で明暗が分かれたエヌヴィディアとテスラ
2024年6月14日

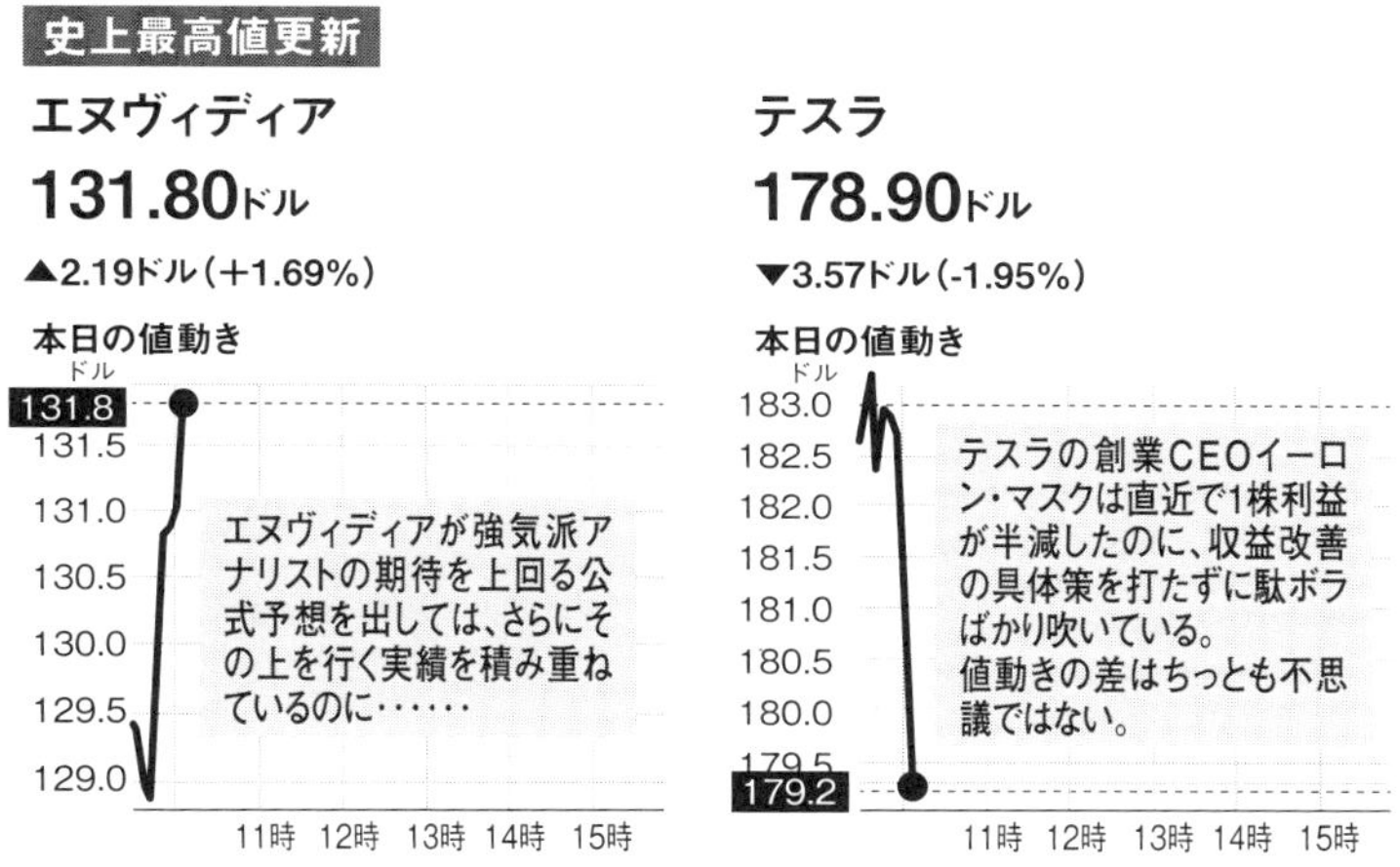

注：エヌヴィディアの株価は今年6月7日の1:10の株式分割以降の株数に対応した価格。
出所：Orlando@BetitallonTesla、2024年6月15日のエントリーより引用

ント名だ。

そのマスク信者が「エヌヴィディアは大胆な収益予想を上回る好業績を上げているのに、マスクは駄ボラを吹いているだけで、収益改善のための努力が欠けている」と批判している。

たしかに最近のマスクの発言には、これまで以上に**絵に描いた餅**としか言いようがない「プロジェクト」についての大言壮語が目立つ。たとえば、完全自律走行タクシーにいまだにこだわっている。

運転手がいないので人件費が不要、運転席がないので同じスペースに乗せられる乗客の人数が多いといった利点から、無人タクシーは完全自律走行自動車に最適の用途と見られていた。

しかし現段階の生成ＡＩの能力ではあまりにも判断ミスが多く、人命を預かる仕事には不適切としてＧＭもアップルも開発を断念している。テスラが完全自律走行自動車テクノロジーの開発で他社にない強みを持っている形跡はない。

二足歩行人間型ロボットにいたっては、上場大手企業の開発プロジェクトとしては、あまりにも**開発意図が不明確で笑い話としか形容できない**。

一応、主な用途としては危険で退屈な反復作業から工場労働者を解放することを謳っている。だが、ほんとうに危険で退屈な反復作業をさせたいのなら、複雑で精緻なメカニズムが欠かせない二足歩行をさせる必要はまったくない。ずっと安上がりにつくれる、ごく普通の定置型産業ロボットで十分なはずだ。

二足歩行ができる利点として「自分が都合の悪いときに犬を散歩に連れて行くこともできる」と言い出したのには、**開いた口がふさがらなかった**。

たまに自分の代わりに犬を散歩に連れて行ってくれるロボットに2万ドル近いカネを払う用意があるのは、全世界でもせいぜい数百人か数千人の大富豪だけだろう。いったいどこから、全世界で10億人以上がこんなに中途半端なしろものを買うという予測が出てくるのだろうか。

収益力に見合わない高株価

これほど将来の収益ドライバーがはっきりしない会社なのに、マグニフィセント7の中に入っているというだけで、テスラ株はあまりにも高く評価されていた。

次ページの2枚組グラフの上段タイトルは、マグニフィセント7ではなく「マグニフィセント6と割高1」と表現している。グラフ自体を読むと「なるほど、そのとおり」と思えてくる。エヌヴィディアの「順調な収益成長」がいかに怪しげな会計処理で水増しされたものかについては、第1章で詳述した。だが、そのエヌヴィディアでさえ株価収益率（PER）は40倍台半ばだ。

それに対してテスラはエヌヴィディアより収益成長率がずっと低いのに、**PERが70倍近い水準**に達している。70倍というのは、まだ製品を売り出したばかりの新興企業以外では絶対に正当化できない数字だ。これはもう明らかに、現在のテスラ株は高すぎることを示している。

そしてイーロン・マスク自身もテスラ社からは取れるだけの役員報酬を搾《しぼ》り取って、あとはスープを取り切った鶏ガラのように捨てる気でいることがわかる巨額の報酬パッケージを要求して、株主総会を通してしまった。

マグニフィセント6と割高1の次期予想PER推移
2023年1月～24年6月

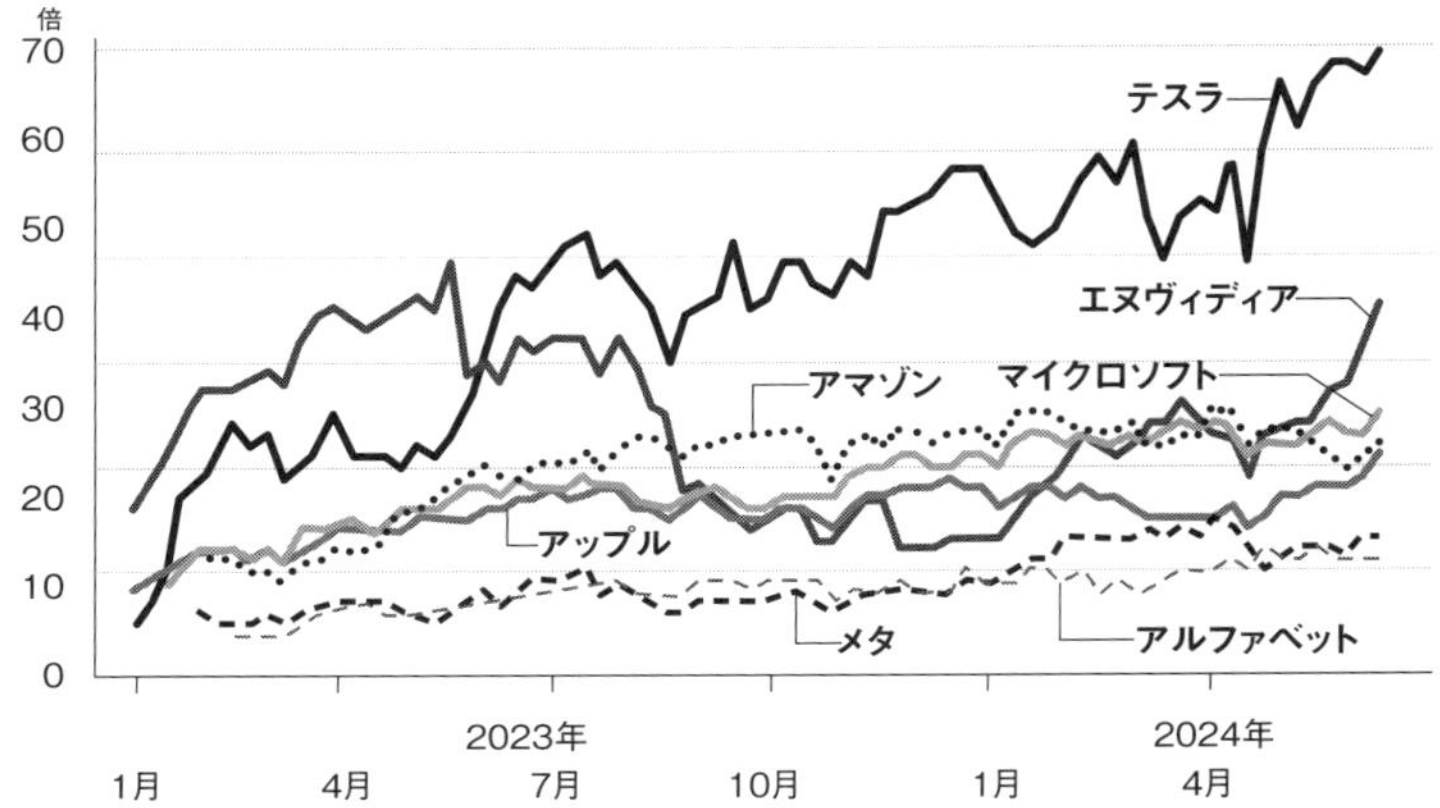

テスラ社創業来累計当期純利益推移
2012～23年

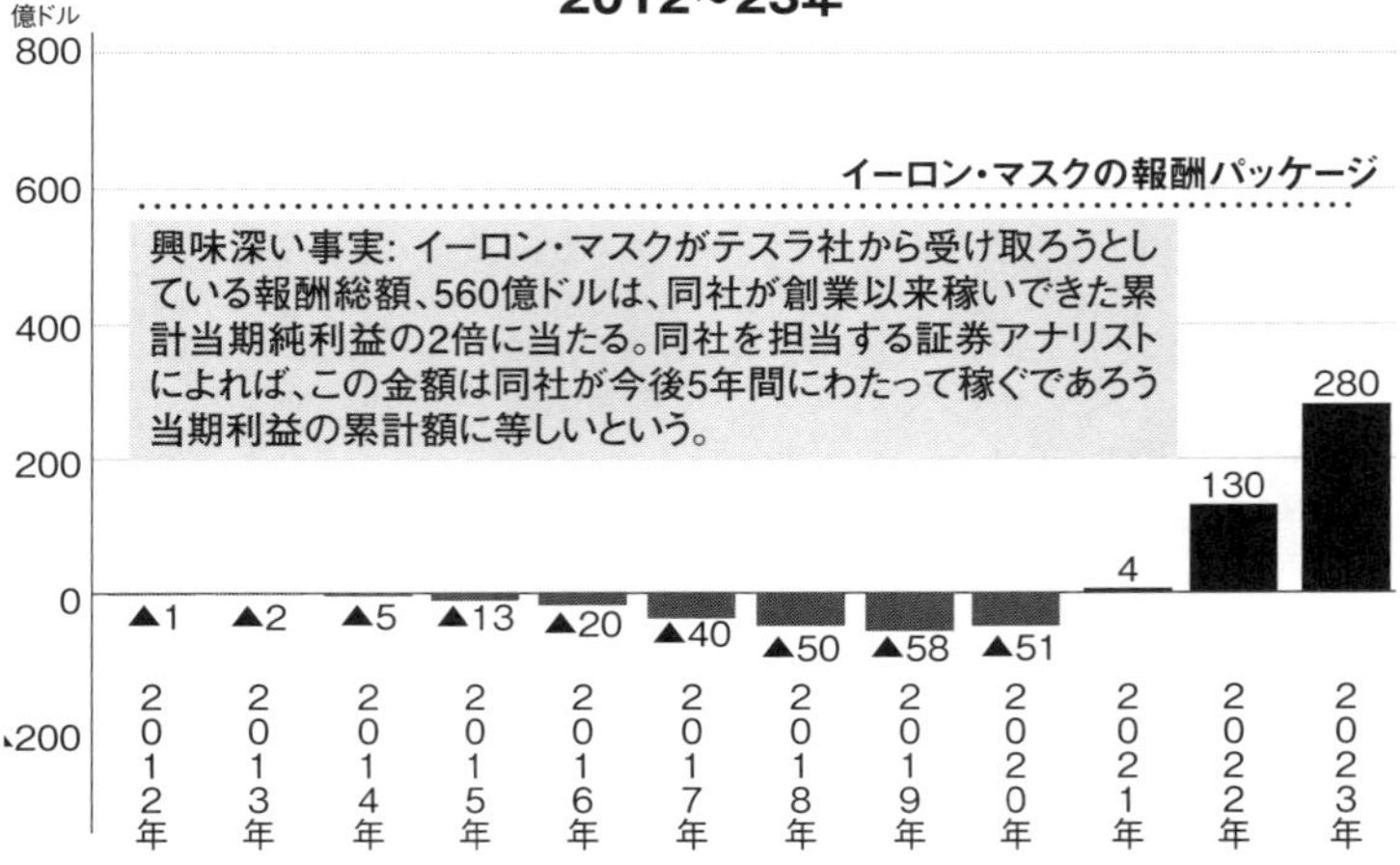

注：PERは直近の株価を次期予想1株利益で割って算出。
原資料：ブルームバーグ、バスティオン・リサーチ
出所：（上）Win Smart、2024年6月15日、（下）Vlad Bastion、同年6月13日のエントリーより引用

下段に眼を転じると、その報酬パッケージの総額560億ドルがいかにテスラ社の収益力とはかけ離れたものかがわかる。

2003年に創業して以来の累計当期利益が、2023年を締めた段階で280億ドルだった。この累計当期利益総額の2倍をCEOであるマスク個人の報酬にしてしまおうというのだ。

CEOとしては、今後自分が経営している企業が急激に当期利益を拡大すると確信しているか、今後の業績悪化で内部留保が縮小する前に取れるだけの報酬をもらっておこうと思っているか、どちらか以外には**こんなお手盛り巨額報酬はあり得ない**だろう。

そしてテスラ社の業績推移は、明らかに後者であることを示唆している。

ドイツ自動車産業壊滅は時代に乗り遅れたため?

気候変動危機論から発した自動車産業EV化の波は、世界中でさまざまな波紋を引き起こしたが、テスラ社の業績崩壊がまだ差し迫った危機の段階なのに対して、ドイツ自動車産業にとってはすでに起きてしまった惨劇となっている。

2024年5月のドイツ全国の新車登録台数が発表され話題となった。EVの新車登録が前年同期比じつに30・6%減の2万9708台にとどまったのだ。

一方、ガソリンエンジン車の新規登録台数は、小幅とはいえ前年同月比で2・1％の増加と、やや盛り返している。自動車業界についてまともな見識を持っているアナリストなら、やっとドイツ国民も「緑の革命」の幻想から解き放たれたと歓迎するところだろう。

しかし『ノー・トリック・ゾーン』というウェブサイトは、この逆転についてこう語っていた。

たかだか3〜4年前に「ベンツやBMWがPER5倍で取引されるようになる」と言ったらだれが信じただろうか？　企業が労働組合や労働評議会に牛耳《ぎゅうじ》られたドイツでは事業も鈍足で進む。俊敏な競合者が続々登場する変化の速い世界では取り残されて当然だ。

『ノー・トリック・ゾーン』、2024年6月18日の投稿

しかもドイツ経済全体が「経営判断が遅いから取り残される」証拠として、ドイツを代表する株価指数であるDAX株価指数が1年前に比べて14・0％上昇しているのにドイツ自動車株指数は13・2％下がったことを挙げている。

だが、ほんとうにドイツ経済全体の経営判断の遅さが理由なら、自動車株指数だけではなくDAX株価指数も同じように低迷するはずではないだろうか。

事実は正反対だ。ドイツの自動車産業各社は早々と時流に便乗して内燃機関車製造で蓄積してきた技術をあっさり捨てて、ＥＶ化に突っ走ってしまったから負けているのだ。

エンジンのピストン運動を安全確実に車軸の回転運動に変換する技術の精緻化に心血を注いできた技術者たちが、モーターの回転軸を車軸につなげるだけのＥＶに取り組むと、とたんに**技術水準が落ちる**ようだ。

高級車の２大メーカーとして君臨してきたベンツとＢＭＷも、安全確実に長期間乗りこなせる大衆車の量産メーカーとして定評のあったフォルクスワーゲンも、見る影もないほど技術力が低下している。

ただ、ＥＶ化そのもので後れを取っていたわけではない。むしろかなり意欲的にＥＶ化を進めていた。２０２２年第３四半期と２０２３年第３四半期のバッテリーＥＶ市場の世界シェアを比較すればわかる。

業界首位だったテスラのシェアが17％にとどまって中国車メーカーでトップのＢＹＤ《ビーワイディー》に追いつかれてしまったのとは対照的に、フォルクスワーゲンのシェアは７％から８％に増えていた。たった１パーセンテージポイントの改善だが、比率にすれば14％も伸びていたのだ。

ＥＶそのものには、内燃機関（エンジン）車に比べて有利な特徴はほとんどない。

１回の燃料充塡《じゅうてん》で走れる距離が短い。荷重や気候によって走行距離が大きく変わる。充塡のたびにムダな待ち時間が必要。充電のたびにキャパシティの100%まで入れても、充電した分を完全に使いきっても電池の寿命が縮む。電池交換には新車購入時の6~7割の費用がかかる。

しかも、こうした「ないない尽くし」の特徴は、一次エネルギーを電力というかたちに変換して利用するかぎり、物理特性からいって絶対に解消できない。また改善できる範囲もきわめて限定されていることばかりなのだ。

具体的には、発電時に起きるエネルギーロス、変圧、送電時のエネルギーロス、蓄電作業にかかるエネルギーロス、どんなに精緻な工夫をほどこしても電池に蓄電しているかぎり絶対に起きつづける放電現象といった事柄だ。

ようするに二酸化炭素悪玉論自体が論破されれば、運転中に二酸化炭素を排出しないこと以外にほとんどなんの利点もないEVの普及に努めることも、まったく無意味なのだ。

それでもなお、「テスラの業界首位の座が怪しくなってきた現在、積極的にEV振興を心がけなければ、この分野もまた中国に独占されてしまう」と危機感を煽《あお》る方もいらっしゃるようだ。

中国EV業界首位のBYDが意欲的な収益拡大予想を公表していることも、こうした恐怖心や対抗心を掻《か》き立てるために活用されている気配がある。

自動車としてはあまりにも低いエネルギー効率でしか動かせないEVという分野で中国が唯一無二の存在になることが、そんなにうらやましかったり、脅威だったりするのだろうか？

何を怖がっているのか、私にはまったくわからない。

ドイツ車メーカーがいっせいに内燃機関技術を捨てて、EVに傾斜したのは賢明な判断だっただろうか。正反対だ。一時の熱狂が過ぎ去ってしまえば前年同月比で一挙に30％以上も売上台数が減るような市場が健全な市場であるはずがない。

中国だけはEVメーカーが唯一生き残りそうな気配がある。だがそれは、EVになんらかの利点があるから生き残るのではない。

中国の電力業者は国策による支援を受けて、稼働率が慢性的に50％を割りこむほど、とんでもない量の石炭発電所を建造してしまった。

電力を盛大に浪費する分野であるEVに生き残ってほしいから、この国策を推進した中国共産党一党独裁の政権と結託して、潰れても潰れても新興EVメーカーの立ち上げを支援しているので残りそうだというだけのことだ。

設備過剰は石炭火力発電所だけではない。ソーラーパネルや製鋼所の設備能力もまた軒並み50％未満の稼働率しか確保できないほど過剰になっている。あらゆる分野で慢性的過剰設備を抱えた国なのだ。

自動車業界でも内燃機関自動車ばかりかＥＶでさえも、そうなっている。

ソーラーパネルはエネルギー効率が悪すぎ、製鋼所や石炭火力発電所はモノ離れが進む今日の先進国経済では**無用の長物になりつつある**。しかし中国は設備が慢性的に過剰だから、どんなに採算の悪い売り方でも売れれば安売り競争をする。

中国の慢性設備過剰経済に利点なし

中国自動車業界の年間生産台数は、経済全体が深刻な不況のまっただ中にあることも影響して過去数年間２０００万台前後で横ばいになっている。一方、生産能力のほうは２０２１年の時点で、すでに４０９０万台となっていた。

生産台数はほぼ正確に２０００万台で横ばい状態なのに、製造能力は多少の上下動がありながらも、一貫して生産台数の２倍の４０００万台を上回っていたわけだ。

つまり設備稼働率は50％未満で終始していたのだが、その後生産能力を圧縮できたという話は聞かない。

むしろ、ＥＶ生産では世界シェアが圧倒的に高くなっているので、「国威発揚」のためにも、永世国家主席となった習近平が「それ行け、やれ行け」と号令をかけているので、増加してい

中国ではクルマが妊娠して子供を産めるようになった？

出所：https://x.com/i/status/1820797199304814678 よりスクリーンショットで引用

る気配さえある。

このへんが、まったくの経済オンチを最高指導者に戴《いただ》いている国の情けないところで、製鋼所も、石炭発電所も、ソーラーパネルも大車輪で生産能力を拡大している。生成ＡＩでも、もう欧米諸国があまりのエネルギー効率の悪さに諦めた頃になって大増産を目指すのだろう。

ＥＶに話を戻そう。これほど稼働率が低いメーカーは、もし価格が１台当たりの営業経費よりほんの少しでも高ければ、いずれは消却を余儀なくされる過剰設備解消にまつわる特別損失を目減りさせられるという理由で増産する。

アメリカを除く世界中の主要な自動車製造国の中で、中国だけはいまだに「アメ車のほうが国産車より品質が高い」と見る消費者の多い例外的な国だ。

自動車はさまざまな素材を組み合わせて製造するので、基礎になる材料工学がしっかりしていないとボロが出ると言われている。2024年の夏、衝撃的なかたちでそのボロが出てしまった証拠の映像がユーチューブで出回った。前ページの写真をご覧いただきたい。

「ん？　中国ではクルマが自分で妊娠して2台目、3台目を買わずに済むような最新技術を開発したのか？」と思ってしまいそうな写真だが、もちろんそんなことはない。

今流行《はや》りのラッピングでメーカーが既製品として売っている以外の色の、自分だけが持っているクルマにしようとしたらしい。

たしかにモノクロではわからないが、左上は濃い紫、右上は淡いアイボリー、右下は濃いえんじ、そして左下はやや緑がかった光沢のある青の車体になっている。

だが材料工学がお粗末なので、密閉された車内の熱で空気が膨張するとラッピングが膨らんでしまうわけだ。

それほど国産車には欠陥・故障が多いのに、しかも整備工場網も未整備な状態で、中国は生産台数の2倍を超える自動車製造設備を構築してしまっているのだ。

それにしても、中国車の輸出台数だけに絞ってエンジン車とEVを比較すると、常にエンジン車のほうが多かったのだ。中国産EVの国内消費向けと輸出向けの比率は、ほぼ4対1で安定的に推移している。

この程度の技術水準に過ぎない中国からの「輸出圧力」によって苦境に立たされているという泣き言は、欧米ＥＶメーカーの経営基盤の脆弱《ぜいじゃく》さと品質のお粗末さを示している。

中国からのエンジン車の輸出台数は一貫してＥＶの輸出台数より多いにもかかわらず、エンジン車メーカーは「中国からの輸出圧力」についてほとんど苦情を言わない。

中国からの輸出台数に対する自国をふくむその他諸国で製造されたエンジン車の市場規模が大きく、価格訴求力に敏感な自動車購買層が一度中国車を購入しても、あまりの故障・欠陥の多さに音を上げて中国以外で生産されたエンジン車に戻ってくるとわかっているからだろう。

一方、ヨーロッパのＥＶメーカーやテスラが中国からのダンピングに悲鳴を上げるのは、彼らが製造するＥＶに中国製ＥＶと大した品質差がないからだ。

気温の安定性にこそ眼を向けるべし

ここで、なぜ内燃機関車からＥＶへの転換が無意味なのか、基本的な理由を改めて説明しておこう。

「二酸化炭素濃度の上昇が原因で温暖化が進み、それがあらゆる生物の大絶滅をもたらす」という主張には、明らかに自然科学者が守るべき最低の倫理観さえそっちのけにして、研究助成の取りやすい気候変動危機論に持ちこむ態度が見え透いている。

その露骨な一例が次ページのグラフだ。

上段を見ると、まさに地球は刻々と**焦熱地獄に向かいつつある**ように感じてしまう。だが、これは日本人にはあまりなじみのない華氏で56度から59・5度までたった3・5度（摂氏で言えば13・3度から15・3度への2・0度）の狭い枠内にグラフを押しこんでいるから、そう見えるだけなのだ。

実際に1880年から2020年までの140年間でどれほど「温暖化」が進んだかというと、華氏で57度から59度への2度、摂氏にすれば13・9度から15・0度への1・1度の変化に過ぎなかった。

まったく同じ数値を上限は華氏120度（摂氏48・9度）、下限は華氏マイナス20度（摂氏マイナス28・9度）に拡大したグラフに置き直したのが、下段だ。こうして見ると、華氏10度ごとに入っている細い水平線がなければ、横ばいのままだったと言われても違和感がないほど安定した範囲内だったことがわかる。

「華氏マイナス20度からプラス120度までは枠の拡げすぎだ」というご反論があるかもしれない。だがマイナス28・9℃は極北近くの厳寒の地ではふつうに体験する気温だし、プラス

目盛りを拡大して創り出した「焦熱地獄」
1880～2020年

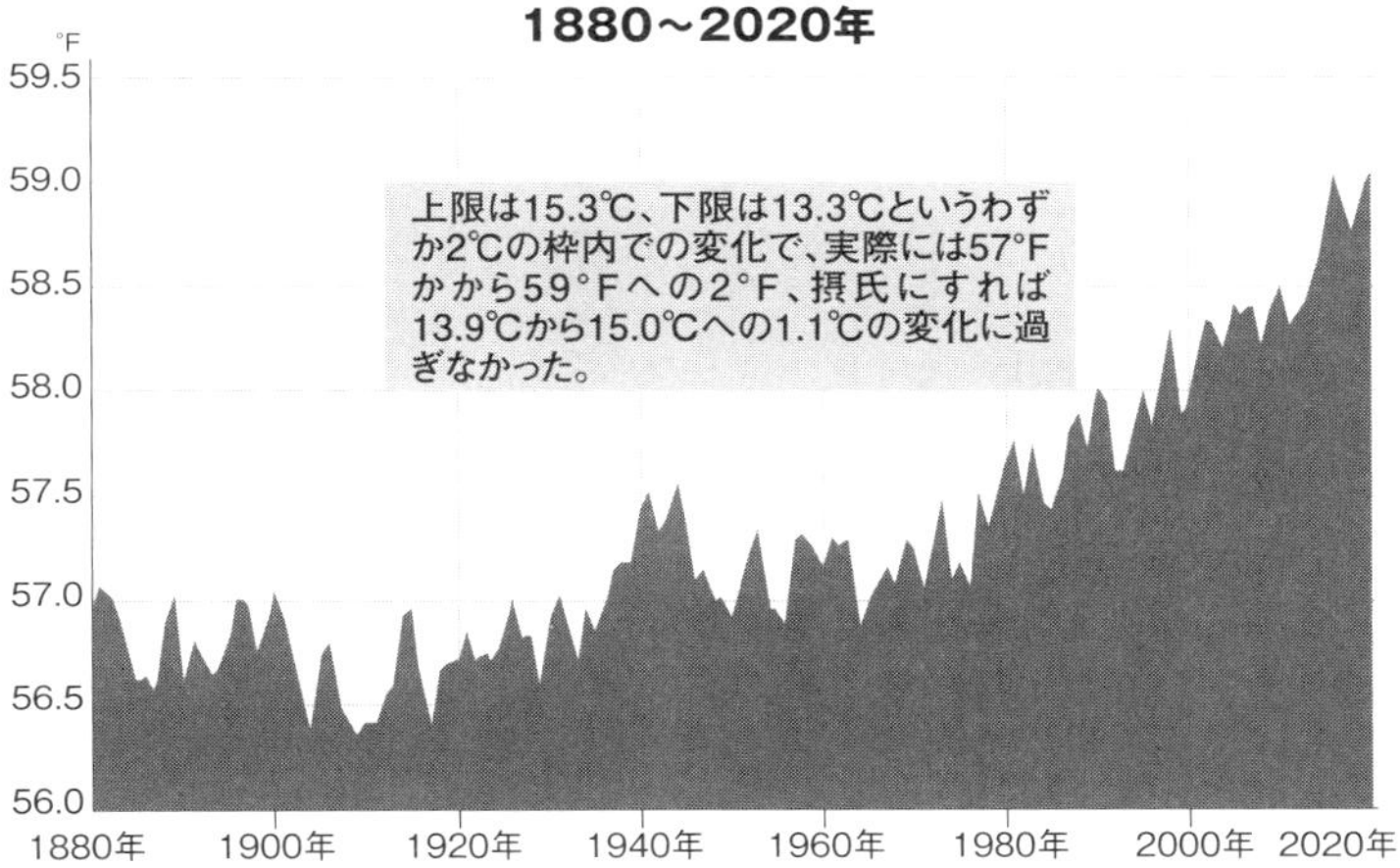
°F
59.5
59.0
58.5
58.0
57.5
57.0
56.5
56.0
上限は15.3℃、下限は13.3℃というわずか2℃の枠内での変化で、実際には57°Fかから59°Fへの2°F、摂氏にすれば13.9℃から15.0℃への1.1℃の変化に過ぎなかった。
1880年
1900年
1920年
1940年
1960年
1980年
2000年
2020年

横軸を0°Fにして厳寒・酷暑の範囲で目盛ると？

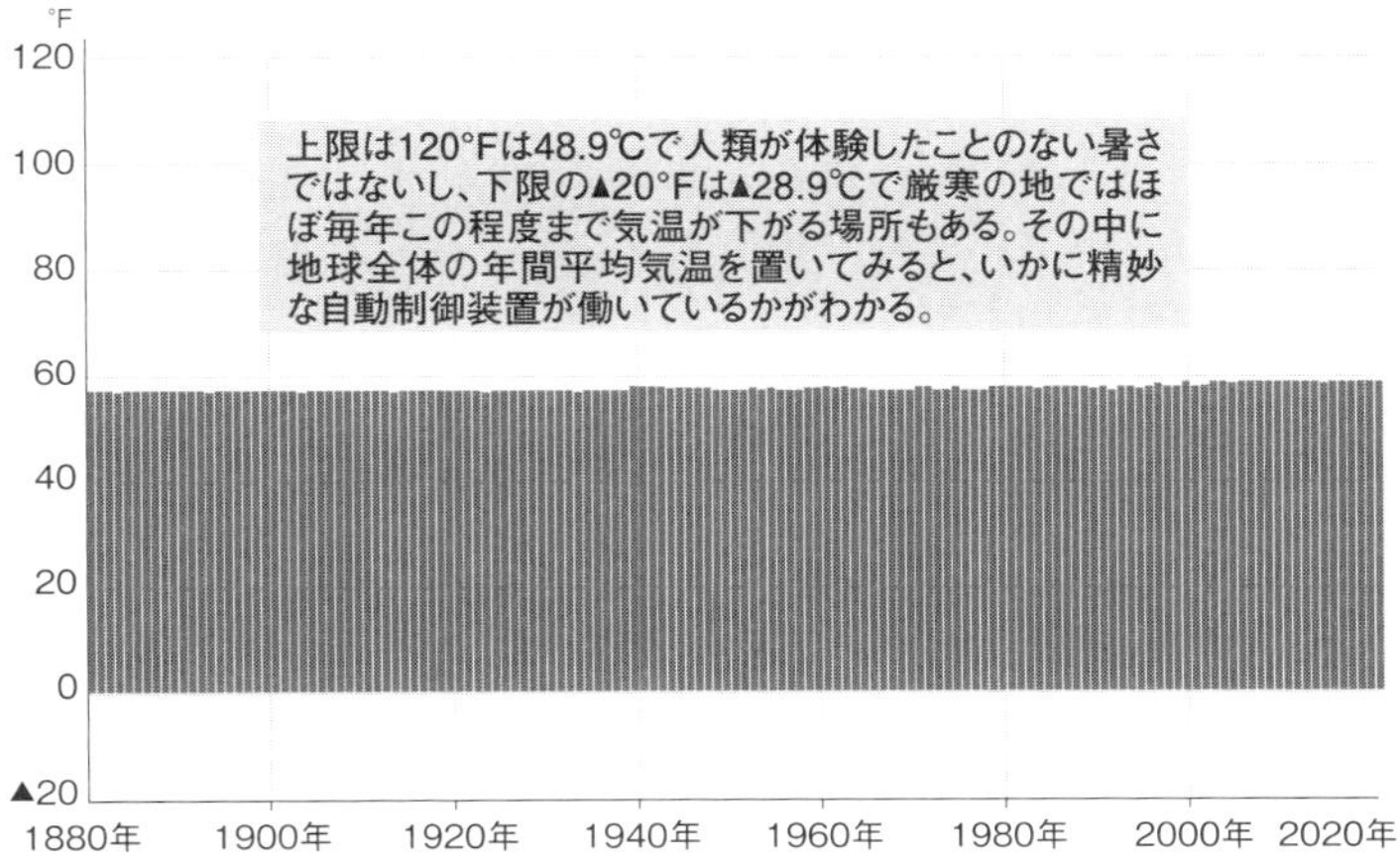
°F
120
100
80
60
40
20
0
▲20
上限は120°Fは48.9℃で人類が体験したことのない暑さではないし、下限の▲20°Fは▲28.9℃で厳寒の地ではほぼ毎年この程度まで気温が下がる場所もある。その中に地球全体の年間平均気温を置いてみると、いかに精妙な自動制御装置が働いているかがわかる。
1880年
1900年
1920年
1940年
1960年
1980年
2000年
2020年

出所：ウェブサイト『Off Guardian』、2023年12月14日のエントリーより引用加筆

48・9℃も熱帯の酷暑ではそれほど珍しい気温ではない。

もっと重要なのが、地球上の生物は過去にもっと大きな気温の変化を生き抜いてきたからこそ、現在の多種多様な動植物が存在しているという事実だ。

我々は上段のようなチャチなトリックに目をくらまされず、なぜ地球の大気温はこれほど安定しているのかをきちんと理解すべきだろう。地球の大気温には以下ふたつの精妙な自動制御装置が働いている。

ひとつは二酸化炭素が多くなるほど、植物の生育が促進されて大気温の上昇を防ぐ仕組みである。もうひとつは気温が高くなるほど水面から発散される水蒸気の量が多くなり、上空で雲となって太陽輻射熱《ふくしゃねつ》の直射を弱め、気温を低下させる仕組みだ。

ひとつ目の自動制御装置は、葉緑素を持つ植物が太陽光を利用して体内に吸収した水と空気中から摂取した二酸化炭素を、光合成によって自分の体をつくる炭水化物と酸素に変え、その酸素を空中に吐き出すことから成り立っている。

空気中の二酸化炭素含有量が多いほど、植物はよく育つ。だから温室栽培では、たんに温室内の温度を高めるだけでなく、大気中には約400ppmしか存在しない二酸化炭素の濃度を1200〜1600ppmに上げて収穫量を増やしている。

もし約400ppmという大気中の二酸化炭素濃度が植物の吸収能力を超えるほど濃かった

ら、温室内の二酸化炭素をさらに上げても作物の生育を促進する効果はないだろう。

酸素は大気温を熱することも冷やすこともなく、動物が吸いこむまで大気中に漂っている。そして酸素を吸った動物は二酸化炭素を吐き出して、植物の生育に貢献している。

地球が「生命に満ちあふれた星」となっているのは、そこでは動物は二酸化炭素を吐き、酸素を吸い、植物は二酸化炭素を吸い酸素を吐くという2大生物グループ間の**持ちつ持たれつのガス交換関係**があるからだ。

気候変動危機論者は、ときどき「もう地球上の植物が吸収しきれないほど大気中の二酸化炭素濃度は上がっている」などと言う。だが温室で人為的に二酸化炭素濃度を高めると収穫量が増す現実を見れば、こうした主張にはまったく根拠がないことがわかる。

ふたつ目の水蒸気の発散量による自動調節をかんたんに説明しよう。気温が上がると、地球上の海、川、湖、沼、池などの表面から蒸発して水蒸気になる水の量が増える。

地表よりずっと低温の上空では、地表から蒸発した水蒸気は細かい氷の粒になる。この粒が寄り集まって形成されているのが雲だ。雲は下から見ると黒く見えることもあるが、上空から見れば常に純白だ。

そして白い雲は太陽からの輻射熱を反射してしまう。光は雲の密度に応じて少しずつ違った量で地表まで届くが、輻射熱のほうはほぼシャットアウトする。だから気温が高くなるほど、蒸発する水蒸気量が増えて雲の量も多くなり、太陽輻射熱の地表に到達する量が減ることによって気温は下がる。

さまざまな惑星に上空を浮遊している細かい物質のかたまりがあって、そのかたまりが上空を覆う比率は安定している。この比率をアルベド値あるいはアルベド比と呼ぶが、地球はだいたい30％前後になっている。

ただ、地球の雲は細かい氷滴からできているので、暑い夏には標準的アルベド値より高めになって一層温度が上がるのを防ぎ、寒い冬には低めになって一層寒くなるのを防ぐという絶妙なコントロールをしている。

もし雲を形成している物質が細かい氷の粒でなかったら、温度調節機能は氷粒でできている雲ほど微妙に気温をコントロールすることはできない。結果として酷暑はもっと暑く、厳寒はもっと寒くなっていたかもしれない。

その意味でも、地球が生命にあふれた星であるとともに、水にあふれた星だという事実も我々生物にとって幸運だった。そして現在までのところ、この幸運な星が突然生物にとって棲《す》みにくい方向に変わる兆候は見受けられない。

過去6億年に限定しても、大気中の二酸化炭素濃度は約150ppmから6000ppmの範囲で推移してきた。今から約170年前に当たる19世紀半ばの200ppmを割りこんだ濃度は、植物が生育するためにぎりぎりの水準だった。

実際には産業革命以降に人類が増やした程度の二酸化炭素量は、むしろ植物一般の生育繁茂に貢献して地球全体の緑化を推進していた可能性が高い。

1982〜2015年の期間で見ると、陸地のうち南極大陸をふくめて氷床や氷河で覆われた場所と砂漠の面積が約2割、緑に覆われた場所が増えた地域が約7割、緑に覆われた場所が減った地域が約1割となっている。

温暖化危機論者の中には「立ち木は二酸化炭素濃度を上昇させているから、樹木を伐採して地中に埋めよう」と提唱する人たちもいるらしい。こうなるともう、**常人の理解の範囲を超えている**。

そんなことをすれば、確実に地球全体で植物による二酸化炭素吸収能力が減少し、二酸化炭素濃度の上昇による温暖化がますます顕著になるだけではなく、地表の砂漠化、荒れ地化も進むだろう。

温暖化より寒冷化が怖い

世界を6つの地域に分けて、2000〜19年の期間で寒さによる死者数と暑さによる死者数を比べると、以下の調査結果が出ている。

北アメリカでは寒さによる死者数約20万人に対して、暑さによる死者数は1万人。ラテンアメリカ（南アメリカ＋カリブ海諸国）では、寒さによる死者20万人に対して暑さによる死者数2万人。

ヨーロッパでは寒さによる死者数約70万人に対して、暑さによる死者数約20万人。アジアでは寒さによる死者数約150万人に対して、暑さによる死者数は25万人程度。

暑さによる死者数が10万人を超えているのは、ともにユーラシア大陸にあって文明の発展とともに人口密度が高まっていく期間が長かったこの2地域だけだった。

アフリカでは寒さによる死者数約120万人に対して、暑さによる死者数約1万人。オセアニアに至っては、寒さによる死者数も1万人未満なだけではなく、暑さによる死者数はほぼゼロだった。

ざっと見渡しただけでも寒さの犠牲者数は、暑さの犠牲者数の十数倍に達することがわかる。

アフリカで暑さによる死者数が極端に少ないことにも、ヨーロッパとアジアで暑さによる死者数が比較的多いことにも、南北アメリカ大陸とオセアニアでは極端な気候による死者数が一般的に少ないことにも、共通した意味がある。

大まかに言って都市化、クルマ社会化、人口密度、そして貧困の4つだ。二酸化炭素濃度の上昇による温暖化には、もっと進めば**貧困地帯における寒さの犠牲者が減る**かもしれないこと以外に副次的な意味さえないだろう。

比較的国土が狭く人口密度の高いヨーロッパ諸国や東アジアの先進国化しつつある国々では、都市圏に密集して建てられた公共建物、民間事業用建物、住宅の大部分に空調装置がある。夏は冷房で出た廃熱を戸外に捨てるので、都市のヒートアイランド化による熱中症の犠牲者が増えている。

また自動車も、とくに夏冷房を効かせて走るときには大量の廃熱を幹線道路沿いにまき散らす。暑さによる犠牲者数がアフリカで非常に少ないことは、「温暖化の犠牲者」なるものの大半が、自分が涼しくなるために他人に暑さを押しつける**冷房廃熱の犠牲者**であることを示唆している。

さらに二大人口国家、中国とインドを擁するアジアで寒さの犠牲者がいまだに多いのは、ある程度の豊かさを達成していれば暖房によって防げるはずの死が、まだかなり多いことを意味しているのではないかという気がする。

なお北米大陸やオセアニアで極端な気候の犠牲者が少ないのは、広い国土に中規模都市を分散させた国々ではかなりクルマ社会化が進んでいても冷房廃熱の犠牲者があまり出ないからだろう。

また南米の場合、中国やインドに比べれば暖房にこと欠くほどの極貧層は少ないことを意味しているのではないか。最近、中国やインドをもてはやす論調が増えている気がするが、どちらも**極貧層を置き去りにした発展ではないか**という懸念がある。

こうして2000〜19年という20年間だけの年間平均犠牲者数を見ていると、世界全体の経済格差にやりきれない思いになるが、半面、長期的な推移を見ると、人類は気候関連災害の犠牲者数を着実に削減できているとわかって、いくらか救われた気がする。

1920〜2017年という長い射程で気候関連災害をその他の自然災害による犠牲者数の推移を見ると、非常にはっきりした特徴がある。

気候関連の自然災害による犠牲者数は、1920年の50万人弱から、直近2017年には10分の1にも満たない約3万人に激減していた。

しかし気候関連ではない自然災害——ちなみにその典型である地震、津波、火山噴火のどれをとっても日本は世界有数の多発国だ——の犠牲者数は0〜5万人のあいだで周期的な増減はあるが、減少傾向は見られない。

つまり人類は着々と気候関連災害の被害を縮小することに成功している。ところが気候関連ではない自然災害については、ほとんど進歩していないのだ。

こう見てくると「温暖化がこれ以上進んだら、打つ手はなく人類は滅亡を待つだけだ。だから我々の言うとおりにカネに糸目を付けず何がなんでも二酸化炭素を削減しなければならない」という主張はウソのかたまりだとわかる。

いったい誰がどんな思惑から、この**大ウソをつき続けている**のだろうか。

「二酸化炭素諸悪の根源」説はまったくの後付け

「もう地球上には経済成長を続けるための資源は残されていないから、これからは資源の枯渇を防ぐために経済成長を止め、人口を削減しなければならない」という主張を骨子とする『成長の限界』が世界的なベストセラーとなったのは1972年のことだった。

この本の著者たちを有力メンバーとしていたローマクラブは、ソ連東欧圏の崩壊が確定した1991年に『成長の限界——冷戦後バージョン』とでも言うべき『第一次グローバル革命』という本を刊行している。その中で彼らが問いかけたのは、次のような問題だった。

我々は敵無しに生きていけるものだろうか？

敵が突然存在しなくなった冷戦後の世界で、政府も世論も巨大な真空地帯に吸いこまれてしまった。

だからこそ我々は、是が非でも新しい強敵を創出しなければならない。しかも、その敵は全人類を脅かすものでなければならない。

こう考えてくると、敵は公害、水不足、飢饉《ききん》、栄養不良、文盲、失業といったものに絞られてくる。

人類全体の敵は人間だった

新しい敵を探す中で明らかになってきたことがある。強敵は公害、地球温暖化の危機、水不足、飢饉などでなければならない。

その普遍性と相互関連性によって、これらの現象は人類全体が一致団結して立ち向かうにたる敵と見なせるからだ。

しかし、兆候と原因を混同してはならない。これらの災厄はすべて、人類が自然に干渉したからこそ大きな被害をもたらすようになったのであり、その克服には人類全体が態度と行動を変えなければならない。つまり、真の敵は人類自身なのだ。

ローマクラブ、アレグザンダー・キング＝ベルトラン・シュネーデル共著

『The First Global Revolution』（Pantheon Books, １９９１年）より抄訳

ようするに「冷戦時代には自由主義陣営を一致団結させる憎い敵、ソ連東欧圏が存在していたから、西側諸国の国民を操縦するのは簡単だった。この憎い敵がいなくなった後、我々はどうすれば世界各国の民衆を思いどおりに操縦しつづけることができるのか」とあれこれ考えをめぐらせていたのだ。

出発点は「我々は強力な敵無しに大衆を統合しつづけることができるか」という問いだった。「冷戦の終結で政府や世論が真空地帯に吸いこまれてしまった」という嘆きは、敵のいない世界では大衆を敵に対する憎悪で結集させることのむずかしさを示していたのだ。

彼らは「できるかぎり大勢いて、しかも手強《てごわ》い敵となると人類全体しかない」という結論に達した。人類だれもが犯している罪を発見して「お前はこの罪を償うために我々の言うとおりに悔い改めなければならない」と宣言することが重要なのだった。

ここまでは、いったい人類全体がどんな悪事を働いているのかといった議論は枝葉末節《しようまっせつ》で、まさに**「理屈は後から馬車で積む」**という世界だった。

すぐわかるのは、特定の国、人種、思想信条、宗教は明らかに人類全体を敵とするための「あら探し」には不適格だということだ。

そして人類全体がつくり出した災厄となれば人災、つまり**公害こそ有力候補**となる。ただ、公害といってもアスベストとか、水俣病の原因となったメチル水銀化合物などは、特定の企業しか排出しないので落第だ。

人類として生まれたかぎり続ける行為は何か？　こうした思考過程の末に出したのが「何が

なんでも二酸化炭素を吐くのは極悪非道の行いだということにしなければならない」という結論だった。

こうして二酸化炭素を吐き出すのは「人類全体が犯してきた原罪」に祭り上げられた。その時点では、二酸化炭素の排出がなぜ、どういうかたちで罪を犯していることになるのかさえ決まっていなかった。

それはたっぷり補助金、助成金をやればどんなに歪《ゆが》んだ世界観でも平然と受け入れて委託研究に励む学者にでっち上げさせればいいことだった。そうやって学者たちにたどりつかせた結論が「二酸化炭素を吐き出すと気温が上がる」という仮説だった。

彼らの目的は一貫して、自分たちにとって都合のいい方向に大衆を操縦することだった。彼らとはローマクラブの資金主の大半を代表として、ほとんどがアメリカ民主党リベラル派を支持する大金持ちのことだ。

彼らは大衆を今まで以上に貧しくさせ、自分たち大金持ちの言うことにすなおに従って暮らさなければ生きていけない従属的な存在にすることだ。それによって、いつまでも**自分たちが権力を握りつづける世界**をつくりたかったのだ。

くり返しになるが「EVを普及しなければならない」という大号令が積極的な意義を持つのは、EV化によって二酸化炭素排出量を削減できるとともに、二酸化炭素排出量を削減するのは良いことだというふたつの前提が正しい場合だけだ。

二酸化炭素排出量の削減が良いことだという議論の間違いについては、すでに詳細に論じたとおりだ。

そして内燃機関（エンジン）車とEVを、企業にとって最優先の判断材料である収益性で比べれば、エンジン車メーカーが圧倒的に強く、多くのEVメーカーが売上高を上回る巨額赤字にあえいでいる。

収益を見ればエンジン車の優位は歴然

ここで世界の主要自動車メーカーの過去3～4年間にわたる税引き前利益の推移を、優・良・可組と落第生組に分けた表を2枚続けてご覧いただきたい。

まず、優・良・可組で目立つのはトヨタの圧倒的な収益力だ。

職人芸による工芸品とも呼びたくなるほど細部にこだわる一品生産に近い工程のフェラーリに比べれば税引き前利益率は約半分だが、それに似た生産システムのポルシェとは互角に近い

優・良・可組自動車メーカーの四半期税前利益率推移
2020年第1四半期～2024年第1四半期

	中央値	フェラーリ	ポルシェ	トヨタ	起亜	ヒョンデ	BMW	ベンツ
2020年1Q	1.2%	22.2%		2.3%	1.9%	2.9%	3.4%	
同年2Q	-0.9%	2.1%		2.6%	1.9%	2.7%	-1.5%	
同年3Q	6.6%	23.5%		9.0%	1.4%	-1.3%	9.4%	7.8%
同年4Q	5.7%	22.4%		14.0%	6.6%	3.9%	7.7%	11.3%
2021年1Q	7.1%	25.4%		13.8%	8.0%	7.5%	14.0%	13.8%
同年2Q	8.4%	25.5%		15.8%	10.0%	8.3%	20.9%	12.9%
同年3Q	5.2%	24.7%		11.8%	9.0%	6.7%	12.4%	8.8%
同年4Q	5.6%	22.3%		14.0%	9.5%	4.8%	10.2%	11.4%
2022年1Q	6.4%	25.2%	9.3%	9.3%	8.3%	7.5%	39.3%	14.9%
同年2Q	7.9%	24.3%	12.0%	12.0%	12.0%	10.8%	11.3%	12.5%
同年3Q	5.5%	22.8%	8.8%	8.8%	3.2%	5.4%	11.0%	13.7%
同年4Q	5.9%	20.5%	10.6%	10.6%	11.4%	7.1%	8.2%	13.2%
2023年1Q	5.2%	26.6%	8.3%	8.3%	13.3%	12.2%	13.9%	14.8%
同年2Q	6.8%	29.1%	16.3%	16.3%	14.0%	11.4%	11.3%	13.3%
同年3Q	7.9%	27.5%	15.7%	15.7%	13.0%	11.4%	10.6%	13.4%
同年4Q	5.0%	24.1%	15.2%	15.2%	10.4%	8.5%	8.6%	11.1%
2024年1Q	5.6%	27.8%	14.5%	14.5%	14.4%	11.6%	11.4%	11.2%

	北京汽車	ステランティス*	長城汽車	GM	スズキ	テスラ	アウディ	VWグループ
2020年1Q	8.9%	-0.1%	-6.3%	2.0%	5.9%	1.2%		1.2%
同年2Q	13.7%	-0.1%	8.9%	-5.3%	-0.2%	2.5%		-5.0%
同年3Q	10.7%	8.3%	7.0%	13.8%	9.6%	6.3%		6.1%
同年4Q	12.4%	8.3%	7.5%	9.2%	9.9%	3.5%		14.0%
2021年1Q	15.0%	9.7%	6.1%	12.9%	7.1%	5.1%	12.0%	7.2%
同年2Q	15.1%	9.7%	6.6%	11.0%	15.2%	10.8%	14.4%	9.9%
同年3Q	9.2%	9.5%	5.2%	9.5%	3.4%	13.7%	8.4%	5.4%
同年4Q	12.0%	9.5%	4.5%	6.7%	6.2%	14.9%	16.7%	9.3%
2022年1Q	14.5%	11.3%	5.5%	7.7%	6.2%	19.3%	27.3%	14.2%
同年2Q	12.7%	11.3%	14.1%	6.0%	8.5%	14.6%	11.4%	7.4%
同年3Q	12.7%	10.2%	7.9%	9.8%	8.9%	16.9%	12.7%	4.2%
同年4Q	12.1%	10.2%	0.0%	6.0%	8.9%	16.4%	9.0%	6.6%
2023年1Q	12.3%	13.8%	0.2%	6.9%	6.7%	12.0%	14.0%	8.5%
同年2Q	12.6%	13.8%	3.2%	6.8%	9.0%	11.8%	11.2%	6.8%
同年3Q	12.9%	9.7%	8.5%	7.8%	9.8%	8.8%	9.3%	7.4%
同年4Q	3.0%	9.7%	4.1%	2.6%	9.4%	8.7%	9.7%	6.3%
2024年1Q	11.1%		8.8%	8.6%	8.4%	7.3%	7.1%	6.9%

アミカケスミ文字は好採算。薄いアミに白抜きは低採算。黒地白抜きは赤字。

*）ステランティスは四半期ごとの税前利益を開示していないので、半期ごとの数値を2回ずつ記載している。

社名に黒地白ヌキになっているのはEV専業メーカーで、凄まじく業績が悪い企業が大部分。

原資料：各社が開示した決算データ
出所：AJ@alojoh、2024年6月12日のX（旧Twitter）より作成

利益率を確保している。

年間生産台数の圧倒的な差を考えれば、今やグループとして世界一の大量生産を続けながらこの高い利益率水準を維持しているトヨタの実績は驚異的と言うべきだろう。

利益率でトヨタに続く量産メーカーは、国内でたった2社に整理統合されてしまった起亜《きあ》とヒョンデという韓国企業だ。メンツで高級車もつくらなければいけないヒョンデより、二線級ラインに特化した起亜のほうがほぼ一貫して利益率でリードしているのが印象的だ。

優・良・可の振り分けで言うと、紀亜はなんとか優組に入るけれども、ヒョンデは明らかに良組だろう。

その良組の中でヒョンデの後塵《こうじん》を拝しているのが、かつては世界最強の高級高額車量産メーカーの座を争っていたベンツとBMWだ。今のところ良好な利益率を維持している最大の要因は、ズバリ過去の「良質で堅牢な高級車メーカー」というイメージの残像でしかない。

その証拠は、往年の高い技術力の維持にかけては勝っているけれども高級高額車メーカーとしての印象を確立するのは遅かったBMWが、技術力保持ではお話にならないほど劣化しているベンツに利益率で負けているという事実だ。

良組のしんがりを務めるのが北京汽車だが、この中国車メーカーとしては税引き前利益率が最高だった企業のEVをふくむニュー・エナジー自動車の売上比率はわずか2%にすぎない。

この事実がEVの利益率の低さを雄弁に物語っている。

可組の筆頭はイタリア大衆車メーカー最大手のフィアットがアメリカ・ビッグスリーの落ちこぼれ企業、クライスラーを救済合併したステランティスだ。

業界で警戒信号と言われる税引き前利益率6~8%台に落ちこむことはほとんどないので、良組に入れておいてもいいような気もする。だが毎年莫大な設備投資を必要とする自動車量産メーカーとして税引き前利益率で2ケタを維持できないのは、やはりかなり脆弱な収益体質と見るべきだろう。

逆に言うと、船外機やモーターボートもつくっているが軽自動車・オートバイ専業と言ってもよく設備投資負担の軽いスズキを、普通乗用車メーカーと同列で可組に入れるのは、ちょっと機械的すぎる振り分けではないかという気もする。

可組の中でステランティスとスズキに挟まれているのが、中国自動車メーカーで利益率第2位の長城汽車と、かつて世界自動車業界全体にガリバー型寡占として君臨したが、一時国有化されていたGMのなれの果てとなった姿だ。

北京汽車の2%ほどではないが、長城汽車のニュー・エナジー自動車の売上比率も21・3%と、中国車メーカーの中ではかなり低めだという事実が比較的高めの利益率につながっている。

GMの税引き前利益率は、国際金融危機時に米国政府が拠出した莫大な救済資金の大半を踏み倒した上での収益だから、凄まじい突風が貢献した追い風参考記録と見るべきだろう。軽・オートバイ専業に近いので設備投資の軽いスズキの次にようやく登場するのが、バッテリーEV専業としては税引き前利益率首位のテスラだ。

もちろん、こちらはスズキとは逆に設備投資負担が在来の内燃機関自動車メーカーよりそうとう重くなっているはずなので、可組の中でもとりわけ警戒すべき税引き前利益率水準にとどまっていると思われる。

またテスラ社の税引き前利益率は、明らかに2022年第1四半期の19・3%でピークアウトしている。その後はほぼ一貫して下げつづけ、直近2024年第1四半期の実績はピーク比62%減の7・3%まで低下している。

この税引き前利益率の趨勢《すうせい》的低下も、マスクがテスラ社の本業であるバッテリーEVの製造販売を捨てて、ほかの分野に転身するつもりではないかと推測する根拠のひとつだ。

可組でしんがり争いをしているのは、いかにもヨーロッパ的な技術とデザインの組み合わせで固定ファンの多いアウディと、グループ生産台数ではトヨタと世界一を競っているフォルクスワーゲン（VW）グループだ。

世界最大級の生産台数が課す設備投資負担の重さを考えると、VWグループの税引き前利益率が6～8%台に定着してしまったのは、**落第生組に転落する前兆**と見るべきだろう。

落第組自動車メーカーの四半期税前利益率推移
2020年第1四半期～2024年第1四半期

	三菱自動車	ボルボ	マツダ	本田技研	BYD	日産自動車	フォード	吉利ジーカー	小鵬
2020年1Q	-0.2%		0.2%	-0.6%		-29.0%			-15.8%
同年2Q	-77.8%		-16.7%	-3.8%		-25.9%			-25.0%
同年3Q	9.2%		-1.7%	6.9%		-0.9%	7.3%		-57.7%
同年4Q	-6.8%		2.4%	7.9%		-0.2%	-10.6%		-27.6%
2021年1Q	-12.4%	11.1%	6.1%	6.2%	1.6%	-0.6%	10.9%		-26.7%
同年2Q	3.2%	6.0%	3.2%	6.6%	3.1%	8.5%	2.7%		-31.8%
同年3Q	3.9%	5.1%	1.5%	5.0%	3.2%	4.7%	5.3%		-27.9%
同年4Q	4.7%	4.6%	2.2%	5.6%	0.8%	3.0%	29.8%		-14.7%
2022年1Q	4.7%	7.8%	6.4%	3.7%	1.6%	2.5%	-11.2%	-54.4%	-22.8%
同年2Q	9.3%	14.0%	3.3%	4.3%	4.3%	4.9%	2.0%	-22.2%	-36.1%
同年3Q	8.2%	2.4%	8.7%	4.8%	6.4%	2.7%	-2.9%	-23.0%	-34.6%
同年4Q	9.5%	3.0%	1.2%	6.0%	5.7%	3.3%	2.7%	-16.3%	-46.2%
2023年1Q	8.0%	5.6%	4.2%	1.9%	4.3%	4.3%	5.2%	-28.1%	-57.8%
同年2Q	9.7%	5.3%	5.8%	8.3%	5.8%	4.4%	5.1%	-11.2%	-56.2%
同年3Q	4.6%	5.1%	9.3%	5.4%	7.8%	7.9%	3.2%	-10.7%	-45.5%
同年4Q	6.2%	4.9%	4.7%	5.0%	6.2%	2.1%	-4.1%	-18.1%	-10.2%
2024年1Q	5.7%	5.4%	5.0%	4.8%	4.6%	4.5%	3.8%	-14.3%	-20.8%

	ポールスター	零跑汽車	アストンマーチン	蔚来(NIO)	リヴィアン	ビンファスト	ルシード	フィスカー*
2020年1Q			-124.0%	-123.0%				
同年2Q			-205.0%	-32.0%				
同年3Q			-67.9%	-23.1%				
同年4Q			-46.7%	-20.9%				
2021年1Q		-14.3%	-18.8%	-5.6%				
同年2Q		-10.2%	-17.7%	-6.9%				
同年3Q	-14.1%	-83.6%	-41.2%	-8.5%	nm			nm
同年4Q	-58.7%	-80.0%	-7.0%	-21.3%	nm	-293.0%	nm	nm
2022年1Q	-59.7%	-52.3%	-48.0%	-17.7%	nm	-223.0%	-140.0%	nm
同年2Q	-38.3%	-45.4%	-56.2%	-26.8%	-470.0%	-297.0%	-226.0%	nm
同年3Q	70.0%	-31.2%	-71.6%	-8.5%	-321.0%	-353.0%	-271.0%	nm
同年4Q	-26.2%	-43.9%	3.1%	-46.9%	-260.0%	-344.0%	-183.0%	nm
2023年1Q	-1.2%	-78.5%	-25.1%	-44.3%	-204.0%	-716.0%	-522.0%	nm
同年2Q	-44.0%	-26.2%	-17.8%	-68.8%	-107.0%	-158.0%	-506.0%	nm
同年3Q	-24.9%	-17.4%	-32.5%	-23.9%	-102.0%	-182.0%	-458.0%	-130.0%
同年4Q		-18.1%	3.4%	-35.9%	-116.0%	-148.0%	-416.0%	-232.0%
2024年1Q		-29.1%	-51.8%	-52.3%	-120.0%	-204.0%	-394.0%	

アミカケスミ文字は好採算。薄いアミに白抜きは低採算。黒地白抜きは赤字。nmは600%以上の大赤字を指す。

*）フィスカーは破綻した。

社名に黒地白抜きになっているのはEV専業メーカーで、凄まじく業績が悪い企業が大部分。

原資料：各社が開示した決算データ
出所：AJ@alojoh、2024年6月12日のX（旧Twitter）より作成

ここで落第組の税引き前利益率の推移をチェックしておこう。

落第生組の中でも努力次第では合格点が取れそうな位置にいる7社が、データ改竄《かいざん》が発覚して経営危機に見舞われ、日産＝ルノー連合との戦略提携に活路を見出した三菱自動車から、何をやってもGMよりさらに拙劣なフォードまでだ。

この中に、消費者に対するアンケート調査では、内燃機関（エンジン）自動車の品質信頼度についていて今もトヨタとトップを争っている本田技研工業が紛れこんでいたのには、ほんとうにびっくりした。

「日本車メーカーの中ではいちばん先にEV転換を掲げて、高コスト体質への適応も進んでいる日産のほうが、EVブームが下火になってからEVへの全面転換方針を打ち出したホンダより生き残り確率が高いかもしれない」というある方のご意見をうかがったときには、さすがにそれはないだろうと思っていた。

しかしホンダについて直近のフリー・キャッシュフロー推移を見ると、ピークの2022年第3四半期には176億ドルあったのに、2024年第1四半期ではたった10億ドルに落ちている。ほんとうに**ホンダのほうが日産より先に消滅する**かもしれない。

なお原資料ではフォードと吉利《ジーリー》汽車のバッテリーEV部門であるジーカーとのあいだに吉利汽車本体、理想汽車、上海汽車、ルノーグループ、東風本田汽車の5社が挟まっているが、これといった特徴もなく驚異的な累積赤字を抱えながら生き延びる不思議な能力があるわけでもないので、この表からは割愛した。

また、アストンマーチンのすぐ左側に出ている零跑《リープ》は会社側の発表資料などを見ると明らかにバッテリーEV専業なのだが、原資料作者AJ@alojohさんの分類を尊重して専業ではないとしておいた。

バッテリーEV専業メーカーとしては売上高赤字率が低いので、ほかにもっと収益性の高い部門を兼営しているはずだと思ったのかもしれない。ことほど左様に、バッテリーEVメーカーの赤字率は高いのだ。

バッテリーEV専業各社の特徴として、たんに期間損益が赤字になることが多いだけではなく、製造コストの半分以下の価格で売っているため、売上高に対する赤字率が100%を超える四半期が異常に多くなっている。

300%以上の赤字率、つまり**製造原価の4分の1未満の価格でしか売れない**企業がゴロゴロ存在する世界なのだ。

その結果、創業当初の出資額ではとうてい累損の穴を埋めることができずに破綻したり、大口投資家から資金を募って再建に取り組んだり、資金力のある大手企業に吸収されたりといったケースが多くなるわけだ。

中国の普及率がトップなのは、EV普及が幻想にとどまる証拠

次ページの表を見ると、これまでのところ実際に破綻したのは欧米のEVメーカーばかりで、中国のEVメーカーはしぶとく生き残っているように思いこみがちになる。

たしかにEVメーカーの中で株価が大暴落したワースト16社をリストアップすると、中国企業が2社、イギリス企業が1社、あとの13社は全部アメリカ企業で、アメリカ以外の国々のEVメーカーはあまり悲惨な業績ではなさそうな気がする。

しかし、この印象はまったく間違っている。アメリカに株価が暴落したEVメーカーが集中しているのは、アメリカのベンチャーキャピタルや未上場株ファンドが刹那《せつな》的なボロ儲けのための**詐欺の道具になっている**ことを示している証拠とも言える。

アメリカでは将来有望と話題になっている分野で、多少なりとも独自性を感じさせる業容を標榜《ひょうぼう》して企業を設立すると、たいていの場合ベンチャーキャピタルの出資を得て、派手な宣伝をおこなうことができる。

ベンチャーキャピタルとしては、未上場株ファンドに認められて巨額出資を受けられる企業がたった1社でも出てくれれば、何十社、何百社に出した資金をそこで回収できる。

EVメーカー戦慄の株価パフォーマンス：2024年6月

HQ所在国	社名	天井比変動率	天井時1000ドルの現在価値
米	フィスカー 破綻	▲100%	0ドル
米	ローズタウン 破綻	▲100%	0ドル
米	プロテッラ 破綻	▲100%	0ドル
米	アクリモート 破綻	▲100%	0ドル
英	アライヴァル 破綻	▲100%	0ドル
米	ミュレン	▲99.997%	3セント
米	ファラデイフューチャー	▲99.99%	10セント
米	カヌー	▲99.7%	3ドル
米	ワークホース	▲99.7%	3ドル
➡ 米	ニコラ	▲99.5%	5ドル
米	ハイリーオン	▲97%	25ドル
米	ルシード	▲96%	40ドル
米	リヴィアン	▲94%	61ドル
中	ニオ	▲93%	66ドル
中	Xペング	▲90%	98ドル
米	テスラ	▲55%	452ドル

原資料：ヴィンセント・ギャラン
出所：Cobra1@bfreshwa、2024年6月11日のX（旧Twitter）より引用

未上場株ファンドもまた、上場直後の吹き値で大暴騰する企業が自社の組成したファンドから1社でも出てきて売り抜けてしまえば大儲けができるのだ。

どちらも自分たちが高値での売り抜けに成功したら「あとは野となれ、山となれ」の世界だ。

「アメリカでは企業の新規創業が盛んで、そこから上場にこぎつける新興企業も多い。一方、日本は起業率が異常に低い。これが日米経済の成長力の差につながっている」としたり顔でご説明されるアメリカ株の専門家が大勢いらっしゃる。

だが、ほとんどの未上場ファンドへの出資や、新規上場株への投資は、詐欺師に騙されて貴重な資金をドブに捨てるような「投資効

率」になっていることまで教えてくださる「米株アナリスト」はほとんどいらっしゃらない。

こうした上場詐欺の典型が、前ページの表でちょうど10番目の資金喪失率99・5％を「誇り」、最高値で1000ドル分の株を買っていたら、現状ではわずか5ドルに縮んでしまっている計算になるニコラ社だろう。

ニコラを創業したトレヴァー・ミルトンは生まれながらの詐欺師で「EV業界で初めてEV大型トラックの実用化に向けて着々と開発を進めている。結局EVではうまくいかないことも想定して、HFCV（水素燃料車）の開発も同時並行で展開している」と称して、巨額の資金を掻《か》き集めた人間だ。

なおHFCVのことを、なぜか日本では「燃料電池車」とする翻訳が定着しているようだが、水素を蓄電の媒体にする電池を使っているわけではないので、明らかな誤訳だ。

水素燃料車とは、水を電気分解してつくった水素ガスが酸素と化合するときのエネルギーでクルマを動かし、廃熱を吸収して次に水を電気分解するときの電力として再利用する仕組みだ。

しかし「これが実用化できる」という議論は「いったん動き出したら、その動きが引き起こすエネルギーを回収して永遠に動き続ける永久機関は作成可能だ」という主張と同じくらい**うさん臭い話**なのだ。

この章後半のクライマックスは、あらゆるバッテリーEVは、蓄電媒体にする素材のエネルギー密度が低すぎて、まったく実用性に欠けることを論証したグラフ（165ページ）にある。
エネルギー密度が低いことの致命的欠点は何かというと、1・5〜2トンの自重を持ち運ぶための電池の重量と体積があまりにも大きくなりすぎて、人間や荷物を積載するキャパシティが小さすぎることだ。

当然数トン、十数トンの大型トラックとなると、人間ひとり、荷物1個も乗せずに動かしたとしても、電池自体の重量を移動させるのに四苦八苦という**マンガ的な事態**になってしまう。
ニコラ社が製作した「EV大型トラックが実際に動いている」というデモ映像は、傾斜地の上のほうに置いた試作車のブレーキを解除した上で人間が後ろから押して、坂道を転げ落ちていくシーンだったことが暴露された。

いくらなんでもひどすぎる詐欺なので、ニコラ社CEOだったミルトンは禁錮4年の実刑に服している。ただ、その前に上場直後の高値で自社株を大量に売り抜けて、10億ドル長者になったばかりか、いまだにニコラ社の筆頭株主として居座っている。

それ以上にひどいのが、こんな詐欺専業会社が上場廃止基準を下回る株価になったら30株を1株に併合して株価を上げるといった小細工を弄《ろう》して上場を維持することをナスダック市場や米国証券取引委員会（SEC）が許容して、いまだに上場企業として存続させていることだ。
ニコラ社が存続しているのは、アメリカにおける起業率の高さは経済活力の源泉どころか、ベンチャーキャピタルや未上場ファンドが**しろうと衆を騙して金を巻き上げる**ことを金融業界・監督官庁が容認している証拠でしかないと思う。

もちろん、その裏にはアメリカが先進諸国では唯一、贈収賄が合法化された国であるという事実が介在している。

中国でEVメーカー破綻の話をあまり聞かないのは、さすがに上場には中堅以上の業容を持っている必要があるので、中小零細企業は上場以前の段階にいるうちに大量淘汰《とうた》されているからだろう。

そのかぎりでは、中国のEV市場のほうがアメリカよりまだしも健全だ。ところが一方で、まったくの経済オンチの習近平が「これからはEVとAIだ！」と大号令をかけてからの中国のEV製造能力の拡大ぶりは、**とうてい健全と言えない状態**になっている。

「エンジン車の排気ガスの大半を占める二酸化炭素の排出量を極限まで絞りこまなければ、地球上の生命の大半が失われる」というグリーン・クリーン教の教義を忠実に守ろうとしていた人があれほど多かったヨーロッパ諸国でも、実際に財布のヒモを握っている庶民は、エンジン車の経済性のほうを選びつづけてきた。

この事実は、貴重な金属資源・希土類資源の将来の需給についての展望をとても明るくする好材料だ。

というのも「二酸化炭素排出量を画期的に削減する」という触れこみのEVは、金属・希土類資源の消費量に関するかぎり、とてつもない大浪費家だからだ。

資源採掘・精錬過程を考えればEVは二酸化炭素排出量を増やす

ブルームバーグ・ニュー・エナジー・ファイナンス（NEF）によるEVの世界販売台数に関する2016〜23年の実績と2024〜26年の予測を見ると、2023年の実績は予測の34％増で1410万台をかなり顕著に下回る27％増の1336万台にとどまった。

今後の販売台数予測についても、玉突き的にどんどん下方修正されていって、2026年には地球上の全公道を走っているEVの総数は1億台になっているという予測もまた、大幅に後ろ倒しになるだろう。ひょっとすると、その日は永遠にやってこないかもしれない。

それは地球環境全体にとって**素晴らしい変化**なのだ。もしEVの普及がブルームバーグNEFによる予測どおりに進むと、2030年の段階ではコバルトの総供給量は総需要量を40％も下回り、リチウムも30％低く、はるかに汎用性の高いニッケルは15％、銅も10％需要過剰になると懸念されていた。

金属需要が供給を上回ることの弊害は、当該金属の価格が上昇することだけではない。高価格に釣られて、現状でも非常に危険で不潔な労働環境での採掘に従事させられている労働力をもっと危険でもっと効率の悪い鉱山にも展開させることになるのだ。

そして採掘にはほとんどの場合、大型パワーショベルがいるし、鉱石成分の濃い土と少ない土にあら選《え》りしたあと、濃い土は精錬所に、少ない土は残土置き場に持っていくには、車輪の直径が二階建て戸建て住宅の高さを超えるような大型トラックが不可欠だ。

どちらもEVではとうてい出せない馬力を必要とするのでエンジン車しか使えないが、当然エンジンから大量の二酸化炭素を排出する。

精錬所での精錬過程では、ほとんどの場合燃焼によって有効成分を凝縮させるので、ここでも大量の二酸化炭素を排出する。採掘した鉱石成分の多い土の搬送も、精錬も、エンジン車がふつうの市街地を走っているときとは比べものにならないほど大量に、正真正銘の有害廃棄物を撒き散らす。

そしてたいていの採掘現場は、アフリカ大陸のサハラ砂漠以南（サヘル地域）などの最貧国に押し付けているのが実情だ。

こんな危険な現場労働に依存しなければ電池としては、最高のエネルギー密度を持ったリチウムイオン電池の供給が需要に追い付かない。それでも「EVは地球環境を改善する」と主張するのは、人命や健康に関わる被害をまったく無視した暴論だ。

産業用金属需要に占める中国のシェア：2021年

中国は産業用金属の最上級のお得意様

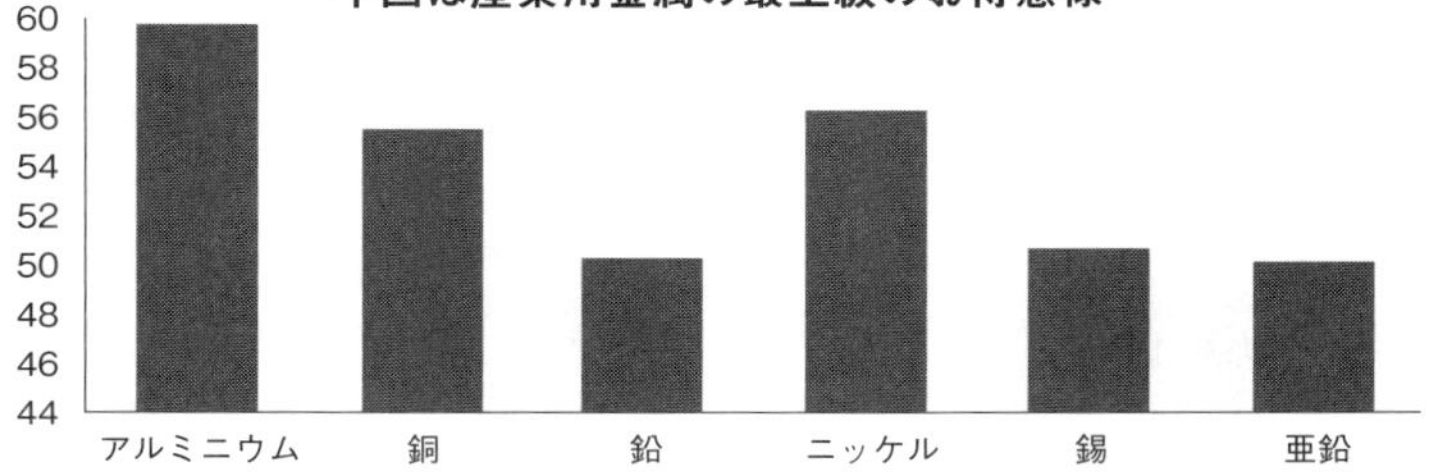

自動車1台に必要な非鉄金属重量比較

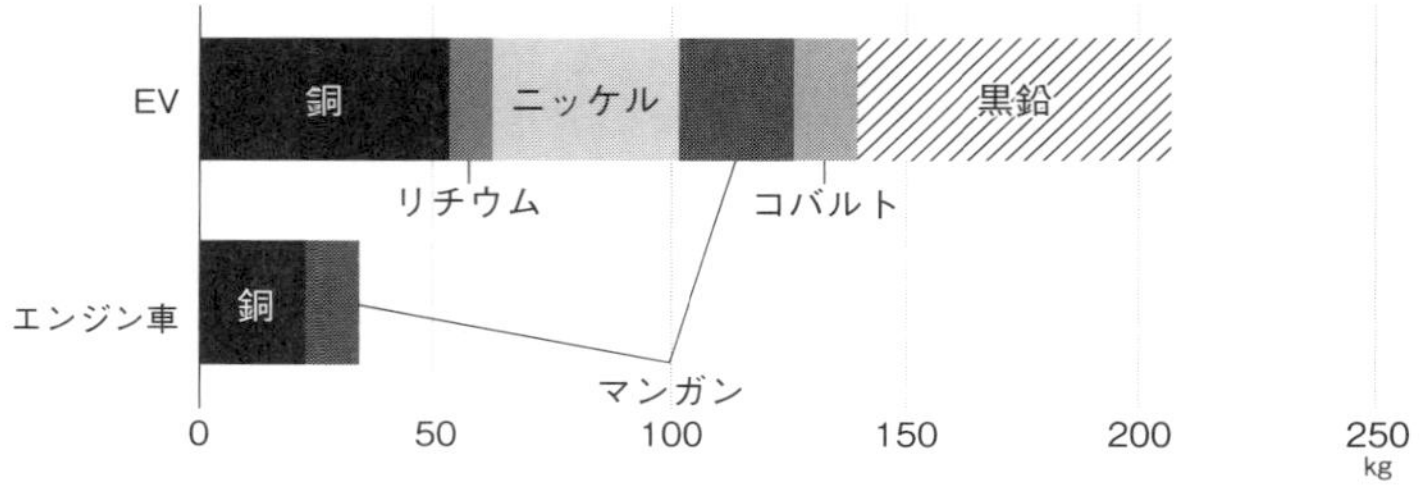

原資料：世界銀行『産業用資材価格ショックの原因と影響』（2022年）、米エネルギー省エネルギー情報局、国際エネルギー機関（IEA）、スタンフォード大学ドアー持続性研究所、ハミルトン・プロジェクト、ブルッキングス研究所
出所：ウェブサイト『Conversable Economist』、2023年5

さらにＥＶの電池製造だけに必要とされる非鉄金属の総重量は、エンジン車全体の非鉄金属部品の**総重量の６倍**になっているという事実は、とても重要だ。

なぜかというと、この倍率はＥＶが性能をフルに発揮するにはどう頑張っても改善することができない物理特性にもとづく差だからだ。

そして鉱山業界には、中国を中心にＥＶメーカーが乱立してＥＶの増産を進めているのを好意的に見る経営者が多い理由は、ＥＶがいかに大量の金属を消費するかを見れば明らかだ。

ＥＶ市場の約60％を占めている中国のＥＶメーカー各社も大いに貢献して、中国はアルミニウム（世界消費量の59％）、ニッケル（同56％）、銅（同55％）、錫《すず》（同50％）、鉛と亜鉛（同各49％）と大量の金属資源を消費している（２０２１年時点の数値）。

ＥＶ普及を推進するのは、ありとあらゆる資源を爆買いして、国内に過剰設備をつくりつづけ、その結果として安売り輸出を推進する**現在の中国経済体制を支援する**ことなのだ。とうてい環境に優しい経済政策とは言えない。

さらにエンジン車１台が必要とする非鉄金属の総重量が約35キロなのに対して、ＥＶに必要な非鉄金属の総重量は約２１０キロとエンジン車の６倍に達している。

なお金属資源の制約問題を考察する際に鉄を除外するのは、正当な理由がある。鉄はくず鉄を電炉で製鋼すれば、ほぼ無限に再生利用できるからだ。

非鉄金属の総重量で６倍という事実もさることながら、エンジン車にまったく不要のリチウムとコバルトがＥＶ用電池に必要不可欠だという事実が一層ＥＶの普及を困難にしている。どちらも**深刻な公害源**だからだ。

コバルト採掘の中心地のひとつであるコンゴ民主共和国の場合、おとなは怖がってやらないし、労賃も高いので現場の採掘作業は子どもにやらせている。

リチウムの場合、自然状態では水に溶けたかたちで存在していることが多いが、湖底や沼沢地の底土を大量に採掘して精錬する。非常に純度が低いから燃焼で凝縮するのはエネルギーコストが高すぎるため、いくつもの人工池に移し替えながら天日乾燥で濃度を高めている。この精錬工程は、**大量の有害廃棄物を大気中に撒き散らす**。

EVが寿命ぎりぎりまで走り切ったとしても、電池用金属の採掘・精錬に始まる全工程での二酸化炭素排出量増加を埋め合わせるほど大きくはならないだろう。

これほど難題を抱えた自動車のEV化について、真逆の大ウソをでっち上げているのが、国際エネルギー機関（IEA）とマッキンゼーの共同「研究」だ。

まず「電池用金属はコスト効率が高く需要に応じて電力を供給できる」という表現に啞然《あぜん》とする。もし、これが事実なら世界中のヘビーデューティ電化製品はプラグをコンセントに差し込む手間をかけずに、すべて電池で動かしているだろう。

「電池用金属はコストが高く……電線による送電が可能な場所ではめったに使われない」という文章にするはずだったのに、どこかから効率の一語が紛れこんでしまったのだろうか。

それにしても、2022年から2040年にわたるリチウム、ニッケル、黒鉛（石墨）、マンガン、コバルト、銅の6種類の電池用金属の需要成長率予測は、よくまあこれほど非現実的な「予測」を公開するものだと呆《あき》れる。

リチウムの需要は1519％増え、ニッケルは843％、黒鉛は721％、マンガンは70

1％、コバルトは278％、銅は241％それぞれ伸びるというのは、満たすことのできない需要があるかぎり、価格はどんどん上がることを完全に無視した捕らぬ狸《たぬき》の皮算用だ。

あらゆる天然資源には確認埋蔵量と可採埋蔵量がある。前者は言葉どおり存在が確認されている埋蔵量全体のことだ。可採埋蔵量とは、そのうちで採掘して経済的にペイする埋蔵量のことで、当然のことながら確認埋蔵量よりはるかに小さくなっているのがふつうだ。

もし電池用6金属の総需要量がこれほど増加したら、どれも可採埋蔵量が確認埋蔵量と一致するまで価格は上昇するだろう。確認埋蔵量を全部掘り尽くしても需要量に満たなければ、探査、試掘、商業採掘へという時間もコストもかかる増産のための各段階を経て確認埋蔵量自体を増やす必要がある。

たとえ、この莫大な電池用金属需要をすべて満たすことに成功したとしても、世界各国の経済活動は、その他のほぼすべての分野で縮小を余儀なくされるはずだ。そんな未来のどこが「地球と全生命を救う」ことになるのか、皆目見当もつかない。

人類全体にとって幸運なことに、こうした自動車EV化論が絵に描いた餅に過ぎないことは、EV用電池原材料の中でもっとも重要な**リチウム価格が暴落**し、リチウム電池価格も長期じり安基調に入ったことで、明らかになってきた。

まずリチウム単体の価格だが、2023年春に1キロ＝80ドルまで上昇したものが、直近では10ドル台前半まで下がっている。

明らかに商品市場の投機筋が需要激増を当てこんで買い占めていたのに実需が思惑どおり拡大せず、保管コストの増加に耐えきれず**捨て値で大放出した形跡が濃厚**だ。

さまざまな金属を組み合わせたリチウム電池価格のほうは、揃って2023年初頭のキロワット時当たり150〜180ドルをピークにダラダラ下げつづけ、直近では100ドル以下になっている。

その一因は、リチウム製造工場やリサイクル工場でセンセーショナルな火災事故が頻発したことかもしれない。リチウム電池は何百という数の小さな電池を直列でつないで出力を大きくしている。

その電池ひとつの構造は、ともに電解質溶液の中で至近距離にある陽極と陰極を薄い隔壁で隔ててあるだけなので、ちょっとしたショックでもかんたんに爆発炎上する危険がつきまとう。厄介《やっかい》なのは、リチウムが燃え上がると燃焼過程で酸素を排出するので、水や難燃性の掩幕《えんまく》などで覆ってもまったく火の手が衰えずに、かえって燃え広がらせてしまうだけだという事実だ。

先進諸国の消防署でさえ、リチウム電池の爆発炎上による火災のための消火剤を常備しているところはあまり多くない。だから世界各地でEV同士の衝突事故などによるリチウム電池火災が増えたら、お手上げという場所も多いらしい。

幸いEV普及は早々と伸び悩みに転じたので、世界各地でリチウム電池のショートによる鎮火が非常にむずかしい火災が続出する事態は避けられている。

最大の理由は、走行性能が荷重や気候によって激変するEVは、一家に1台しかないクルマに安定した走行性能を必要とする圧倒的多数の平均的所得層に拒絶されたことだろう。

トヨタ製ハイブリッド車の静かな勝利

この章最後のグラフをご覧いただこう。

次ページのグラフはEVの伸び悩みが顕著な中で、トヨタのハイブリッド車の販売台数がいかに順調に伸びてきたかを示している。

ハイブリッド車とは、エンジンや冷暖房の廃熱とかブレーキをかけたときの摩擦熱とかを回収して発電に利用して、電力も補助動力として使うけれども、主要なエネルギー源としては液体燃料を使う自動車のことだ。

中にはプラグイン・ハイブリッドと言って、電力料金が割安なときにはプラグをコンセントに差しこんで充電もできるタイプもある。それでもガソリンなどの液体燃料のエンジンが主動力で、電力は副次的なエネルギー源という役割分担は変わらない。

静かな勝利、トヨタ製ハイブリッド車の世界売上台数
2019～23年度*

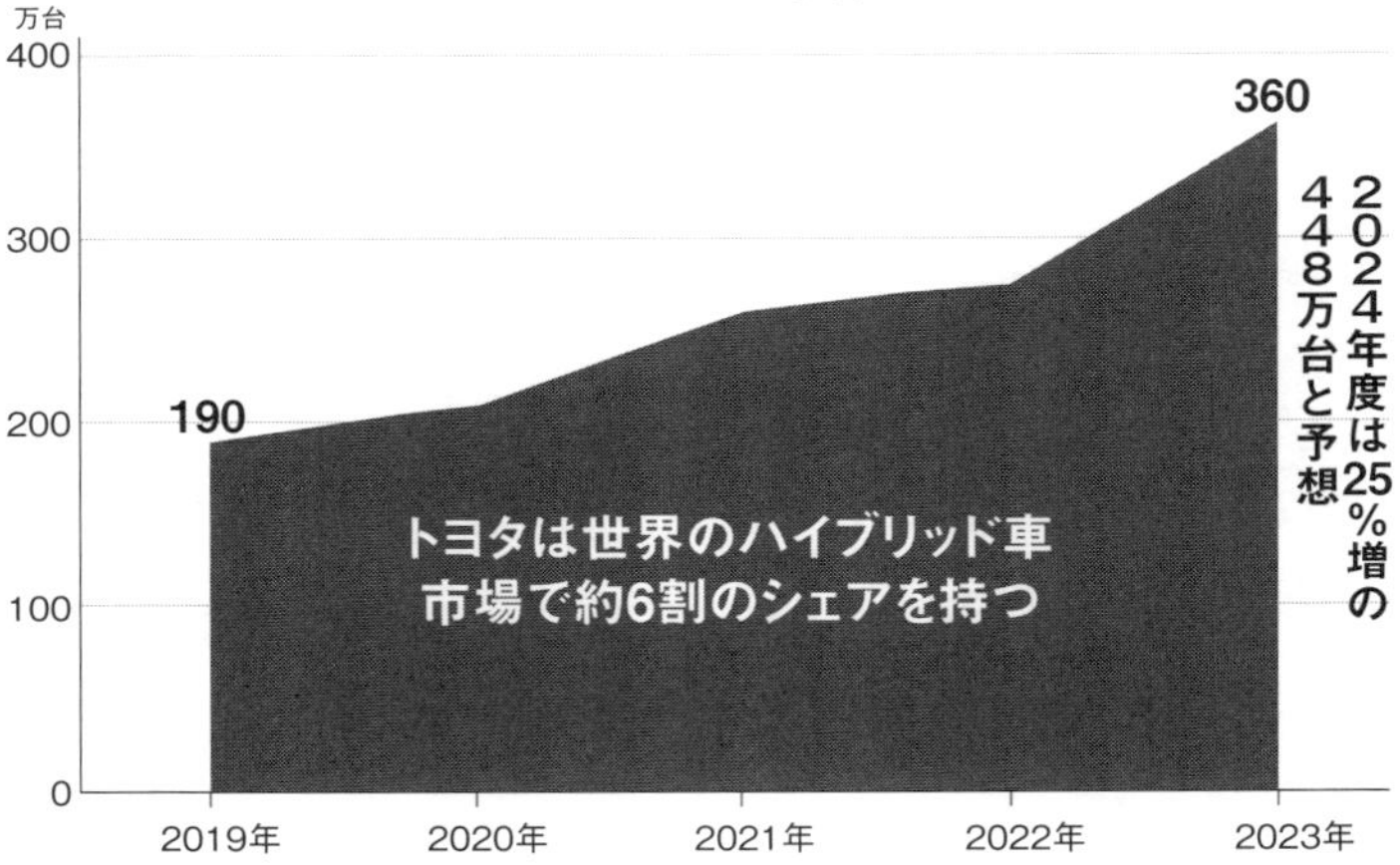

*）トヨタの財政年度は当該年4月1日～翌年3月31日
原資料：トヨタ自動車開示データ
出所：Michael Dunnne、2024年7月10日

そして165ページのグラフは、なぜ**電池を主要なエネルギー源とすべきではないのか**を明瞭に示すグラフになっている。

エネルギー密度とは、一定の重量や体積の中にどの程度のエネルギーを詰めこめるかという指標である。このグラフの右上に行くほどエネルギー密度は高く、同じ重量や体積の中に多くのエネルギーを詰めこめることを示している。

逆に左下に行くほどエネルギー密度は低く、大きなエネルギーを詰めこむには非常に大きなスペースや重量を必要とする。

左下の小さな楕円で囲まれたところが、さまざまな素材を使った電池のエネルギー密度だ。この中ではもっともエネルギー密度の高いリチウム電池でも、重量ではキロ

各種燃料・電池のエネルギー密度比較

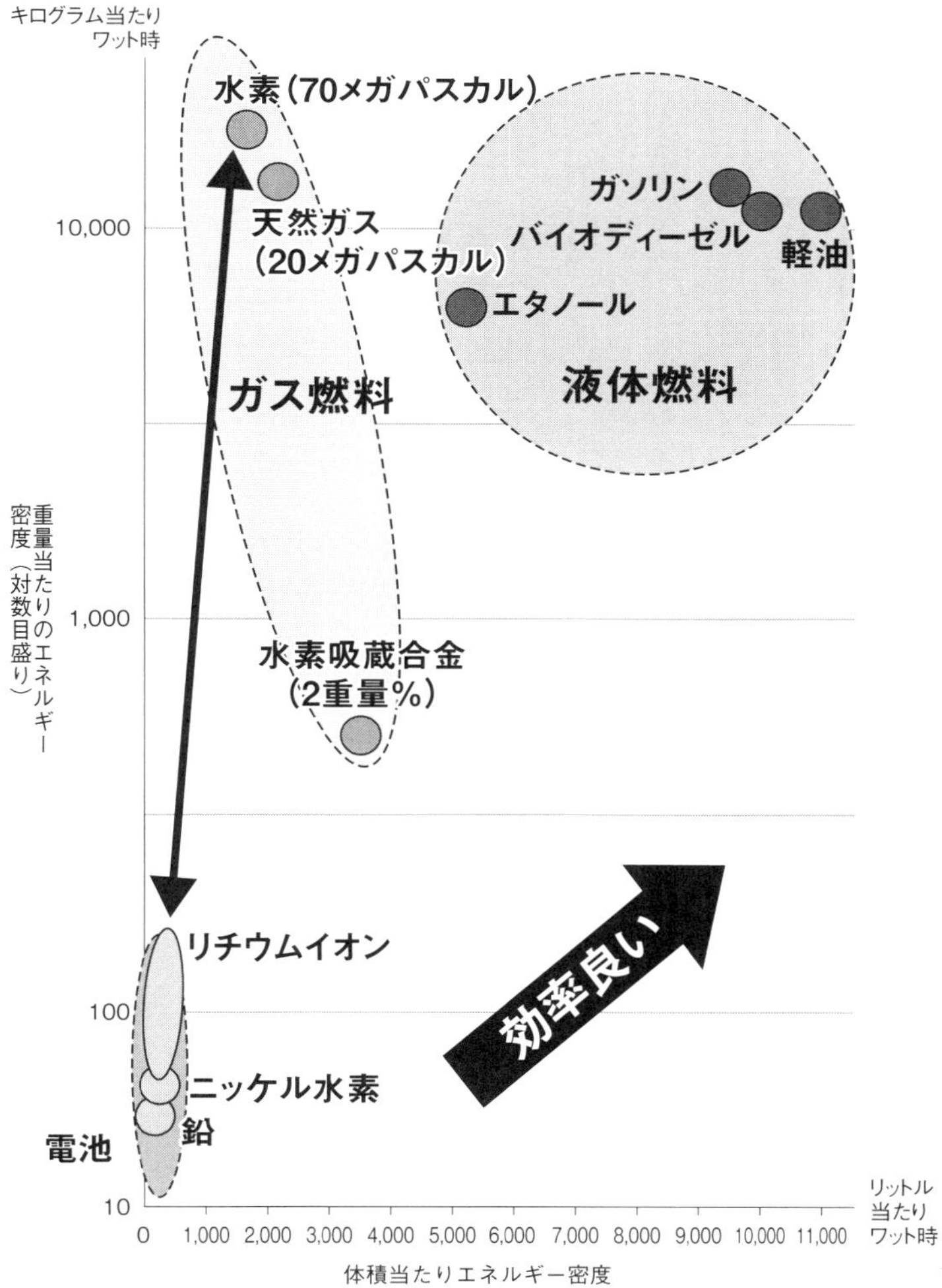

出所：東風吹葉、同年7月17日のX（旧Twitter）より引用

当たり100～240ワット時、体積ではリットル当たり250～670ワット時と非常に低水準だ。

対照的なのが右上の円で囲った液体燃料のエネルギー密度だ。重量ではキロ当たり1万ワット時近辺に集中し、体積ではリットル当たり6000～1万1000ワット時に分散している。液体燃料の中でもっとも広範に使用されているガソリンを例にとると、重量ではキロ当たり1万ワット時強、体積ではリットル当たり9600ワット時前後といったところになる。

これをリチウム電池の上限と比べても重量で約42倍、体積で約14倍のエネルギー密度となる。リチウム電池の上限ではなく中間点を取ったら、重量では約59倍、体積では21倍と、さらに差が広がる。

いずれにせよ重量ベースのエネルギー密度は、とうていほかの分野の技術革新によって克服できる程度の差ではない。

そして重量ベースのエネルギー密度が小さいほど、車体を動かすのに使うエネルギーを蓄えるために必要な電池の重さが増加してしまう。

つまりキャパシティを拡大するほど、そのキャパシティを発揮するために必要な電池は重くなる。こうして拡大したキャパシティの大部分、極端な場合には増加したキャパシティ以上のエネルギーが、自重の増加によって食われてしまうことになる。

これが乗用車のＥＶ化は基本的に無理筋だし、大型トラックやバスなどのＥＶ化に至っては、まったく**商業化の展望がない**ことの最大の理由なのだ。

そしてトヨタがこうしたグラフを一般公開していることからも、同社がいかに基礎研究を重視して中長期戦略を立てているかがわかる。

世界中の自動車メーカーの大半が時流に乗ってＥＶ化に突っ走ったために、今後５～10年で自動車メーカーの勢力地図には大きな変動が起きるだろう。その中で、トヨタが勝ち組になっていることと、米中独の自動車メーカーの大半が消え去っていることは確実だと思う。

第4章

アメリカ金融市場は勝者総取りならぬ詐欺師総取りの世界

時価総額集中バブルが象徴するアメリカ国民全体の他者依存度の高さ

マグニフィセント7の収益の中身がいかに怪しげなものか、いろいろ検討してきた。この章では、なぜこんなにうさん臭い企業群に人気が集中するのか、その病理を探ってみようと思う。

現在、米株市場がバブルのまっただ中にあることは、どなたも否定なさらないだろう。

ただ、今度のバブルの特徴は、時価総額がもともと大きかったか、急拡大している以外にはほとんど共通点のない銘柄が混じっていることもあって「○○バブル」とか「△△バブル」とか、簡単明瞭なラベルを貼り付けるのがとてもむずかしいバブルになっている気がする。

そのせいか、ちまたでも「中央銀行バブル」とか「量的緩和バブル」とか「第2次ハイテクバブル」とか「なんでもかんでもバブル」とか「マグニフィセント7バブル」とか議論百出で、なかなか統一見解のようなものが出てこない。

私は、このバブルは**時価総額集中バブル**と呼ぶべきだと考えている。

その理由はほんとうに良いパフォーマンスをしているのは米株の中でもほんの一握り、銘柄数で言えば7～10銘柄ぐらい。その他の銘柄は業績も平凡で、株価の動きもインフレ率よりはややいいかなという程度の退屈な範囲にとどまる。ようするにトップ集団とその他大勢との時

S&P500より上昇率が高いS&P500採用銘柄数比率
1973年12月31日～2024年6月28日

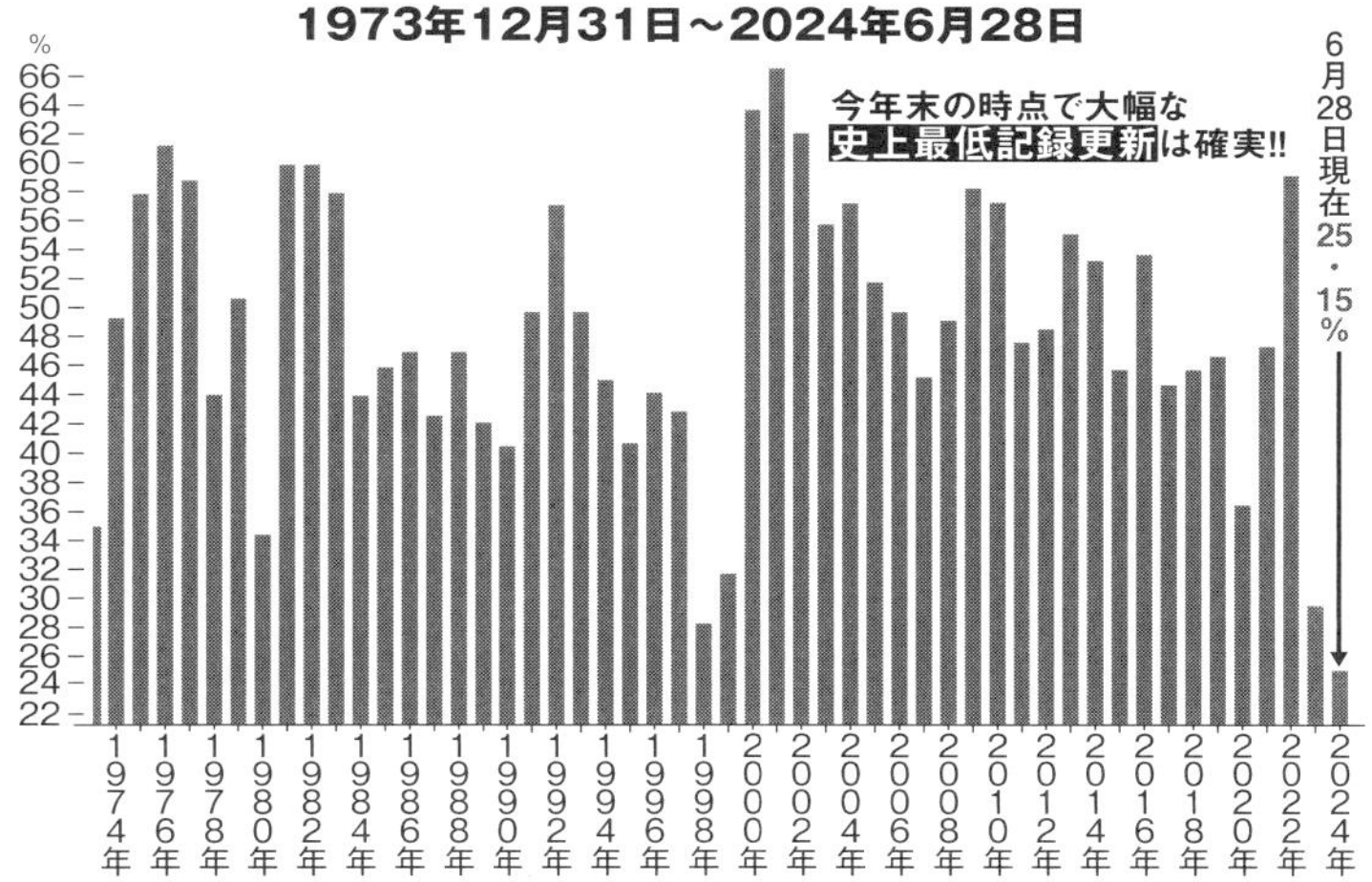

注：2024年を除き各年末の実績。
原資料：S&Pダウジョーンズ指数社データからネッド・デイヴィスリサーチ©が作成
出所：Barchart、2024年7月3日のX（旧Twitter）より引用

価総額格差がどんどん開いていることだ。

まず上のグラフをご覧いただきたい。

「勝ち馬に乗れ」「寄らば大樹の陰」「長いものには巻かれろ」といった「みんなが寄ってたかって買っている株を自分も買えば、安全で有利な投資になる」と思っている。

かつてアメリカ国民が持っていたと言われる他人のやらないことをやる開拓者の精神は、一体どこに消えてしまったのだろうか。

この**他力本願丸出しの心情**が背景となって、時価総額で加重平均してあるS&P500株価指数は順調に伸びつづけてきたが、時価総額の大きな銘柄も小さな銘柄も平等に1銘柄として単純平均で出したS&P500株価指数は、はるかに上昇率が低い。

2024年もほぼ半分に達した時点での

比較だが、S&P500に採用された500社、503銘柄のうち、S&P500より良いパフォーマンスをしている企業はわずか25%、125社に過ぎないのだ。

500社で503銘柄となっているのは、アルファベット（グーグル）のように、議決権ありと議決権なしの2種類の株が採用されている企業もあるからだ。

つまり、残る375社は**S&P500より値動きが悪かった**わけだ。バブルでは特定のセクターや「テーマ」に買いが集中することが多いので、バブルの最中にはいつもそうかと思うと、決してそんなことはない。

たとえば、サブプライムローンバブルが膨らみきって崩壊に転じた2007～09年の例で見ると、S&P500より良いパフォーマンスをしている企業の比率は一貫して40～50%台で推移していた。

ハイテク（ドットコム）バブルが膨らみはじめた1998年には、この比率が28%まで下ったが、翌1999年には30%台を回復し、崩壊しはじめた2000～01年には60%台に上がっていた。

今回のバブルの特徴は、本来であれば値動きが鈍重なはずの時価総額の大きな銘柄に買いが集中して、ほんの一握りの大型株以外は蚊帳の外というところにあることだろう。だから私は**「時価総額集中バブル」**と名づけるべきだと思う。

というわけで、ほんとうに良い値動きをしている銘柄群は、125社どころか10社程度に絞りこむことができる。

また今回のバブルでは、ふつうなら価格が安定していて流動性が低い大型株のほうが小型株より流動性が高く、しかも株価上昇時のほうが下落時よりも流動性が高いという特徴がある。

次ページグラフの上段はS&P500株価指数の中の時価総額トップ10社のS&P500全体の時価総額に占めるシェアだが、ついに35%を超えて約37%に達している。

そして下段は日本ではオルカンと呼ばれることが多い世界株ETF（ACWI）の時価総額上位銘柄への時価総額集中度だ。トップ3銘柄が12・68%、トップ5銘柄が16・53%、そしてトップ10銘柄は22・16%と同じように集中している。

値動きの大ざっぱなパターンを見てもご想像いただけるように、S&P500と世界株ETFの中のトップ10銘柄はほとんど同一だ。

ACWIでは時価総額7〜10位あたりに台湾を地盤とする半導体ファウンドリー（設計は他社に任せて製造工程だけを受け持つ半導体メーカー）世界最大手、台湾積体電路製造（TSMC）が入ってくる以外は、ほぼ同一のアメリカ株で固めているからだ。

つまりACWIになると分母の時価総額が約4割大きくなるのでトップ10銘柄の比重が3分の1ほど軽くなるだけで、それ以外まったく変わらない。これほど時価総額集中バブルの中身

時価総額集中バブルの全体像
S&P500トップ10銘柄の比重推移：1960～2024年

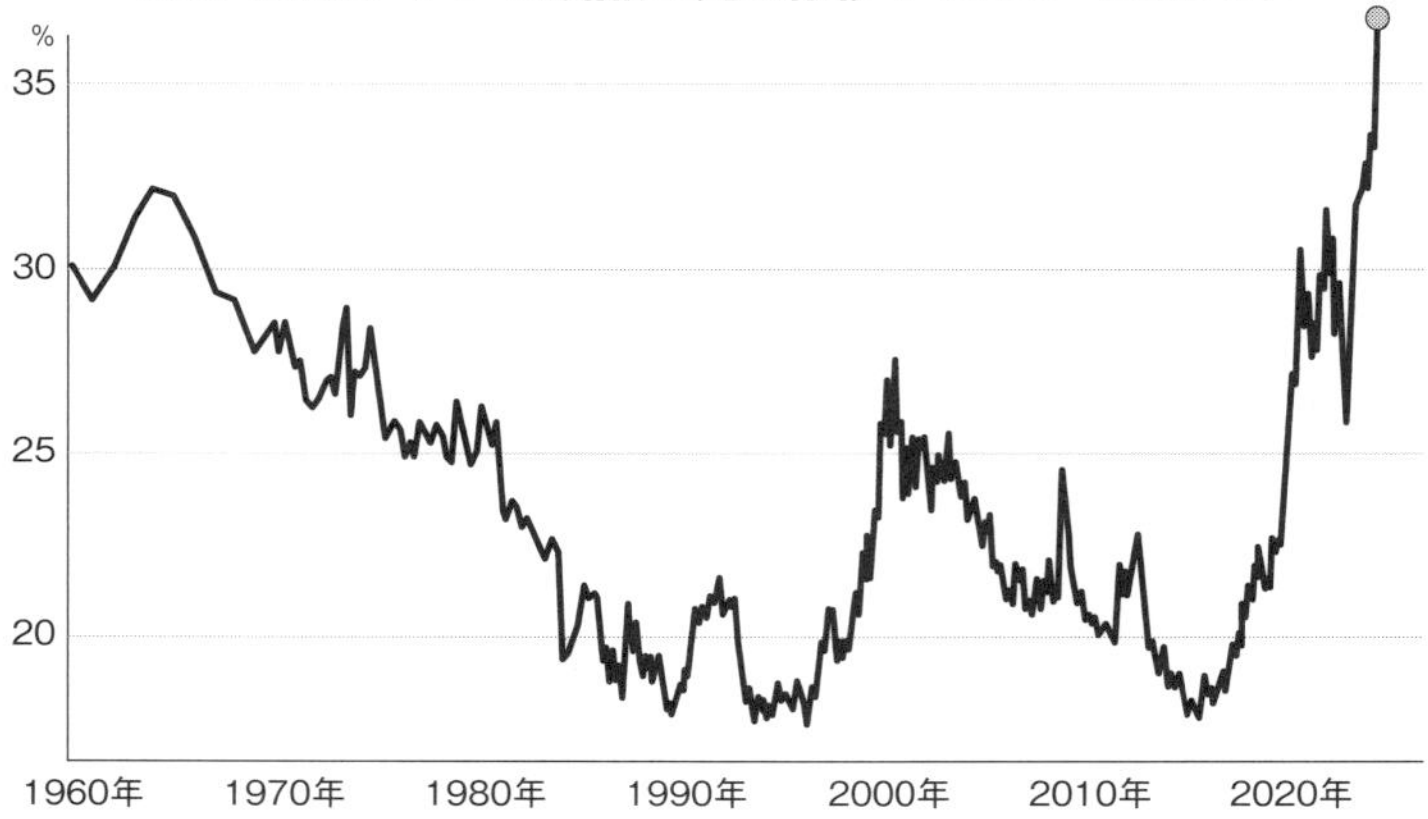

世界株ETF（ACWI）トップ3、5、10銘柄の比重推移
2004～24年

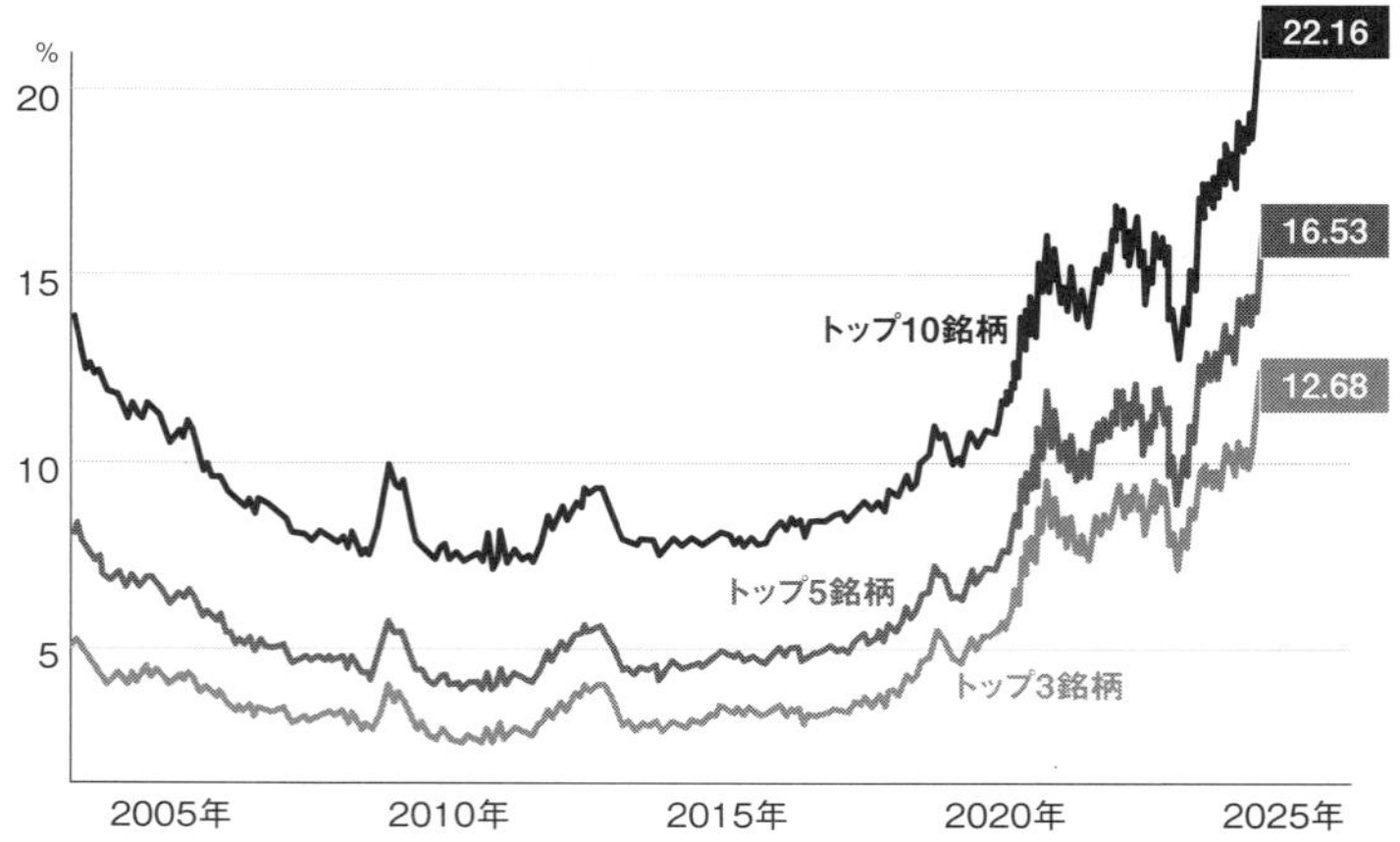

原資料：オーガー・ラボ・インフィニティ
出所：ウェブサイト『The Augur Report』、2024年6月24日のエントリーより引用

は**アメリカ株一色**なのだ。

時価総額集中バブルは「寄らば大樹の陰」バブル

そして冒頭のセクターや「テーマ」はどうでもいいという指摘とは矛盾するようだが、アメリカ株で時価総額トップ3銘柄を超長期で調べてみると、今回のバブルでの時価総額トップ3銘柄の座は2000~02年に崩壊したハイテクバブルの頃よりずっと色濃く「ハイテク銘柄」に独占されていることに気づく。

つまり2013年頃から延々と続いた今回のバブルでは、時価総額の大きな株を買っておけば、上がるときには急速に上がり、下がるときにはそれほど大崩れしないのだ。

意外にもハイテクバブルの頃の時価総額トップ3は、ハイテク業界ではマイクロソフト1社だけが常連で、あとはシスコシステムズがたった一度顔を出しただけだった。

それ以外は昔ながらの通信回線業者AT&T、オイルメジャーのエクソンモービル、そして家電では飯が食えなくなってなんとか消費者金融会社に化けようと画策していたGEといった顔ぶれだった。

こうしてみると、今回のバブルを「第2次ハイテクバブル」と呼んでもよさそうだし、むし

米国時価総額トップ３企業推移：1950〜2023年

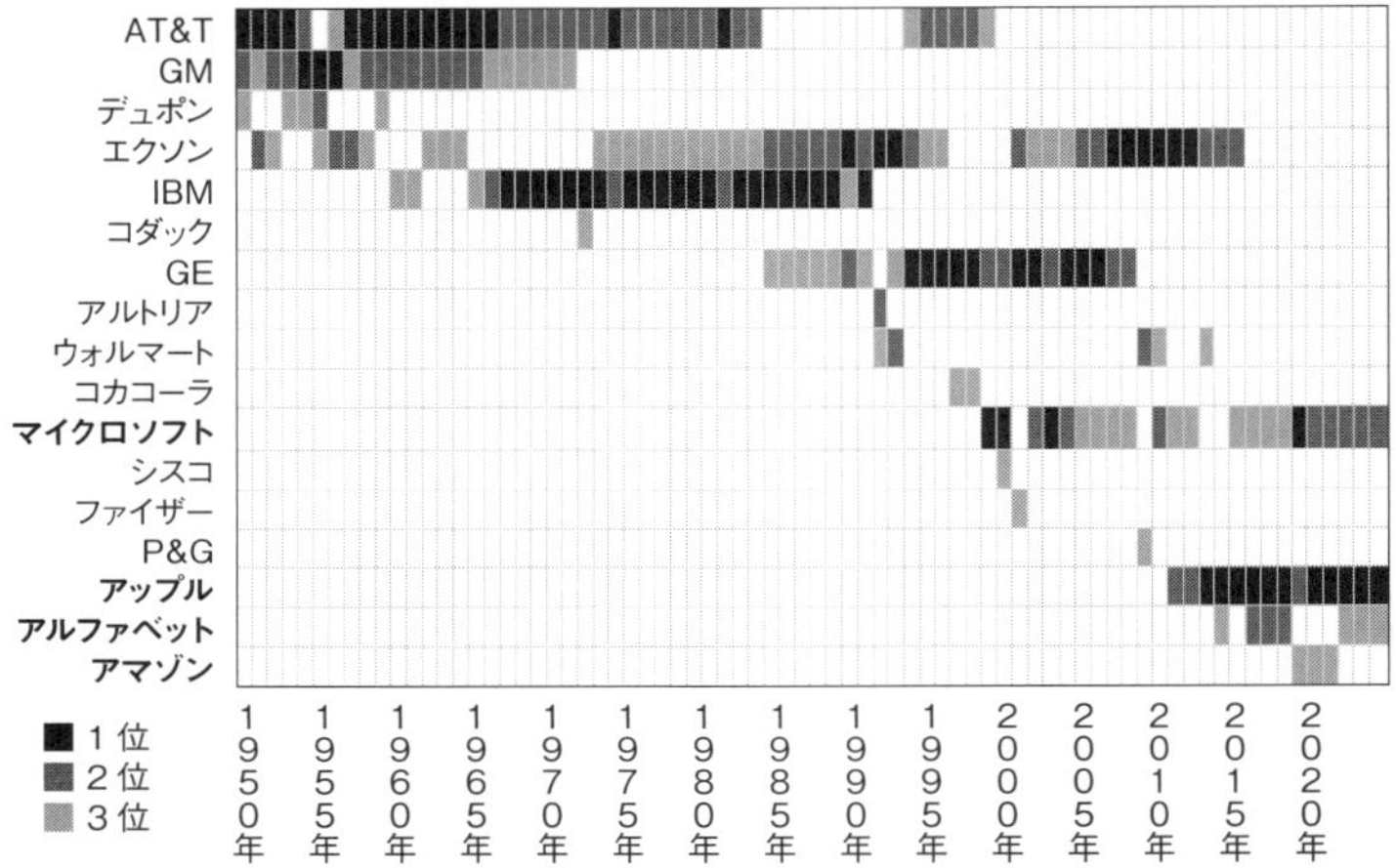

注：太字はマグニフィセント7を構成する銘柄

時価総額トップ３企業
2024年7月27日

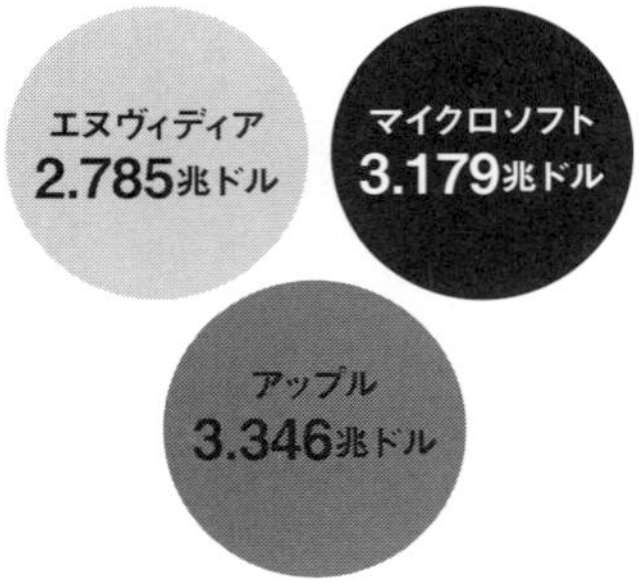

世界時価総額トップ10企業
2024年7月27日

順位	社名	時価総額（兆ドル）
1	アップル	**3.346**
2	マイクロソフト	**3.179**
3	エヌヴィディア	**2.785**
4	アルファベット（グーグル）	**2.093**
5	アマゾン	**1.912**
6	サウジ・アラムコ	**1.800**
7	メタ（フェイスブック）	**1.192**
8	バークシャー・ハサウェイ	**0.946**
9	TSMC	**0.833**
10	テスラ	**0.734**

出所：（上）Eden Capital Advisors@edencap、2024年6月7日、（左下）Markets Today、同年6月20日のX（旧Tweet、時価総額は直近の数値に合わせて修正）、（右下）ウェブサイト『Companies Market Cap』、同年7月27日のエントリーより引用

ろ今度こそ「真正ハイテクバブル」とさえ呼べそうな気がする。だが、私はその見方には賛成できない。

「ハイテクも使っているけれども、時価総額の小さなニッチプレイヤー」であるうちはだれも注目しないけれども、何らかのきっかけでその会社の時価総額が急拡大すると「ハイテク大手」と呼ばれるようになるのが、この時価総額集中バブルの特徴なのだ。

その典型が、2018～20年に時価総額第3位になっていたアマゾンだ。今ではもう押しも押されもしないeコマース（ネット通販）の最大手となっているが、アメリカ・オン・ラインが業界首位だった頃には、書籍中心の地味な中堅業者だった。

もちろんeコマース業者にはカタログをネットに載せておけばいいだけで、消費者に郵送するコストが省けるという利点がある。しかし、さすがにその程度でハイテクとはだれも認めてくれないだろう。世界中どこでも**eコマースは薄利多売の業態**だ。

アマゾンがこだわったのは、自国ばかりでなく世界中のなるべく多くの国々で消費者に届けるまでのラスト1マイルの配送ネットワークの掌握である。そのために単純だが膨大な計算の処理用に大型コンピューターと周辺機器への投資を続けてきた。

そして配送網構築が一段落してからは、遊ばせておくのはもったいないコンピューター機能の賃貸、つまりクラウド事業に進出し、それまで薄利多売で営業利益が出るか出ないかにとどまっていた収益性が画期的に改善した。

こうしてアマゾンは、**ハイテク大手になり上がった**わけだ。

だが競合各社の損益を見ると、どう考えてもクラウド事業が好収益とは思えない。これはラスト1マイルに関する顧客情報を国防総省やＣＩＡにかなり高額で売っているから出ている利益ではないかという点は第２章で指摘させていただいた。

十年一日の如く抱き合わせ販売をしたオフィス用アプリの愚にもつかない微調整で更新料を取っているだけのマイクロソフトや、スマートフォンのカメラを一眼から三眼に変えて以来、新製品はおろか、既存製品でも画期的な新型機種を出したことがないアップルにしても、現状はとうてい「ハイテク」とは呼べないだろう。

だが成熟どころか老衰が進んでいるマイクロソフトやアップルでも、時価総額が巨額にとどまっているうちはハイテク株と呼ばれる。

現在マグニフィセント7と呼ばれている7銘柄のうち、いちばんハイテク銘柄と呼ぶにふさわしいのは、グラフィクス・プロセシング・ユニット（ＧＰＵ）の設計と高機能ＧＰＵを中心とするタスク処理インフラを構築しているエヌヴィディアだろう。

だが皮肉なもので同社がいちばん濃厚な架空取引疑惑の渦中にあることは、第２章で詳しく説明しておいた。

株価が上がるほど買い推奨が増えるエヌヴィディア*の
アナリスト評価：2005〜24年

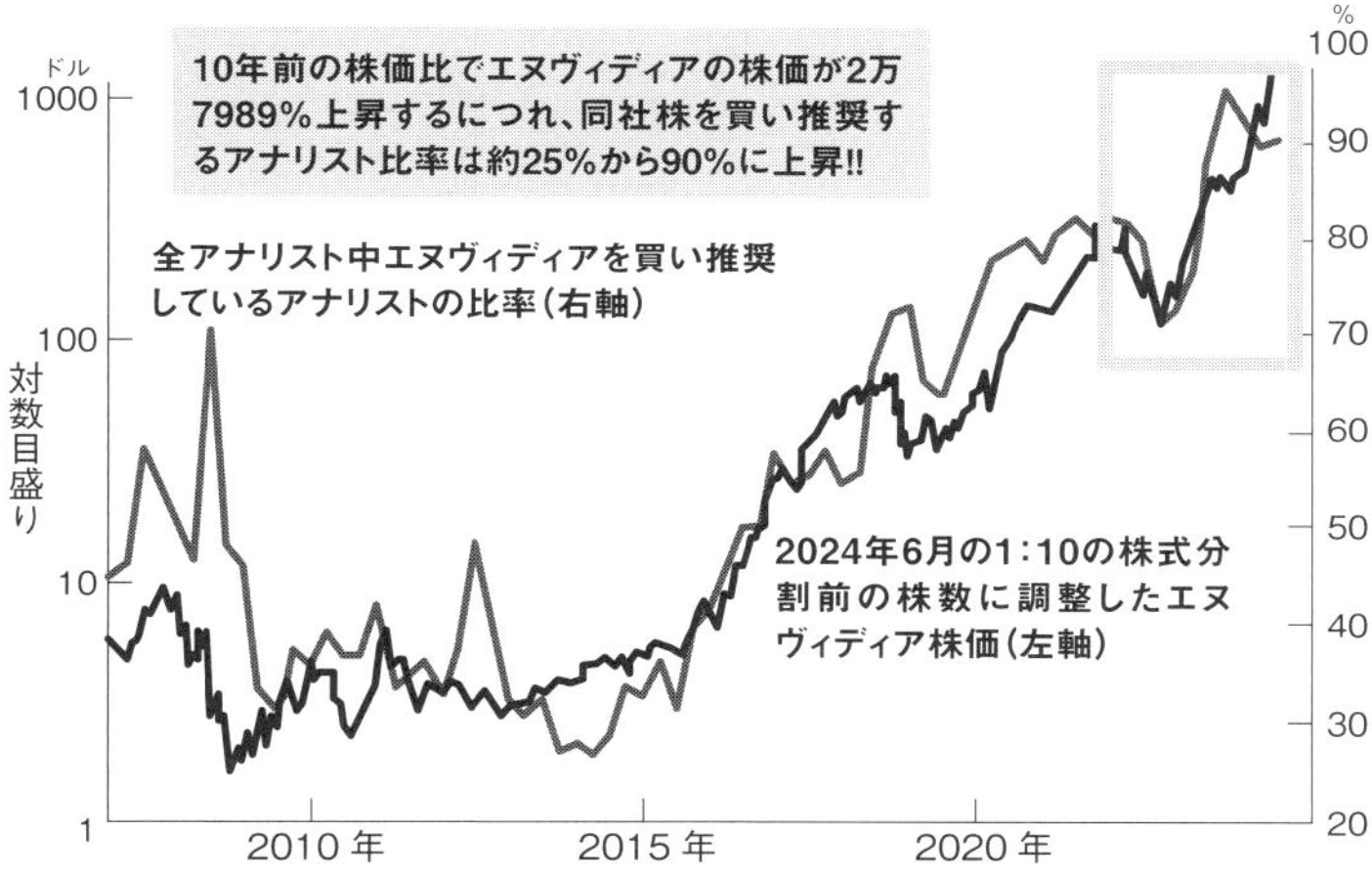

*）1:10の株式分割以前の株数に調整した株価
原資料：ブルームバーグ・ファイナンスのデータからアルパイン・マクロ社©が作成
出所：The Kobeisshi Letter、2024年6月25日のX（旧Twitter）より引用

そして同社もまた、上のグラフでおわかりのように小さなニッチプレイヤーにとどまっていた頃はハイテク銘柄ともてはやされることはなく、株価が急騰しはじめたとたんに買い推奨をするアナリストが増えた企業なのだ。

これほど極端に、底値圏にとどまっているうちは見向きもせず、株価が上がりはじめるとその結果を後追いで買い推奨し、下がれば買い推奨を減らす。これだけなら、いったいわざわざアナリストという「知的専門職」を介在させる意味は、どこにあるのかと不思議になってくる。

寄せて、上げて、大きく見せろ

もう30年以上も前の話だが、ワコールの「グッドアップ・ブラ」という商品の「寄せて、上げて」というキャッチコピーが流行語になって物議をかもした。

何かこう、背中のぜい肉まで強引に前に持ってきて胸の谷間を深く見せようとする、かなり煽情的《せんじょう》な宣伝だったというおぼろげな記憶があった。しかし当時の広告写真を見直すと、現代の感覚ではむしろ清楚《せいそ》にさえ見える下着の広告としては上品なものだった。

現在アメリカで進行中の時価総額集中バブルは、右側の板チョコの厚みを減らして表面積を増やすことで大きくしたように見せる**「大きいことはいいことだ」**路線に似ている気がする。こちらはもう約半世紀前のキャッチコピーなので、覚えていらっしゃる方も少ないだろうが。

どこが似ているかというと、実体経済は低成長でインフレ率は高止まり、おまけに金利高騰で庶民の利払い負担が急激に重くなっている。それなのに、一握りの時価総額の大きな銘柄に買いを集中させることで景気が良くなっているように見せかける手口だ。

森永エールチョコレートが発売されたのも、順風満帆の高度経済成長を続けてきた日本が、第1次オイルショック（1971年）や、米ドルの金兌換《だかん》停止（1973年）や、米中国交回復

「寄せて、上げて」大きく見せる
でも、中身は……？

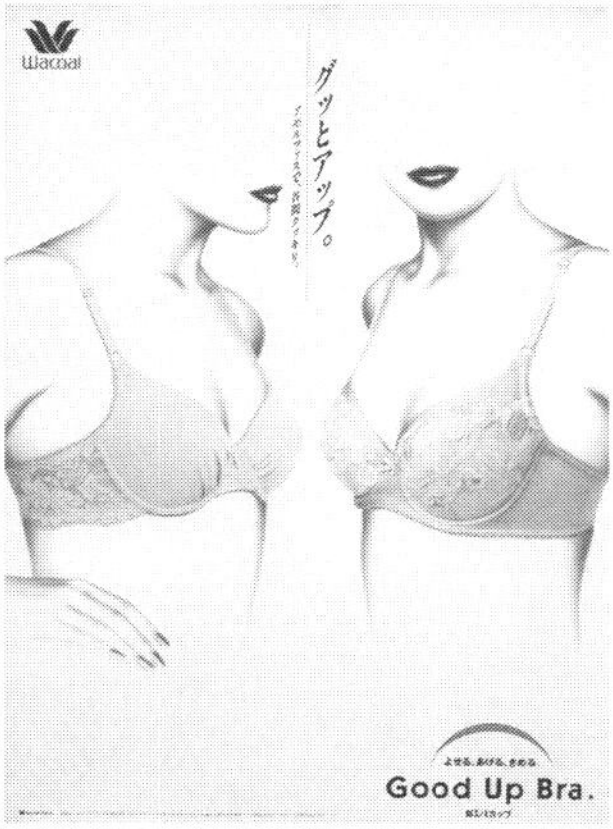

1992年

1978年

出所：（左）ウェブサイト『Precious.jp』、2020年5月19日のエントリー、（右）大原将太、2017年8月15日のX（旧Twitter）より引用

（1978年）に振り回されて、戦後初めての難局に直面していた頃だった。

時価総額集中はベストでもゼロサムゲーム。時価総額の大きな銘柄が資金を大量に吸収してしまうことで中小零細企業の資金繰りがますます苦しくなったら、マイナスサムゲームだ。

そして実際にそうなりつつあることが、さまざまな経済指標に表れている。次ページの2段組グラフをご覧いただきたい。

上段は、アメリカを中心に1970年代後半以降の主要なバブルが継起したあとをふり返るグラフだ。

このグラフでは2013年に始まって2015年にピークを打ったバイオテックバブルと、その後の何層にも重複したバブル

1970年代以降の資産バブルの歴史：1977～2024年

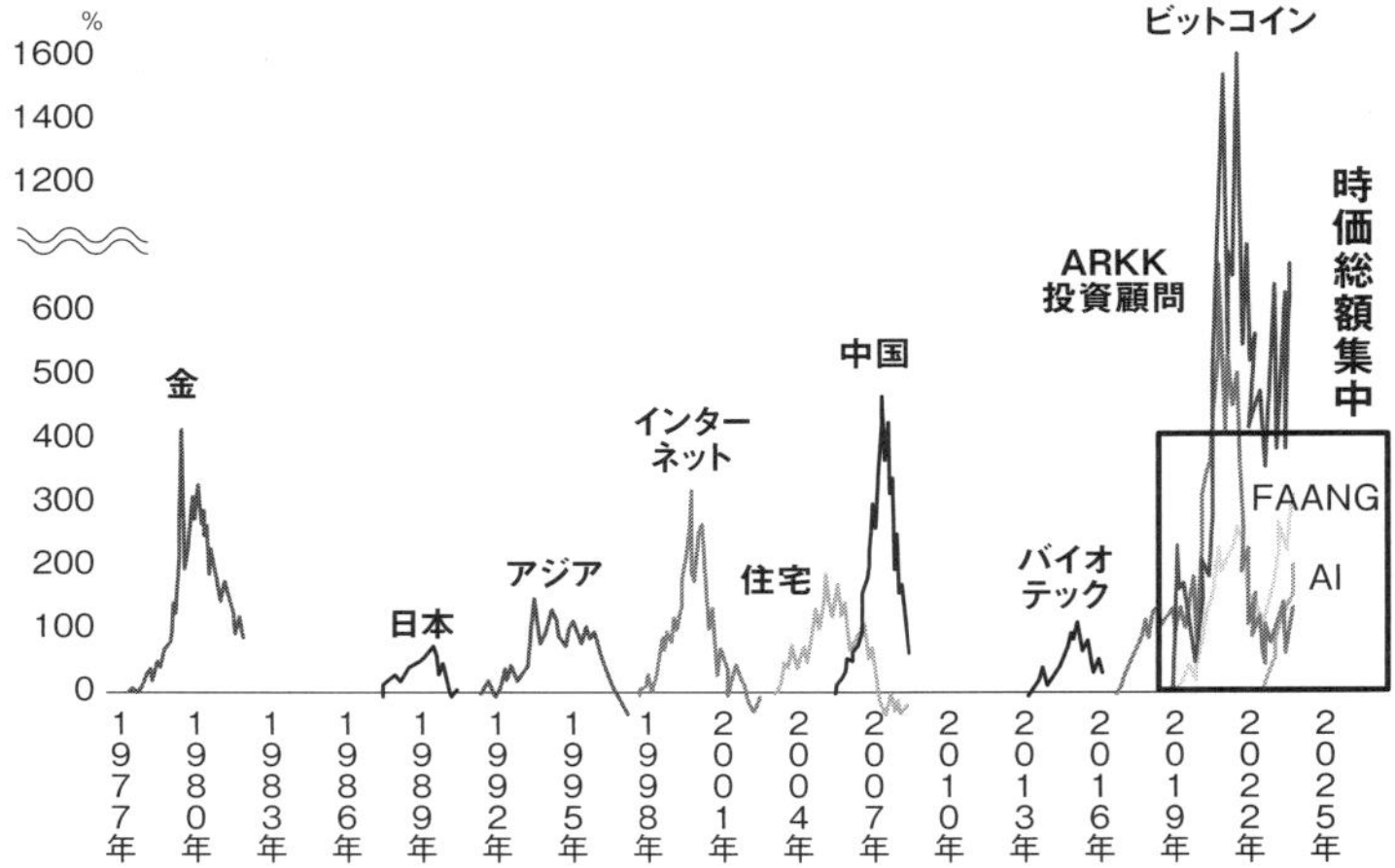

シラーPER史上2番目の高水準：1901～2024年

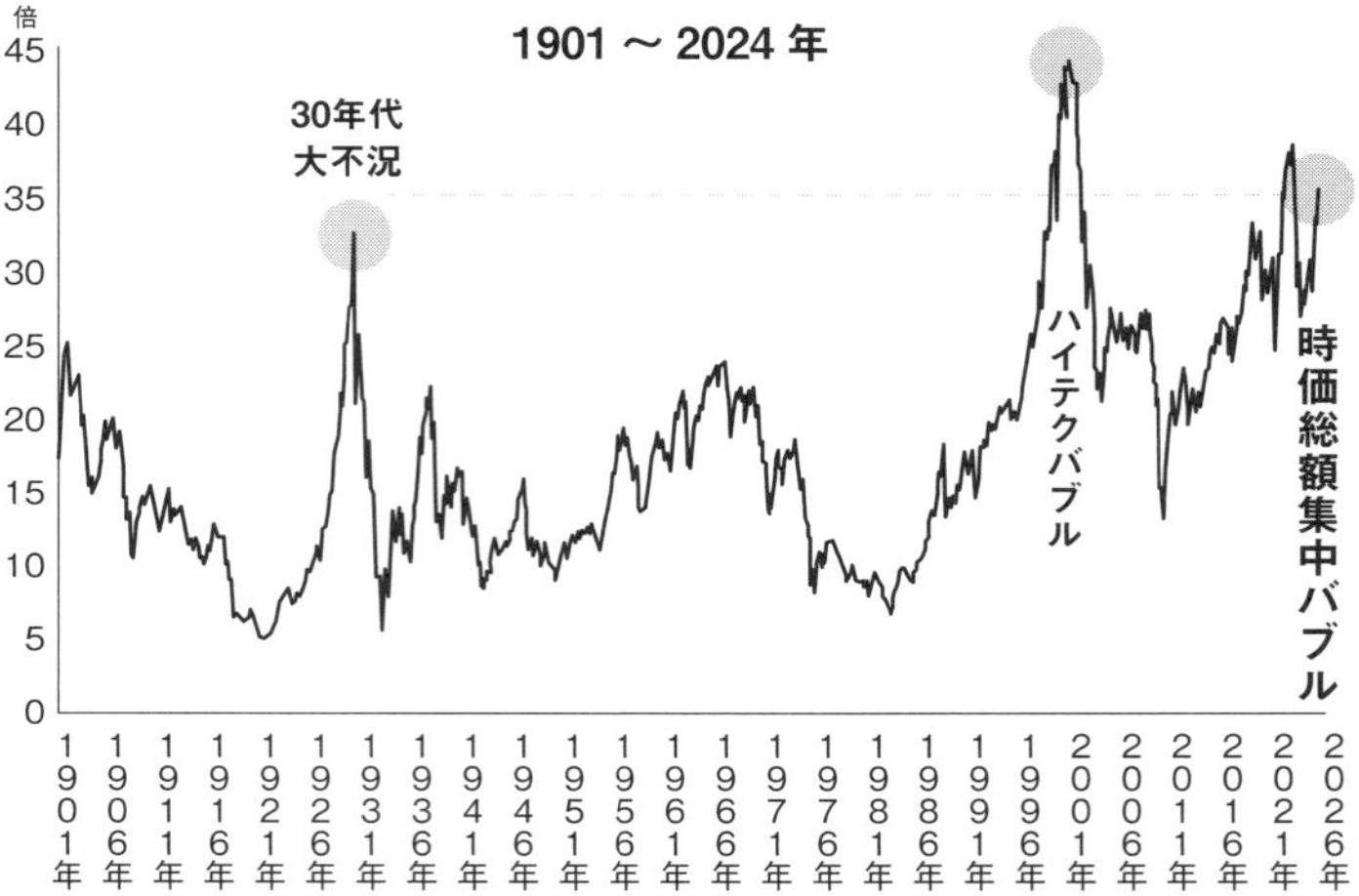

原資料：ブルームバーグのデータをバンク・オブ・アメリカ　グローバル投資戦略が作図、シラーデータ
出所：（上）The Kobeissi Letter、2024年7月23日、（下）Game of Trades、同年7月26日のXより引用

群とは切り離した描き方になっている。ただし実際には２０１６〜17年に主要な株価指数が大きな押し目をつくった形跡はない。

その時々で勝馬を乗り換え、乗り換えして２０１３年以来延々と続いているのが今回の時価総額集中バブルなのだ。

下段は20世紀最初の年から現在に至るシラーＰＥＲ（株価収益率）のグラフだ。シラーＰＥＲとは直近10年間の平均１株当たり純利益をインフレ率で実質化した指標で、名目ベースで水膨れした利益額で測るよりきびしい（高い）ＰＥＲになる。

このグラフでは、現在のＰＥＲは１９３０年代初頭の大不況であまりにも利益が激減したために上がったときより高く、ハイテクバブルピーク期以外では**もっとも割高な株式市場**になっていることがわかる。

一方、次ページ上段のグラフで重要なポイントは３つある。

ひとつ目は、１ドルの政府債務増加でＧＤＰが１ドル増える（つまり元本は回収できるけれども金利は賄えない）状態だった１９９０年代初めから急速に政府債務の生産性が向上して、ハイテクバブルのピークだった２０００年には４ドルに上がっていたことだ。

おそらく２０００〜02年に崩壊したハイテクバブルは、アメリカ経済にとって株価が急騰する根拠のあった（つまり実質的な豊かさの増加を伴った）**最後のバブル**だったのだろう。

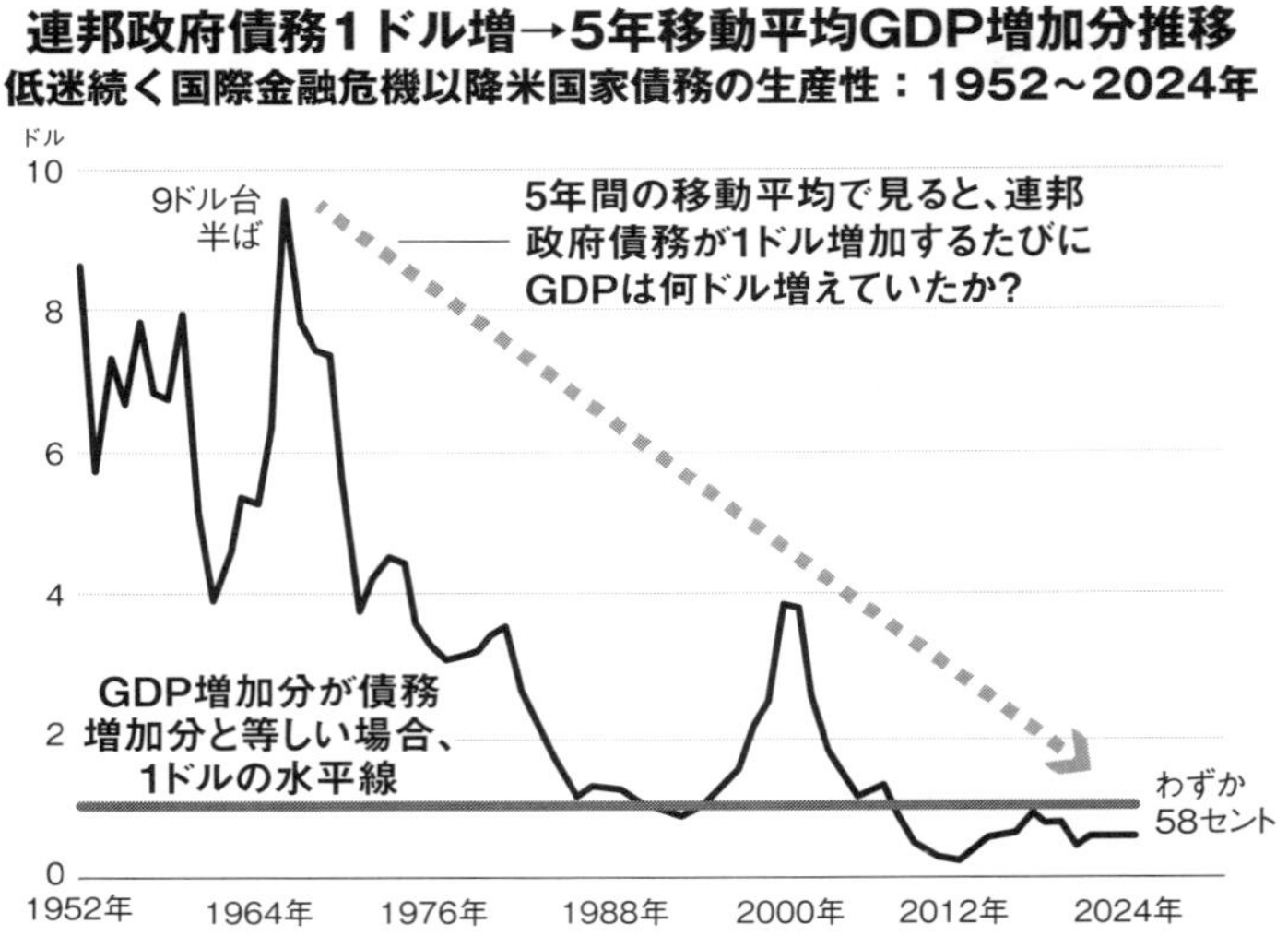

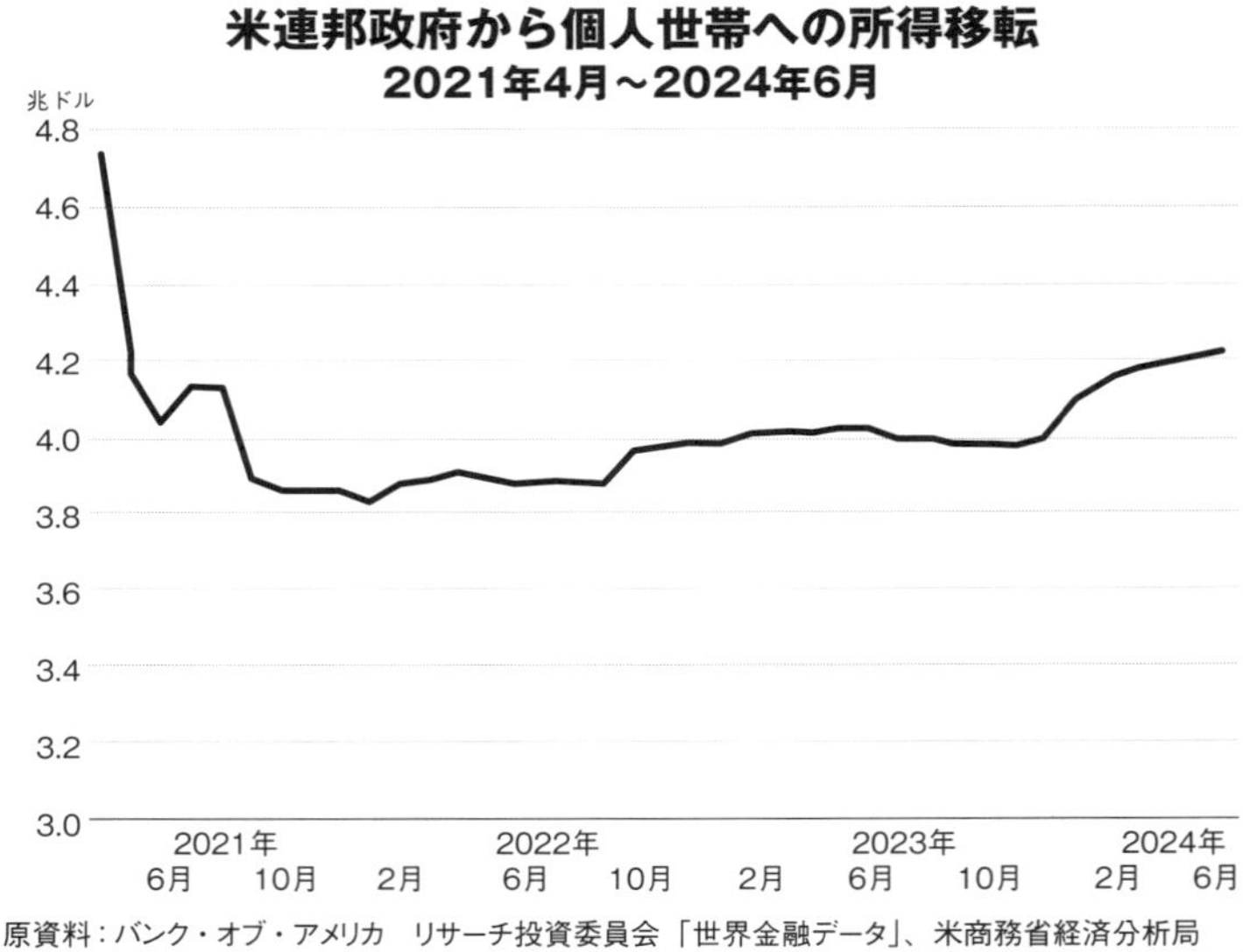

原資料：バンク・オブ・アメリカ　リサーチ投資委員会「世界金融データ」、米商務省経済分析局
出所：（上）The Kobeissi Letter、2024年7月16日、（下）E. J. Antoni, Ph.D.、同年7月26日のX（旧Twitter）より引用

たしかにインターネットと、インターネット機能をさまざまな生活の場面で駆使できるスマートフォンの普及は、かなり実質的な豊かさを増やした実感がある。

それに比べて、ＧＰＵや生成ＡＩがどんな貢献をしてくれるかというと、今のところムダに膨大な電力を食うことが立証されている以外には、**あまり確信の持てるデータがない**。

ふたつ目は、２０１２年に１ドルの債務増加で約20セントしかＧＤＰが増えない。つまり元本たった２割程度しか回収できない状態が始まり、この頃資本家が自分たちの取り分を守るために勤労者の取り分を極限まで圧縮したのが、時価総額バブルが始まるきっかけとなったことだ。

三つ目は、２０１７年からのトランプ政権下でやや持ち直した政府債務の生産性が、２０２１年のバイデン政権下では60セント未満に定着してしまったことだ。

トランプ政権はもともとヨーロッパ諸国での緑の革命派やグローバリストたちの気候変動危機説に懐疑的で「再生可能」エネルギーや自動車のＥＶ化にも冷淡だった。

このスタンスが**「政府債務を死にガネとする」**ようなプロジェクトに使うことを防いできたと言えるだろう。

だがバイデン政権下では「再生可能」エネルギーや自動車ＥＶ化に巨額の補助金を出した。回収に何年もかかるどころか、まったく回収の見込みのない分野への投下で消えてしまった補助金・助成金が非常に多くなっていたはずだ。

184ページ下段は2021年以降の連邦政府による社会保障支出を描いているが、2020年コロナ騒動での激増からかなり下がったあと、あまり大きく変動していない。労働力参加率の減少は、よく言われるように社会保障費を潤沢にふるまったからではない。政府補助金によって推進するプロジェクトではあまりにも費用効率も悪く、したがって労賃も低い仕事が増えたために**労働力参加率が下がりつづけた**可能性が高いことがわかる。

米株市場を支配する極端な大型株志向は、一朝一夕に形成されたわけではない。次ページのグラフでおわかりのように1946年の「ロビイング規制法」という名の贈収賄奨励法が制定されて以来、有力産業の大手企業が自分たちにとって有利な法律や規制、そして政策を政治家たちに指図してつくらせることができるようになってから延々と強まってきた傾向なのだ。

しかもアメリカではCEO以下重役陣の年俸も勤労所得になっていて、もともと高かったものがますます高くなっている。このため平均的勤労者の取り分は、1970年に2番天井となった51・6%から2022年の43・1%までの8・5パーセンテージポイントよりずっと大きく下がっているだろう。

さらに注目していただきたいのが、勤労者の取り分が42・0%で大底を打った2013年、

GDP中の賃金給与等勤労報酬の比率推移
資本による勤労報酬の収奪額、累計50兆ドル：1948～2022年

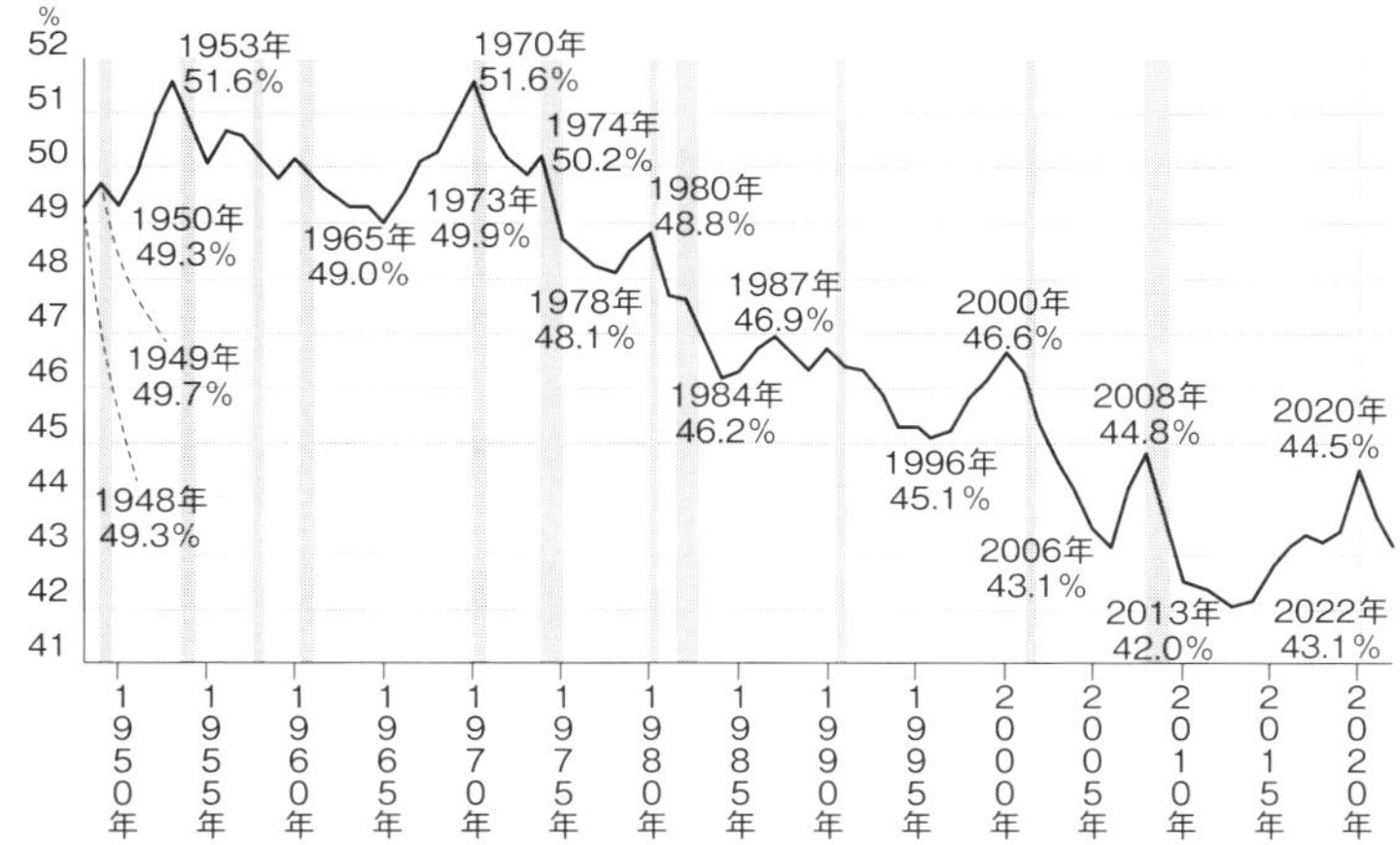

原資料：米連邦政府商務省国勢調査局のデータをセントルイス連邦準備銀行調査部が作図
出所：セントルイス連邦準備銀行調査部サイト『FRED』、2024年7月25日のエントリーより引用

つまりほとんど永続的とも言える時価総額集中バブルが始まった年だったことだ。

もうこれ以上勤労者の取り分を減らすことはできないと見た大手企業経営者たちが、これからは勤労者ではなく上場・未上場を問わず**中小零細企業から大手企業へと所得移転をする手段**としてかなり計画的に起こしたのが、時価総額集中バブルなのではないだろうか。

なお、この勤労者のＧＤＰシェア下落については、勤労者が失業しても次の仕事を求めず、労働力市場から撤退して生活保護などに頼るようになったから労働力参加率が下がったのであって自業自得だという説もあり、次ページのグラフはその論拠となっている。

ご覧のとおり、連邦政府債務の対ＧＤＰ比率が上がるにつれて、労働力参加率（グラフ

米国連邦政府債務と労働力参加率には強い逆相関あり
1999～2024年

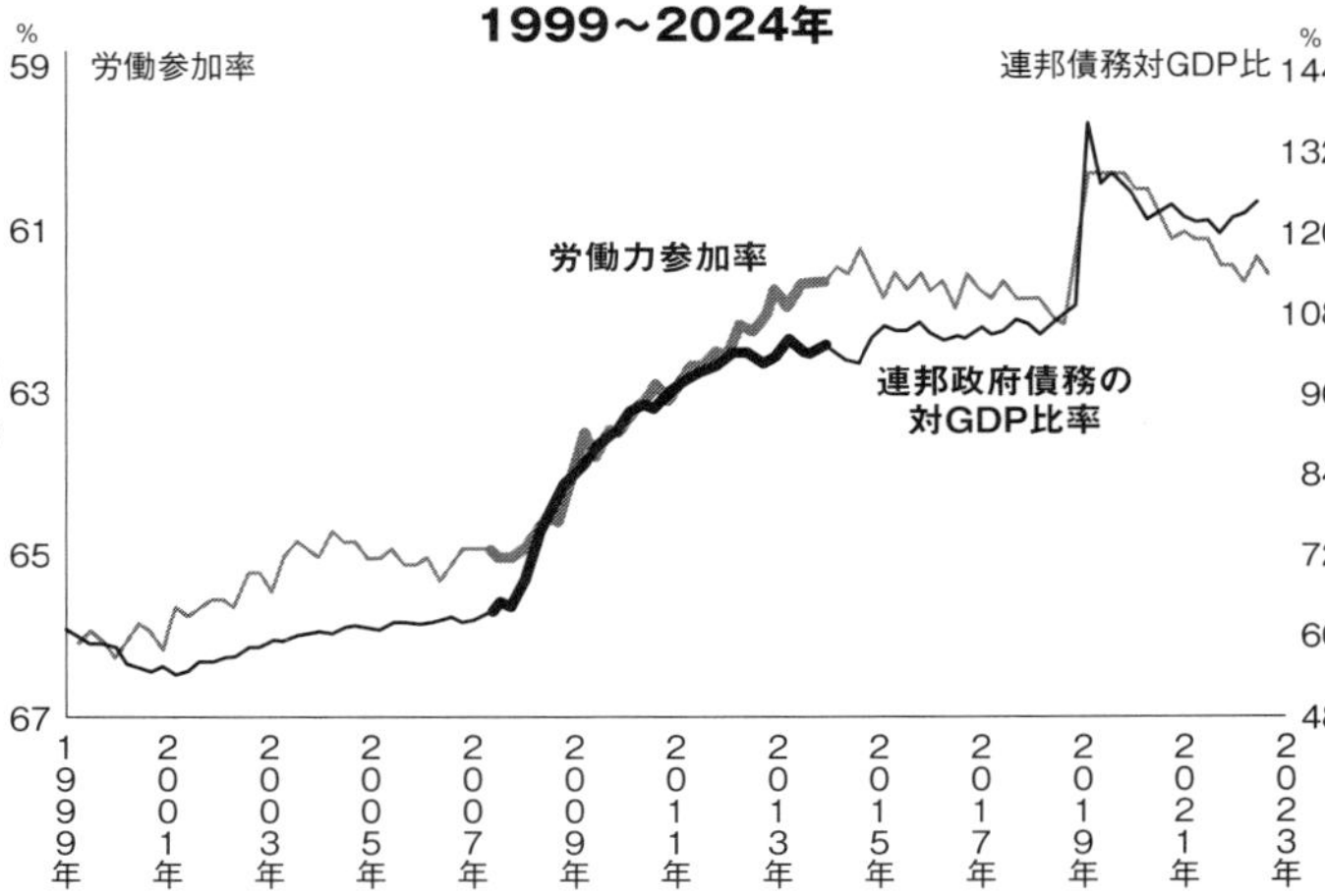

原資料：米連邦政府労働省労働統計局、行政管理予算局、セントルイス連邦準備銀行、全米経済研究所のデータをゲーム・オブ・トレーズが作図
出所：Game of Trades、2024年7月10日のエントリーより引用

では逆目盛りで上に行くほど低くなる）は下がっている。つまり、働かずに政府の借金に頼って生きていく人が増えたことが悪いというわけだ。

私もそういう一面があることは認める。だが、それだけだろうか。政府の借金は社会保障費だけのために増やしているわけではない。さまざまな事業への補助金などにも使っている。

その政府債務の生産性がこのところ急激に落ちていることは、184ページの2段組グラフでご紹介しておいた。労働力から離脱した人たちが全員生活保護を受けるようになった程度のことでは絶対に起きるはずがない急落ぶりだ。

株式市場の他者依存の裏に日常での他者不信

１９４６年に贈収賄奨励法が制定されてから、Ｓ＆Ｐ５００株価指数の収益率は年代を追うにつれて上昇していった。

具体的には、１８７４年から贈収賄奨励法が制定された１９４６年までの73年間では、年間収益率の最多頻度帯（モード）はマイナス10％から０％で、18年がこの範囲に集中していた。

贈収賄奨励法制定の翌年、１９４７年から１９８５年までの39年間では、最多頻度帯が一挙にプラス10～20％に上がっていた。この範囲に11％が集中していた。

さらに１９８６年から２０２３年までの38年間では、プラス10～20％とプラス20～30％がともに９年で同率の最多頻度帯となっていた。38年のうちの18年、47％でＳ＆Ｐ５００の投資収益は20％±10％という高水準を達成していたわけだ。

つまり１９８０年代半ば以降は、Ｓ＆Ｐ５００が年率20％前後の上昇になるのは当たり前という**ウソのようにおいしい話が現実**となっていた。実質ＧＤＰ成長率のほうは１９５０～70年代よりはるかに低かったにもかかわらず、そうなっていたのだ。

各業界を代表する大企業を集めたＳ＆Ｐ５００株価指数が、こうして毎年のように高い投資

ラッセル2000成長株指数採用銘柄の28%は赤字
2024年2月29日現在の最新数値

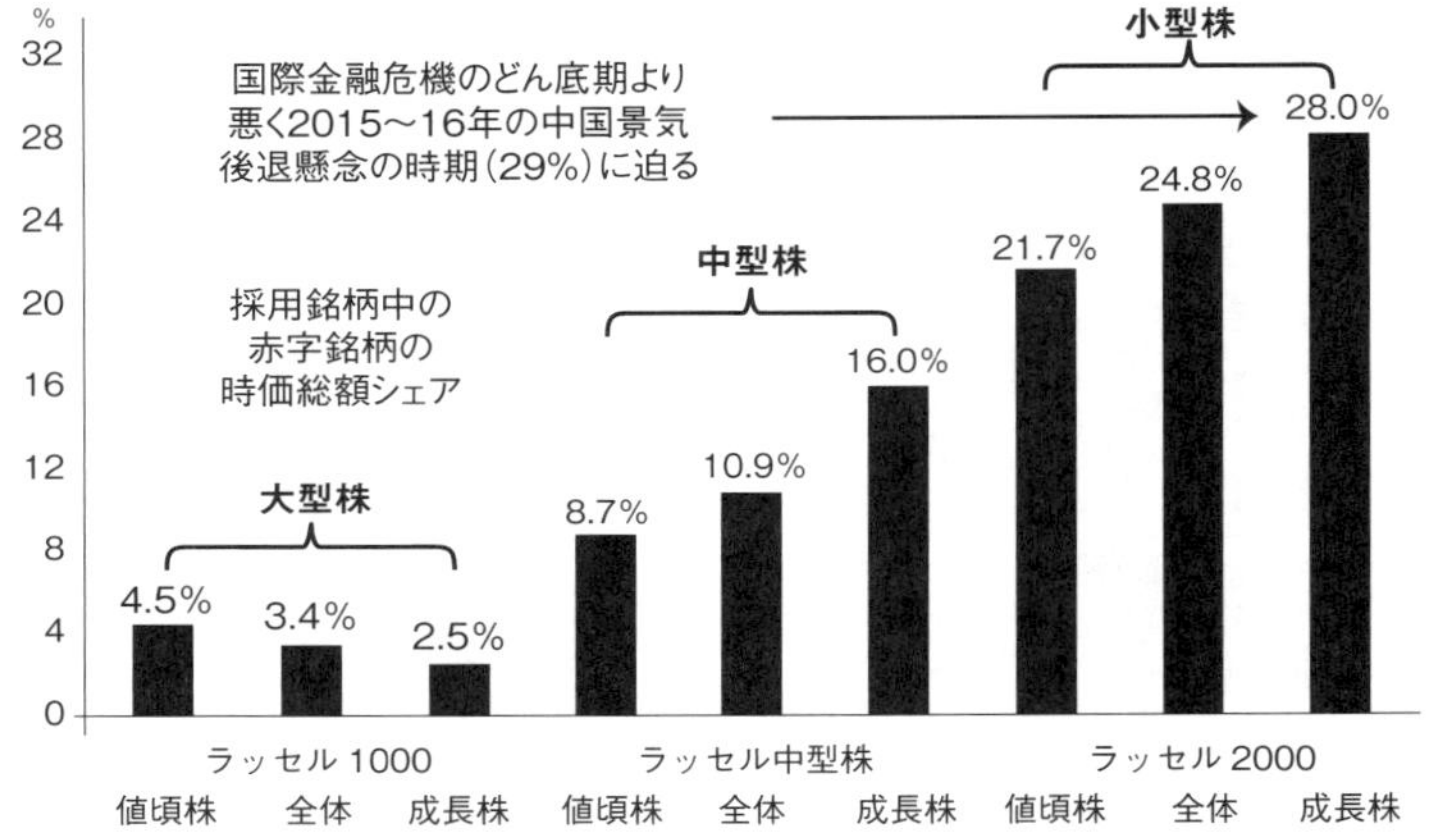

原資料：ウィズダムツリーPATHソフトウェア
出所：Jeff Weniger、2024年3月26日のエントリーより引用

効率を示す一方で、ラッセル２０００小型株指数の組み入れ銘柄は**3年以上にわたって赤字続きという銘柄の比率が異常に増加**している。

上場を果たした企業同士でも強く豊かな企業はますます強く豊かになり、弱く貧しい企業は底辺をさまよいつづけるという貧富の格差が拡大している。上のグラフが示すとおりラッセル２０００小型株指数で３年以上にわたって赤字続きという銘柄の比率28％は、史上最高水準に近い数字だ。

こうした世相を反映して、株式市場ではとにかく多数派の意見を尊重して大型株に群がるアメリカ国民のあいだで、人間同士での他人への信頼はどん底状態になっている。

「基本的に他人は信用できる」と考える人の

比率が、大都市圏を擁する州ばかりでなく、純朴な人が多いと言われる農村地帯の中に中小都市が散在しているような州でも激減しているのだ。

１９７２～２０２２年の半世紀で見ると、１９７２年にはアメリカ国民の46・２％が「基本的に他人は信用できる」と回答していた。ところが、２０２２年には「他人は信用できる」と答える人がわずか25・３％、４人にひとりに減少していた。

アメリカ株の時価総額は全世界株式市場の約75％

怖いのは、こうして再生可能エネルギー、ＥＶ、生成ＡＩといった明らかに人類全体の経済を豊かにするより貧しくする「新分野」の将来がバラ色だといった虚構で固めたアメリカの株高が、今や全世界の金融業界を牽引していることだ。

日本で新ＮＩＳＡ制度を利用して投資を始めた人たちのあいだで人気があるオルカン、ＭＳＣＩオール・カントリー・ワールド・インデックス（ＡＣＷＩ）に至っては時価総額の約65％をアメリカ株に集中させている。

１９３ページ上段のグラフを見ると、ＡＣＷＩに組み入れられた銘柄の時価総額のうちアメリカ株の比率は、アメリカをのぞく全世界の株式時価総額に対して約３倍になっている。

しかも下段でおわかりいただけるように大型株の多いS&P500株価指数の中でも特に大型の100社を選んだS&P100株価指数の組み入れ銘柄を見ると、PERが50倍超というとんでもなく過大評価された銘柄が26社で、中立の9社、過小評価の11社の合計20社より多くなっているのだ。

全体の80%が過大評価、たった9%が中立、11%が過小評価という分布だ。つまり世界中の金融市場はアメリカの巨大寡占企業が急激に収益を拡大すれば正当化できるけれども、そうでなければ当然、**大暴落間違いなしの崖《がけ》っぷちで踊り狂っている**ことになる。

株価好調の大型株に資金を吸い上げられてしまうため、アメリカの中小型株には赤字経営の企業が多くなっている。とくに心配なのは、190ページのグラフに出ていたように株式市場全体が活気を保つためには非常に重要な小型成長株の28%が赤字経営という事実だ。

株式市場での他者依存と人間同士での他者不信、本音はどちらにあるのだろうか。もちろん他者不信だろう。株式市場でさえ、巨大時価総額銘柄をさらに上げる動きを別にすれば「他人は信用できない」と思いこむのも無理はない事例に満ちている。

米株時価総額のその他全世界株時価総額に対する比率推移
1950～2024年

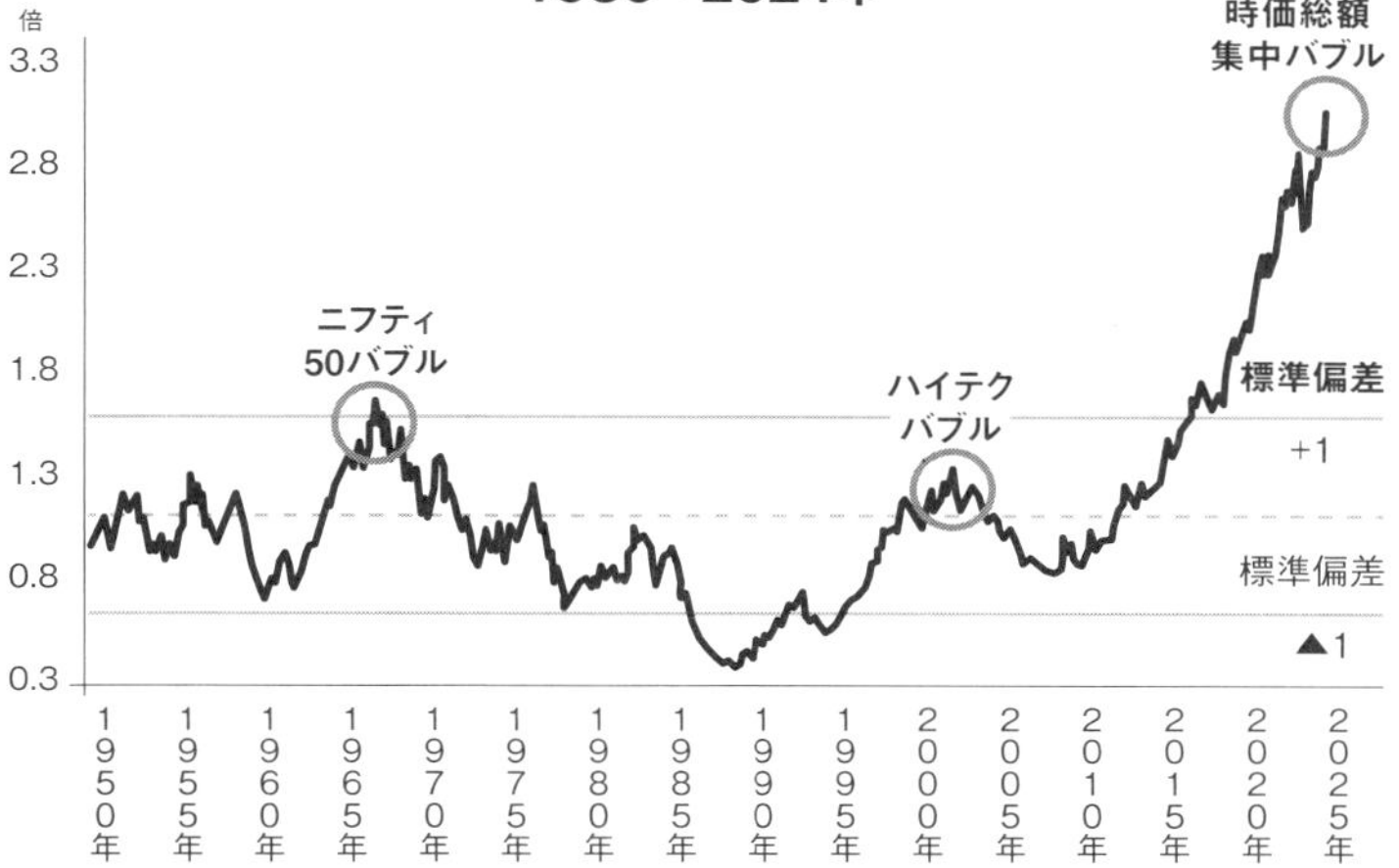

S&P500中時価総額トップ100銘柄のPER分布
2024年7月15日時点で直近の通年実績

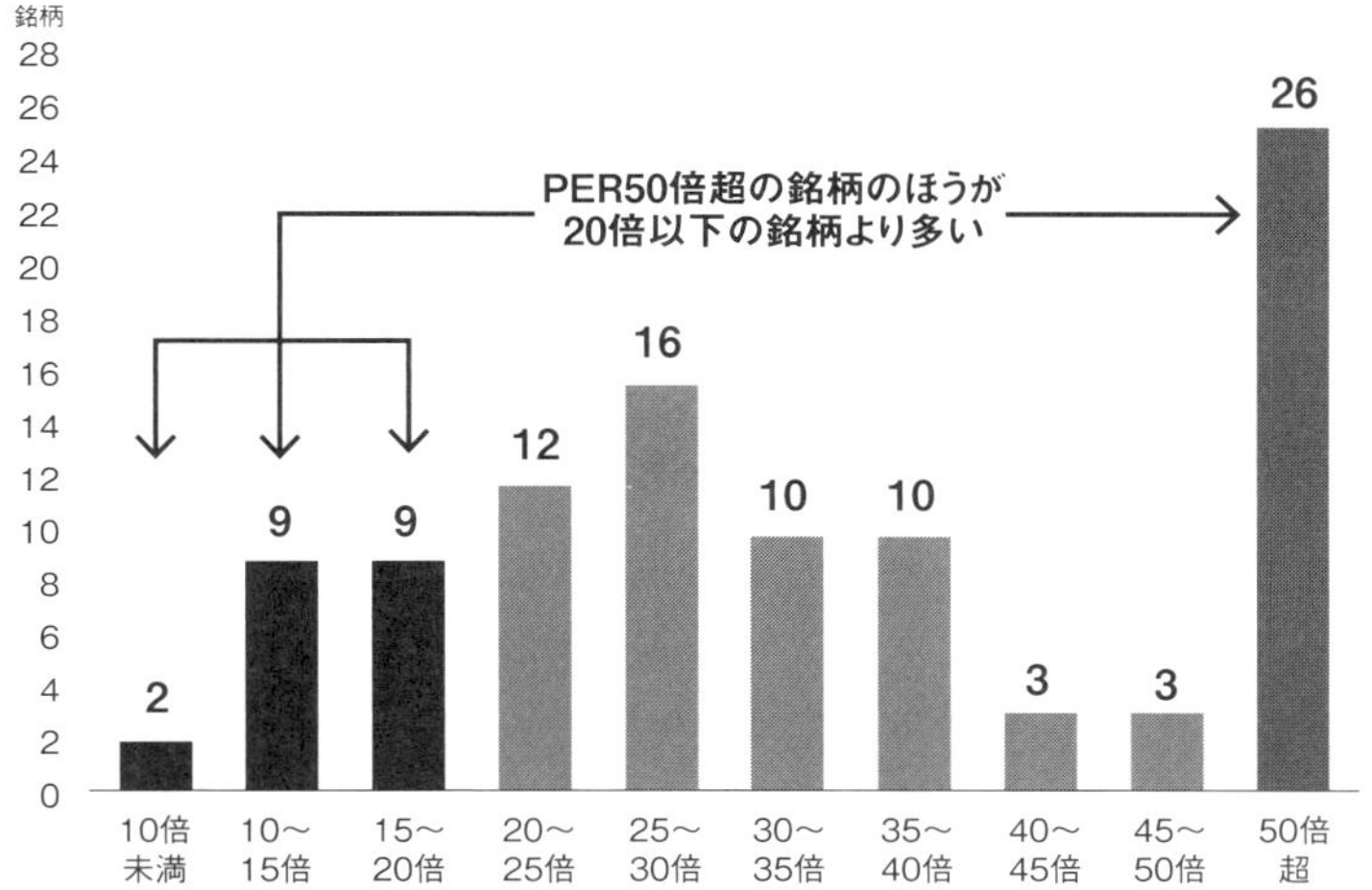

原資料：リフィニティブ
出所：（上）Michael A. Arouet、2024年7月23日、（下）Jeff Weniger、同年7月16日のX（旧Twitter）より引用

ベンチャーキャピタル、未上場株ファンドがカモからカネを巻き上げる

日本では、ベンチャーキャピタルや未上場株ファンドの存在が活気のある経済、新分野に果敢に挑戦する事業家を生み出すといった神話がまかり通っている。これほど**現実とかけ離れた評価も珍しい**。

次ページ上段のベンチャー出資額トップ5ヵ国の表をご覧いただきたい。時代の変遷を無視して一般論として語ってはいけないが、無知でありながら貪欲な大衆が簡単にペテンに引っかかる、そんな国トップ5と思える国々がちゃんと並んでいる。中でも、2位のイギリスに約9倍の差をつけているのがアメリカだ。

ただ、アメリカで小型株の資金繰りが悪いことについては、こうしたわかりやすい理由以外に、ベンチャーキャピタルや未上場株ファンドがそのときどきで話題となっている分野の「有望企業」に対して、計画倒産と言っても過言ではないほど悪辣な出資・投資をしているために増えているという側面もある。

決して常にそうだったわけではないが、さまざまな歴史的経緯から数学でも、自然科学でも、社会関係でも無知蒙昧《もうまい》な状態にとどまるような初中等教育しか受けられなかったのに貪欲さだ

ベンチャー・ファンディングトップ5ヵ国と調達金額実績
2024年上半期

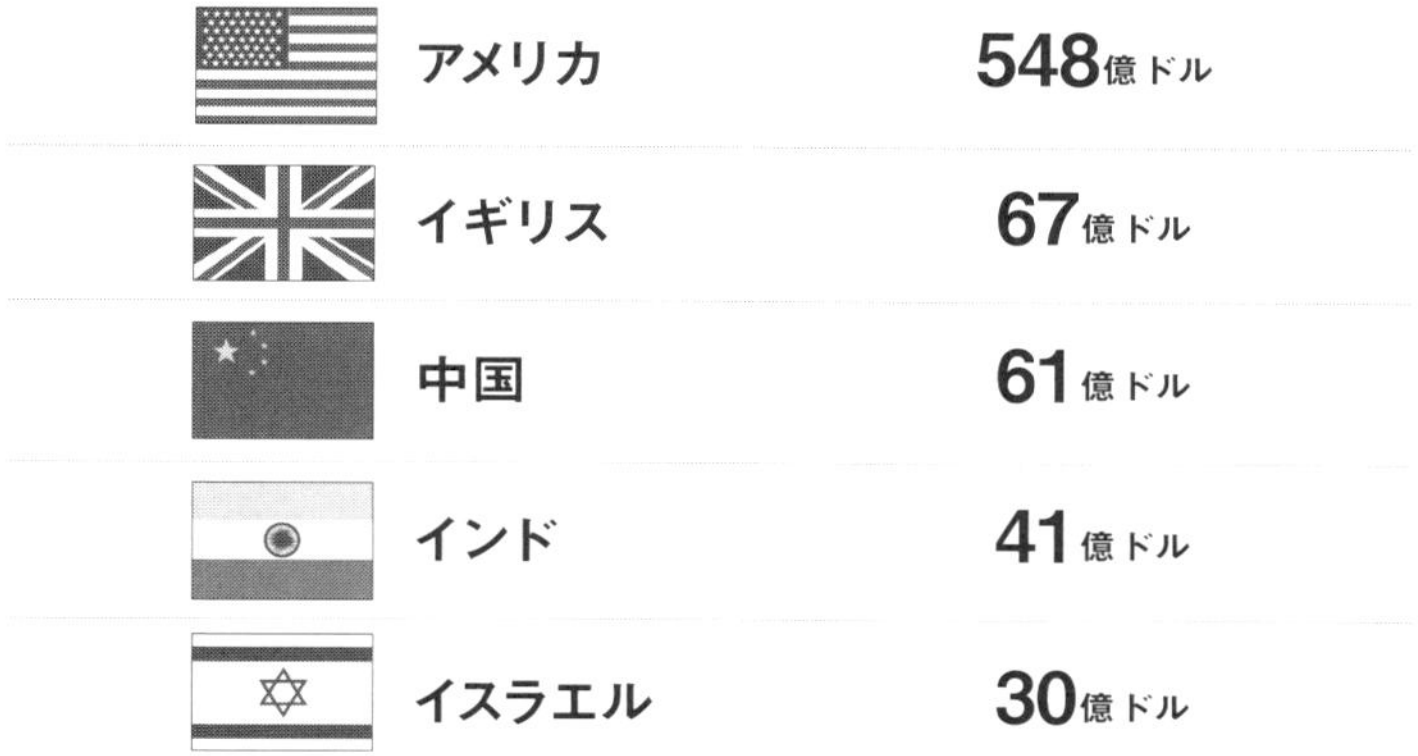

米ベンチャーキャピタルの出資額（億ドル）・件数
2013～23年

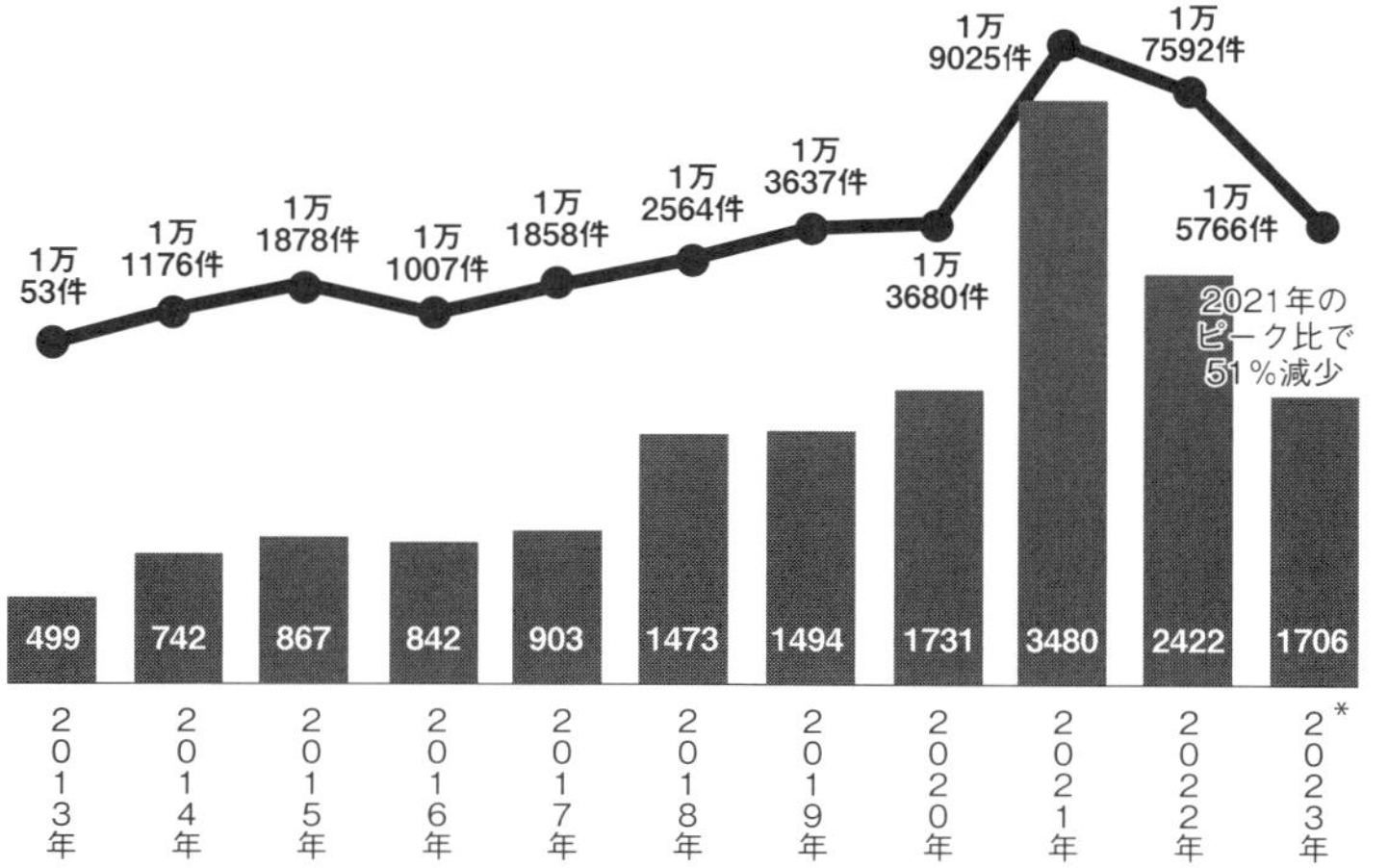

*）2023年12月31日現在での実績見込み額、同件数
原資料：ピッチブック＝米国ベンチャーキャピタル協会「ベンチャー・モニター」
出所：（上）Markets & Mayhem、2024年7月8日、（下）Charlie Bilello、同年2月1日のX（旧Twitter）より引用

けは持ち合わせている国民から、なけなしのカネを巻き上げる手段としてベンチャーキャピタルや未上場株ファンドが活躍していることがよくわかる。

しかし下段を見るとベンチャーキャピタル首位のアメリカで、2021年に大天井を付けて以来、ベンチャーキャピタルの出資が激減していることがわかる。

きわめて健全な傾向だが、何と言っても時価総額1兆ドル以上の大型株が7～8銘柄もある国では、ベンチャーキャピタル市場の縮小程度では、時価総額集中バブルの害毒を打ち消すほどの効果は望めない。

ただしアメリカが先頭に立ち、中国が必死に対等な立場を築こうとし、ヨーロッパ諸国がこわごわはるか後ろからついて行く中で、ベンチャーキャピタルも未上場株ファンドも日本ではほとんど普及しないのは、すばらしいことだ。

アメリカ・中国・ヨーロッパのベンチャー企業価値総額を比較すると、アメリカが約1兆2000億ドル、中国が約8000億ドル、そしてヨーロッパが約2500億ドルとなっている。企業価値とは、大ざっぱに言えば自己資本と債務総額を足した数値とお考えいただきたい。

ホットなテーマにからんでいれば、どんな製品やサービスを売るのかさえ定かでないような企業にさえ投資をして上場にこぎつけたら、上場直後のご祝儀相場で吹き値をしたときに売り抜ける。このほうがじっくり収益成長を待つより資金の回転効率がいい。その手の**カゴ抜け詐**

欺のような「投資」をくり返しているのが、ベンチャーキャピタルであり、未上場株ファンドなのだ。

ベンチャーキャピタルも未上場株ファンドも、何ひとつ取り柄がないがおいしそうな話を並べる「起業家」が興した企業をなんとか上場まで持ちこんで、上場直後の吹き値で売り抜けることを狙った商売、つまりは詐欺でしかない。

その証拠にＥＶとか、生成ＡＩとか手あかがついていて、まったく将来性のない分野に異常なほど投資が集中する。とにかく世間で話題になっている「事業」分野のほうが大衆を騙しやすいからだ。

その意味では、マグニフィセント7がやっている循環取引の全貌《ぜんぼう》が暴露されて時価総額で3兆ドルを超えるような企業もまた、詐欺を本業としていたことが暴露されれば、**みごとにペテン商売の輪が完結する**ことになる。

しかしそれはふつうの政治状況なら、たっぷりロビイングという名のワイロを贈られて巨大企業、大富豪の言いなりになっている政治家や、検察官までもが「選挙で選ぶ公職」とされているアメリカでは、とうてい現実に起きるはずのない話だ。

だがコロナ騒動、ロシアのウクライナ侵攻、ハマスによるイスラエル侵攻を口実にしたパレスチナ人ジェノサイド、そして土壇場での現職大統領の立候補辞退といった事件の連鎖で、この起きそうもない事態が現実となる可能性が出てきたことは、次の最終章で詳述する。

中国では、ソーラーパネルやEVといった永遠に資金回収ができそうもない分野で雨後のタケノコの如く続出するベンチャー企業に、国有銀行などがベンチャーキャピタル経由で積極的に投融資をしてきたことも現在、**銀行恐慌が起きている一因**かもしれない。

初めから破綻させるつもりでカモを捕まえるためにでっち上げた「ベンチャー」企業が多いことも影響しているのだろうが、それにしてもアメリカで実際に大きな富を創出している企業が極端に少数にとどまっていることには驚く。次ページ左側のグラフをご覧いただきたい。

1929年の大恐慌時から2019年までの90年間でアメリカが創出した富の半分は、全企業のわずか2・03%が担っている。残り半分を膨大な数の中小零細企業と個人事業者が担っていたという統計が出ている。

私は、この極端な富創出力の集中も、1946年にロビイング規制法という名の贈収賄奨励法が制定された弊害のひとつだと考えている。アメリカでは有力産業で首位の座を確立した企業は、その後なんの技術革新もせずに政治家に自社に有利な法律や制度をつくらせるだけでのうのうと首位の座を守りつづけることができるからだ。

このグラフほど、**米株市場の異常さを浮き彫りにした**グラフはめったにないだろう。

1世紀弱の株式投資の累計収益率を見ると平均値は2万3000%にのぼっているのに、中

米国株の恐るべき投資効率

アメリカで上場歴のある全2万9078株の1926年以来の累計収益率

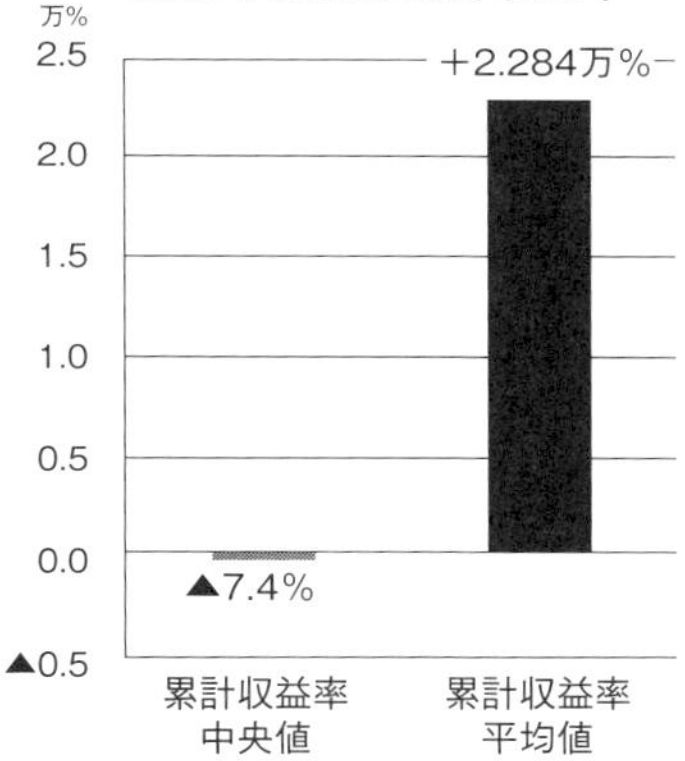

今年の予想PERの過去30年間中央値に対する変動率

● インド	+63%
● アメリカ	+27%
● 全世界	+10%
● 新興国市場	+5%
● アメリカをのぞく世界	▲4%
● 日本	▲4%
● ヨーロッパ	▲4%
● ドイツ	▲9%
● 中国	▲36%

原資料:（左）ヘンドリック・ベッセンビンダー「長期的にはどんな米株が最高の投資効率をあげてきたか?」（2024年）、CRSPデータベース、（右）ヴラッド・バスティオンリサーチ
出所：（左）Michael A. Arouet、2024年7月28日のエントリー、（右）大原将太、2017年8月15日のX（旧Twitter）より引用

央値はマイナス7%でしかない。過去90年間にアメリカで上場した全企業を累計収益率の高いほうから低いほうへと順番に並べていくと、ちょうど真ん中に来る企業の90年間の累計収益率はマイナス7%でしかなかったのだ。

だいたいにおいて平均値は中央値（上から下まで並べたときまん中に来るサンプルの数値）より高く、その差が大きいほど不平等性の高いサンプル群であることを示すというのは、統計学の初歩の初歩だ。

それにしても中央値がマイナス7%で、平均値が2万3000%とは、凄まじい数字だ。

たぶん1世紀弱で何百万%（何万倍）に値上がりした企業が20～50社あり、何十万％（何千倍）に値上がりした企業が300〜1000社ぐらいあった。ただし、その他のほとんどの上場企業は、破綻するか他社に買収されて消えていくか、ほとんど値上がりせずに上場を維持するだけで精いっぱいという感じなのだろう。

何十年持っていようと上場した株のうち半分は元手を回収できないのに、勝ち馬に乗りつづけることのできる人たちの収益率は天文学的に高い。その結果、上場株式全体の平均値は約230倍の急成長になっているとは、**恐ろしい社会**だ。

アメリカ社会全体がとんでもなく資産格差の大きな社会であるだけでなく、米株市場もまた、**恐ろしく株価格差の大きな世界**なのだ。それが純粋に実力の勝負でついた格差なら文句はない。だが私が何度も強調してきたとおり、1946年以降のアメリカは有力産業の首位企業にとって異常に有利で、その他全企業にとって過酷な不平等社会なのだ。

「それなら大した収益にはならないけど、すでに業界首位の座を確立した企業ばかりに分散投資を」という考え方も当然、出てくるだろう。

ところが業界首位に定着した結果延々と怠惰な経営を続けてきたトップ企業が、突然GE（ゼネラルエレクトリック）のように実質破綻したり、GM（ゼネラルモーターズ）のように国有化されたりすると、そのたびに回復不能なダメージを受けるのは、中小零細の個人投資家たちだ。

米連邦政府債務の生産性は
名目でもマイナス
2020年4Q～2024年2Q

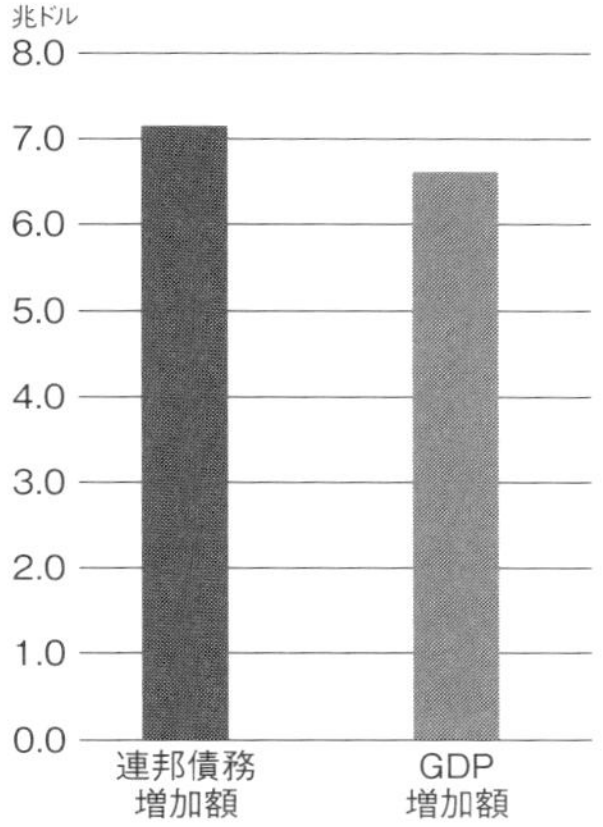

米連邦政府がひた走る
債務超過への道
2023年第4四半期

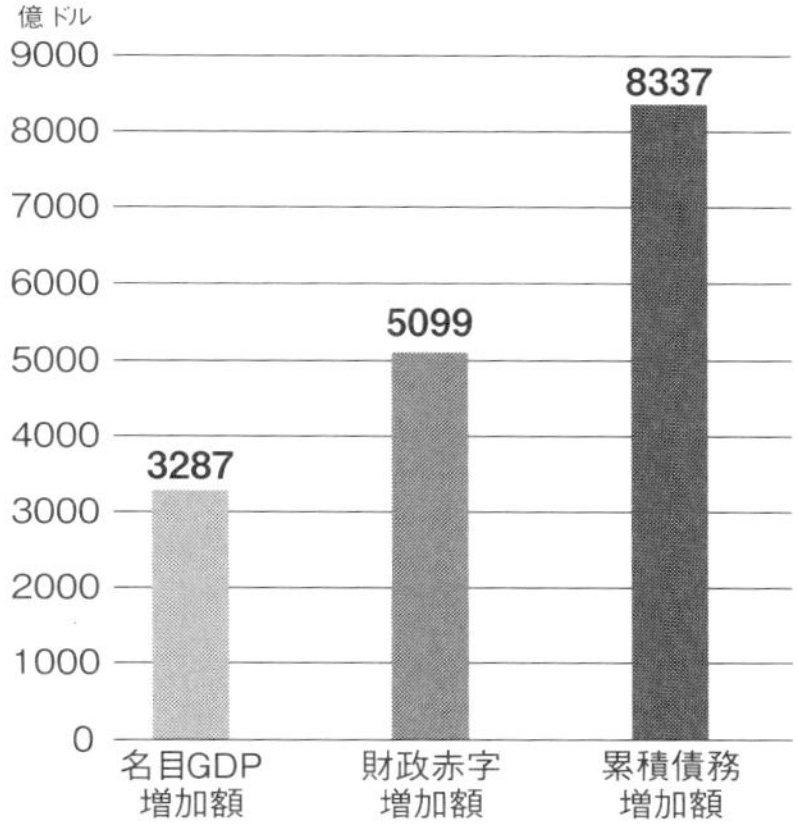

注：数値は季節調整済み名目値。
原資料：米連邦政府商務省経済分析局、財務省金融サービス局、ゼロヘッジ
出所：（左）E. J. Antoni, Ph.D.、2024年7月16日、（右）infra@infraa、同年5月18日のX（旧Twitter）より引用

199ページ右側の表に話を戻すと、ベンチャービジネスでは同じように痛い目にあっているはずのアメリカと中国が、アメリカは27％割高、中国は36％割安と明暗が分かれている。

中国は少なくとも株式市場に関しては正直なだけマシかもしれないが、まだまだ株も経済全体も底なし沼に落ち込んだようにずるずる下げそうな形勢だ。アメリカが高転びに転ぶことは間違いないが、そのタイミングはまだ予測しがたいところだ。

ただ、上の2枚組グラフが示すとおり、アメリカ連邦政府が借りても借りても返済すべき元利が膨らむだけの借金地獄に堕ちていることは事実なので、

国家破綻は時間の問題だと断言できる。

左側の2020年末からの2年半では、連邦債務の増加額はGDP増加額よりほんの少し大きいだけだった。ところが右側の2023年第4四半期実績では、GDP増加額は累積債務増加額の4割弱に過ぎない。

もう**時限爆弾の導火線**に火はついている。そして導火線を伝う火の速さがここにきて、急加速していることは確実だ。

第5章

もしも私が民主党大統領選選挙参謀なら

——政権維持の可能性を残す唯一の大バクチ

ハリス＝ウォルズコンビの迷走とトランプ英雄視が民主党にイチかバチかの大バクチを迫る

2024年7月21日（日本時間22日）、民主党現職大統領で2期目に向けた選挙運動中だったジョー・バイデンが、かなり手の込んだ「民主党公認候補辞退」宣言を出した。

どこに「手の込んだ」辞退宣言という証拠があるのか。まず、辞退宣言をした書簡は大統領が職務関連で使うレターヘッドではなく私信用の便箋《びんせん》。文末のサインも手書きではなくデジタル化された電子署名だった。

さらに書簡では、カマラ・ハリス副大統領へともに働いてくれたことへの感謝の意を表明するだけで、彼女を民主党の後継公認候補に推挙する件にはまったく触れていない。

カマラ・ハリスを民主党公認候補に推挙する意向は、ほぼ同時に行ったXへの投稿で示していただけだ。これらの事実を総合すると、以下のことがわかってくる。

バイデンを担いでいたのではドナルド・トランプに対してどうにも勝ち目がないと見切りをつけた民主党幹部に**詰め腹を切らされた**のである。書簡もX投稿も自筆ではなかっただろう。

こんな細工をした理由は、「公文書偽造」に問われる危険まで侵してバイデンに詰め腹を切らせることによって、自分たちもつっつかれれば弱みがある立場に身を置いたことを示して、なかなか素直に身を引かないバイデンを説得したのだろう。

つまり、これは民主党幹部たちの「ジョー・バイデン自身もさることながら、犯罪のデパートのような放蕩《ほうとう》息子ハンター・バイデンの罪が摘発されないようにかばってやる」という意思表示でもあったのだと思う。

こんな騒ぎの中で民主党公認大統領候補に「昇格」したカマラ・ハリスは、いろいろ突っこみどころの多い人物だ。

ジャマイカから来た黒人移民の父親とインド人移民の母親から生まれた人である。社交界でのし上がろうとしていた若い頃には、まったく黒人の血を引いていることは表面に出さず、オリエンタル系の美貌を武器にしていた。

黒人男性セレブリティの成功のあかしとして、両脇に抱えた美女2人のうちひとりは純然たる白人美女、もうひとりは東洋的でエキゾチックな顔立ちの美女というのが定番になっている。そのオリエンタル系美人の役どころをこなしていたのだ。

ところが政治に志すようになってからは、もっぱら黒人移民の子であることを強調するようになり、公選制であるカリフォルニア州司法長官に初当選したのが2010年だった。

そして2014年にも再選されて2期を務めたのだが、本来なら司法長官選に立候補するに

**バイデンには認知症という言い訳があったが、
カマラ・ハリスには????　ハリス言行録**

「私たちはこの図書館を巡り歩きながら時の流れの意味について語り合いました。じっくり考えてみれば、時の流れには大きな意味があります。……私たちの子どもたちがいつの日か生きてふり返るとき、時の流れには大きな意味があったのだとわかるでしょう」

「我々はあなたたちと同じくらい真剣に、この問題に対処しなければならないのです。あなたたちは真剣に対処することを迫られているのですから」

「ヨーロッパのあるところにウクライナという国があります。隣にはロシアという国があります。ロシアはとても大きくて強い国です。そのロシアがウクライナに攻めこんできました。だからこれはやってはいけないことなのです」

出所：（左上）Oliver Groβ@minenergybiz、2024年7月22日、（右上）Pop Base@PopBase、同年同日のX（旧Twitter）、（下）ウェブサイト『The Consavateur』、2022年7月21日より引用

は法曹関係の資格保有者であることが条件なのに、彼女の場合、南カリフォルニア大学から法学博士の称号を取得したのは、2期目在任中の２０１５年のことだった。

このへんの経緯からも彼女がＤＥＩ（多様性、平等性、包容力）にことさら熱心なカリフォルニア政界の時代風潮に乗って政治家になり上がった、いわゆる**やり手の女性**だということがわかる。

それでも彼女が大統領候補になったことについて批判が多い最大の理由は、このＤＥＩ便乗の経歴より、**延々と話をしてもまったく無内容で意味のある発言にならない**という、日本の政治家にはありがちだが、アメリカの政界では稀有《けう》の才能にある。

前ページの引用文上段の「時の流れ」に関する深遠そうな考察を実際のスピーチとして聴くと、ほんとうに大統領という要職を任せて大丈夫だろうかと不安になる人が多いことも理解できる。

ただ、彼女のために一言弁解しておくと、辛辣《しんらつ》な批判の多くは「インド系移民に共通した上昇志向は十分すぎるほど持ち合わせているけれども、同時に持っているはずの知的能力の高さはどこにあるんだ？」という嫉妬《しっと》や羨望《せんぼう》がからんでいる。

12万５０００ドルというユダヤ系アメリカ人世帯の所得中央値は別格として、インド系アメリカ国民の世帯所得中央値は、白人世帯の約2倍、黒人・ヒスパニック世帯の3倍近くの10万５００ドルとなっている。

人種別アメリカ国民の世帯所得中央値：2013～15年

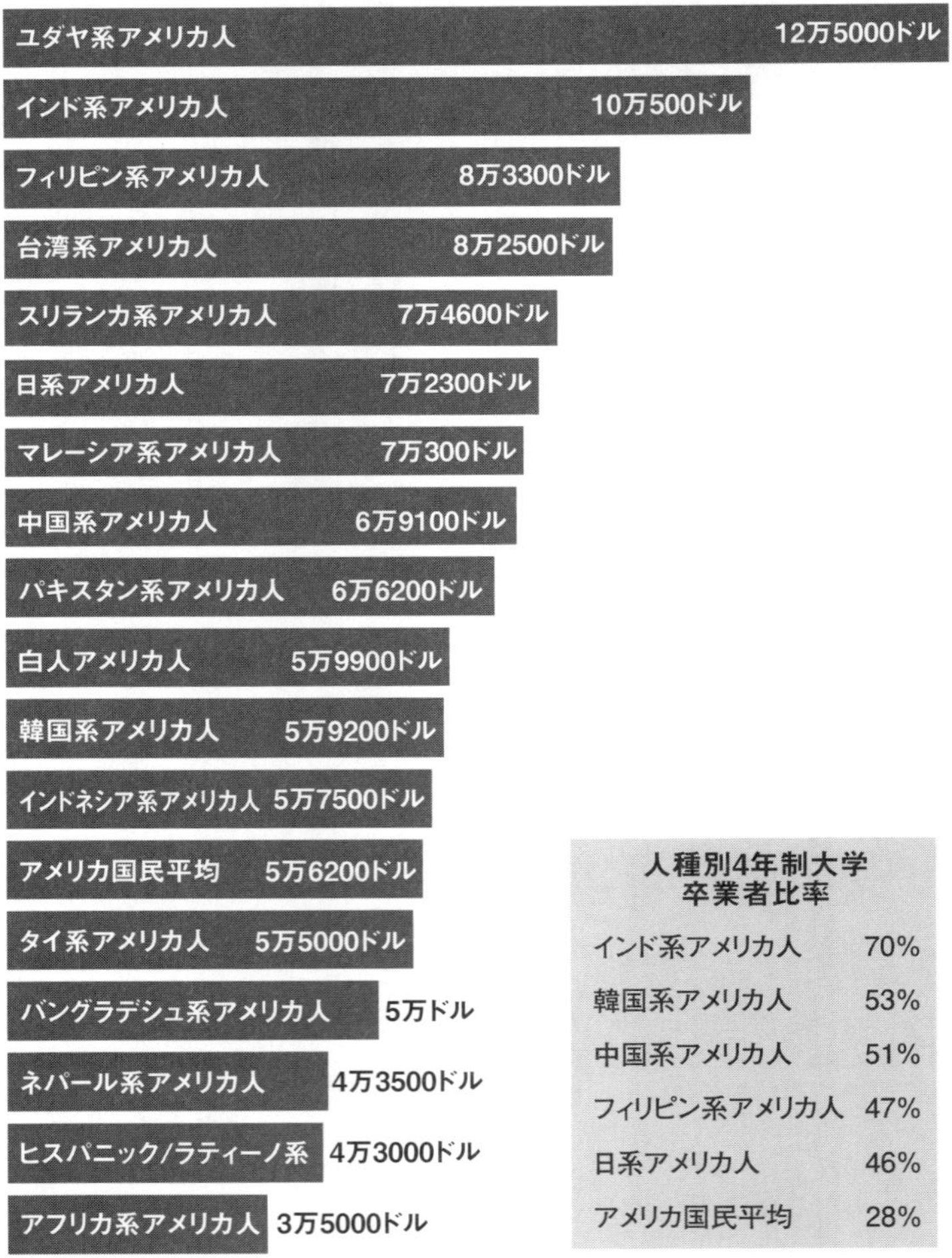

人種別4年制大学卒業者比率

インド系アメリカ人	70%
韓国系アメリカ人	53%
中国系アメリカ人	51%
フィリピン系アメリカ人	47%
日系アメリカ人	46%
アメリカ国民平均	28%

注：アメリカ国勢調査ではユダヤ系は人種として認知されていないので、2021年に刊行された『正統派ユダヤ教徒世帯の家計事情』の数値を採用し、時期の違いに応じて実質化して算出した。
原資料：米連邦政府商務省国勢調査局『2013～15年のコミュニティ調査』からエクィタブルグロースが作図
出所：Jean@JeanPatron777、2024年7月21日のX（旧Twitter）より引用

当然「がり勉で一流大学に入って高所得の仕事をしているイヤな奴が多い」というステレオタイプができ上がっているわけだ。「それほど高額所得者の多い血筋を引いていながら、こんなに無内容な発言しかできない」ということで一層目の敵にされがちになる。

そんなこんなでひとしきり賛否さまざまな話題を提供しながらも、なんとかバラク・オバマ元大統領の推薦も取りつけて、民主党の挙党一致体制ができ上がったカマラ・ハリス候補に、藪《やぶ》から棒の難題が持ち上がってしまった。

致命傷になりかねないパリオリンピック開会式

2024年7月26日に開幕したパリオリンピックの開会式は、LGBTQIA+賛美と終末の予感に満ちたものとなった。

中でもレオナルド・ダビンチの名画、最後の晩餐《ばんさん》を徹底的に茶化したLGBTQIA+版「最後の晩餐」は世界中の敬虔《けいけん》なキリスト教徒たちの神経を逆なでしたようだ。

とくにアメリカでは、この開会式の中継を見たオリンピックスポンサーの中から「もうオリンピックへの広告出稿はやめる」と発表する企業が続出した。次ページの「最後の晩餐」のオリジナル版とLGBTQIA+のあいだに挟まれたCスパイアというネット接続業者の撤退宣

ドナルド・トランプ優位を決定づけた
パリオリンピック・オープニングセレモニー

リッジランドは典型的な深南部の州、ミシシッピ州の州都ジャクソンの北に隣接する人口2万5000人程度の小さな町。

Cスパイアは、そこでインターネット関連の知識が乏しい人のために光ファイバー有線や、Wifi無線でネット接続してあげることを主業務としている企業。

この広告出稿取り止め宣言も、草深い田舎町の純朴だが偏狭なキリスト教徒の反応に過ぎないと考えたら、大間違い。

炭火焼きしたステーキを皿が冷めないうちに出すステーキハウスが複数あるので「ミシシッピ州のステーキ首都」を名乗り、エスニック料理や新鮮な魚介類料理の店も各種あって、南部には珍しいほど食の多様性に富んだおしゃれな町なのだ。

出所：Cinema Shogun、2024年7月29日のX（旧Twitter）より引用

言はそのうちのひとつに過ぎない。

ミシシッピ州の片田舎を地盤とする小さなインターネット回線業者が広告出稿を停止する程度のことで大騒ぎする必要はないという意見もあるが、私は大間違いだと思う。

まず、このCスパイア社の本社があるリッジランドという町は、ミシシッピ州の州都ジャクソンに隣接し、深南部諸州で食の多様性を実現している点ではルイジアナ州一の大都市ニューオリンズに次ぐ2番手と言ってもいいほどの町だ。

これは私のまったく個人的な感想だが、町の文化文明的成熟度は食の多様性に表れると思っている。その点でリッジランドは決して田舎町と侮ってはいけない都市だ。

さらに、次ページのグラフでもわかるとおり、アメリカという国の特殊性として、高額所得者の多い先進国の中では例外的に**「日常生活で宗教は大事だ」**と思う人が多い国民性も慎重に考えるべきだ。

この国民性を持つアメリカで、カマラ・ハリスをふくめて、ヨーロッパ的な洗練と退廃《たいはい》にあこがれている民主党リベラル派の政治家たちは「LGBTQIA+を正面から賛美するのはすばらしい」とほめたたえる人が多いのだ。

しかもアメリカ政界におけるLGBTQIA+賛美は決して「多様な性のあり方を受け入れて、少数派が肩身の狭い思いをしないで済む世界をつくる」というきれいごとばかりではない。

「日常生活に宗教は大事」と答える人の比率と、国民1人当たり所得の相関性

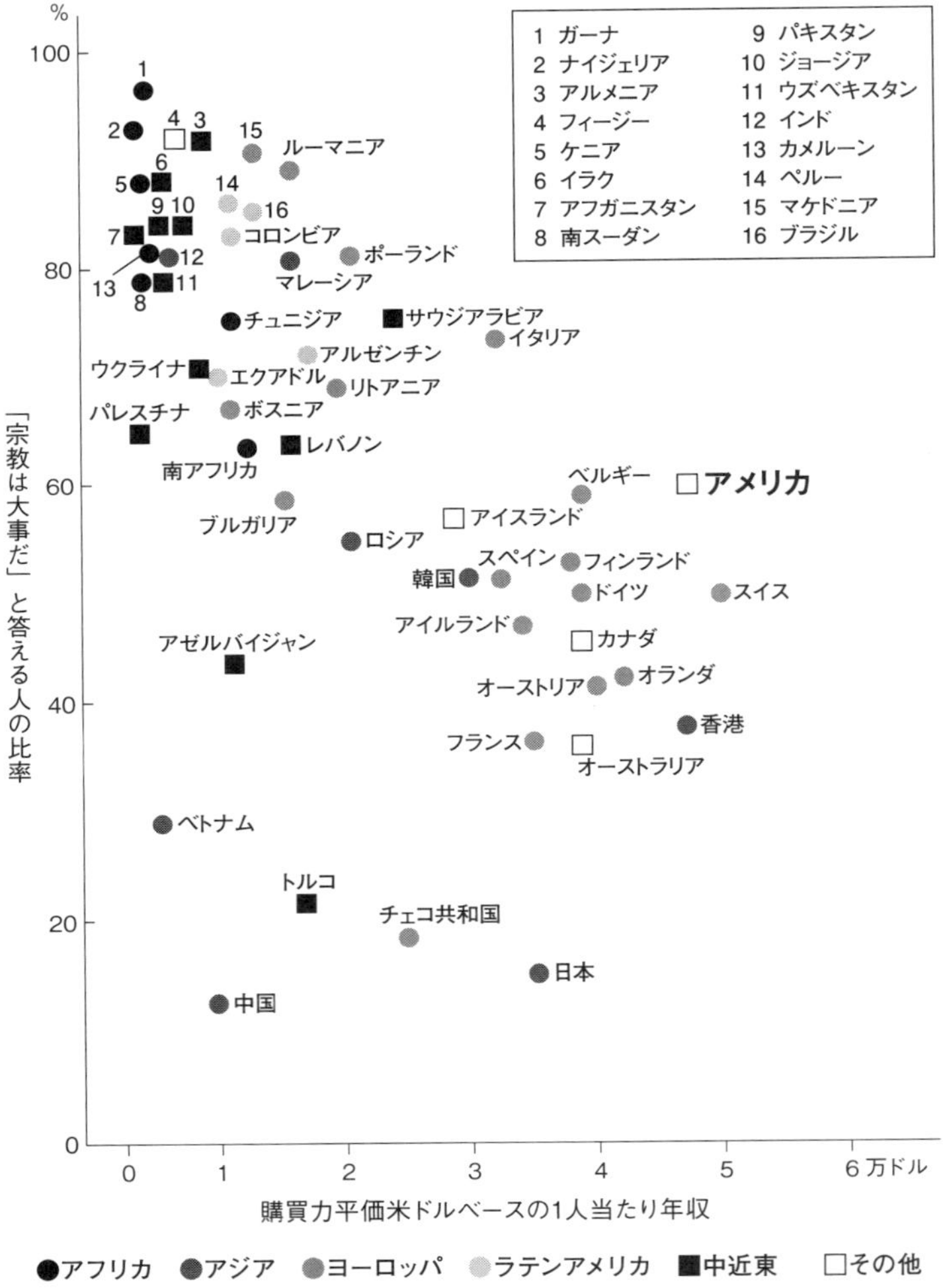

原資料：ペテルエツ（2012年10月20日）
出所：ウィキペディア「Wealth and Religion」のエントリーより引用

そこにはアメリカ最大のロビイング集団である、医薬品製造業・医師会・病院協会といった**医療関連産業の利害**がからんでいる。

民主党がLGBTQIA＋を賛美するほんとうの理由

外科手術によって体を改造するときだけではなく、性ホルモンの分泌を抑制したり、本来の性とは反対のホルモン、男性として生まれついたら女性ホルモン、女性として生まれついたら男性ホルモンを人為的に投与したりするときにも、健康な体に意図的に異変を起こすことになる。

その結果としてLGBTQIA＋の人たちには、一生医師や医薬品との付き合いをやめられない人が多くなる。これが医薬品・ヘルスケア産業にとって非常に利益率の高いビジネスになっているのだ。

アメリカ民主党リベラル派の政治家たちによるLGBTQIA＋賛美には、ちょうど日本の知識人・文化人たちが欧米知識人への劣等感から「欧米は何もかもすばらしい、日本は何もかもダメだ」と言いつのるのと似た、ヨーロッパ知識人に対する劣等感も介在している。

だが、おそらくそれ以上に重要なのは、圧倒的に民主党に傾斜したロビイング活動をしてい

LGBTQIA+とは何か？　それは無限の可能性を秘めてつねに変化しつづける概念です

**世界の性転換手術市場の伸びは年率20.4%
今後10年で30億ドルを超す規模に：2020～32年**

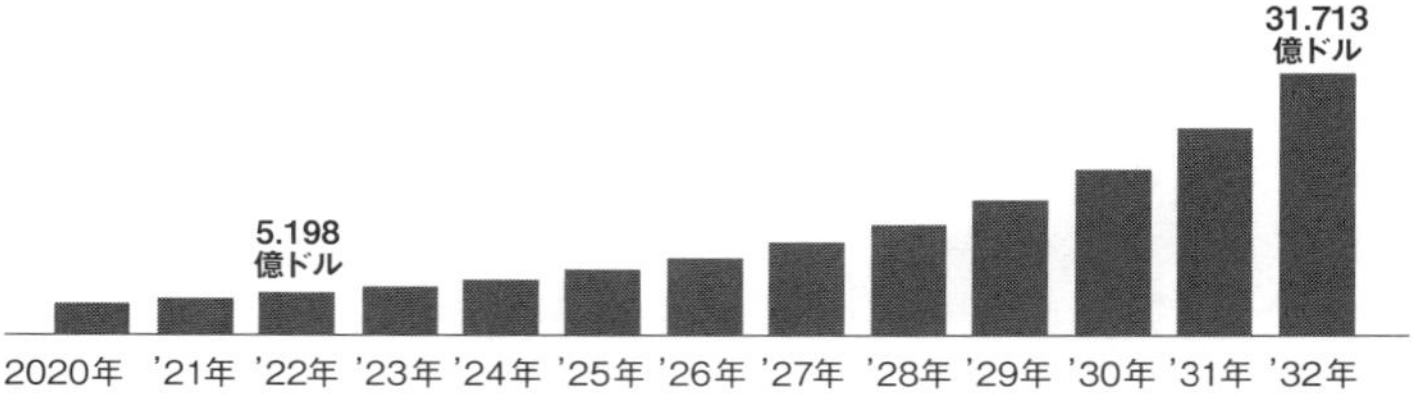

原資料：アキュメン・リサーチ・アンド・コンサルティングのレポート「性転換手術の市場規模は驚異的に伸び、2032年には31億7130万ドルに達する見込み」（2023年6月8日）
出所：（上）ウェブサイト『Power to Fly』の「LGBTQIA+の定義」、（下）『Grand View Research』、2023年8月のエントリーより引用

る医薬品・ヘルスケア産業という大スポンサーの意向には逆らえないという事情だと思う。

製薬・医療関連業界にとって、LGBTQIA＋は高成長が期待できる市場だということが、典型的なきれいごとのスローガンの下に紹介したグラフに出ている。

そしてパリオリンピック開会式は、手放しのLGBTQIA＋賛美がいかに平均的なアメリカ国民の心情とかけ離れたものかを、白日のもとにさらけ出してしまったわけだ。

私は、そもそもバイデンからハリスに大統領候補を切り替えた時点で、それまでの劣勢を大きく挽回したというアメリカ大手メディアの主張や、それを疑問も持たずに受け売りしている日本のマスコミによる報道には大いに疑問を持っている。

たとえばトランプ暗殺未遂事件のタイミングがあまりにも良かったので、あれは人気取りのための自作自演の狂言狙撃事件だったのではないかという噂もあった。

そして民主党リベラル派の支持者たちは、もし狂言だったことが明るみに出たらトランプ支持票は激減するだろうと見ていたらしい。

だがアメリカは、銃保有の自由を尊重する人間が多数派の社会だということを忘れてはいけない。保守本流、トランプ派を問わず、共和党支持者の大多数と、無党派の過半数は「人民武装権」なしに民主主義は成立しないと考えている。

彼らがトランプ狙撃は狂言だったと知っても、トランプ支持をやめるとは思えない。むしろかすり傷は負わせても、命を奪ったり、日常生活に支障が出るほどの重傷を負わせたりはしない精度で銃を撃てる人間が味方に加わっていることを誇りに思うかもしれない。

あるいは、トランプ狙撃の直後に丸見えの屋根の上で銃を構えている姿を発見されたら間違いなくシークレットサービスの狙撃手に射殺されることを覚悟で最初の発砲をした犯人の侠気《きょうき》に感動するかもしれない。そういう暴力崇拝が底流にある国だ。

そんな人間たちがＬＧＢＴＱＩＡ＋への賛否はともかく、キリスト教をおちょくるような開会式をやったり、それを賞賛したりする人たちに好感を抱くわけがないということなのだ。

パリオリンピック開会式は、だれを候補に選ぼうとＬＧＢＴＱＩＡ＋擁護の姿勢を和らげないかぎり、民主党が２０２４年大統領選で勝つことを絶望的にしてしまったと私は考えている。医薬品・ヘルスケア産業ロビーからの圧力でＬＧＢＴＱＩＡ＋擁護のスタンスを大きく変えることはむずかしいとなれば、民主党はいったいどこに今度の大統領選での勝機を探るべきなのだろうか。

イスラエルによるジェノサイド批判はもっと無理

共和党公認候補となったドナルド・トランプは、選挙戦序盤では若年層の支持率が低いことがほぼ唯一の不安材料と見て、「パレスチナ問題での早期和平の道を選ぶ」とほのめかしていた。

しかし地盤であるトランプ派共和党員に加えて、共和党保守本流の中で好戦派の人たちからの支持を固めれば勝利に必要な選挙人の人数を確保できると見てからは、露骨にネタニヤフ政権によるパレスチナ人ジェノサイドを支持する姿勢に転じている。

これもトランプ共和党公認候補指名直前のことだが、２０２４年7月15日、イスラエルのネタニヤフ首相が「自分と自分の家族、そしてイスラエル内閣の主要閣僚が、トランプの指示に

もしアメリカ政府に透明性を求めたら……

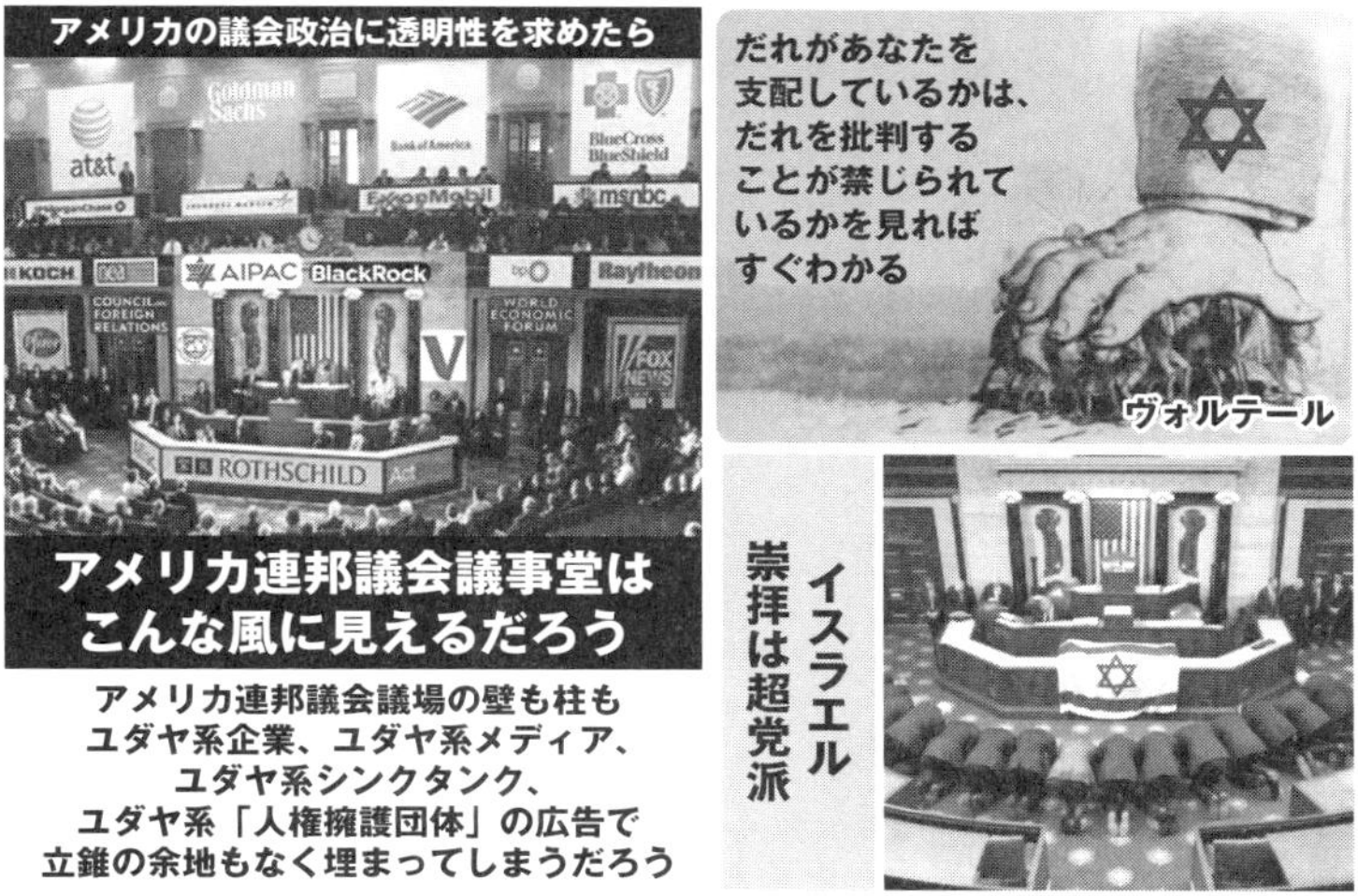

出所：Dr. Anastasia Maria Loupis、（左）2024年3月18日、（右上）同年7月29日、（右下）同年7月25日のX（旧Twitter）より引用

よる暗殺計画の犠牲になる恐れがある」と公式の場で主張した。

あれだけ**強硬派シオニスト集団に対して忠誠を尽くしているトランプ**に対して、いったいなぜこんな言いがかりをつけるのかと耳を疑うような言い分だった。

しかし、その後のネタニヤフによる外交儀礼的な米国連邦議会での演説と、それとは対照的に実質的な議論を展開したトランプ私邸でのネタニヤフ＝トランプ会談を見ているうちに、そもそもバイデンが大統領の地位にとどまっているかさえ定かではない時期の訪米は、これが目的だったのかと合点がいった。

つまりネタニヤフとトランプのあいだで、だれがご主人様でだれが忠実な下僕か、序列をはっきりさせるのが**ネタニヤフによる訪米の目的**だったということ。

ネタニヤフは「たとえ一時だけの選挙戦術とはいえ、パレスチナで和平の道を探るなどとは言語道断だ。もっとパレスチナ人ジェノサイドを積極的に支援する姿勢を示せ」と叱責《しっせき》し、トランプは文字どおり平身低頭してネタニヤフの言いなりになっていたのだ。

しかも、これは決してトランプが共和党有力政治家たちの中でも中東問題に関する強硬派だからということではなく、イスラエルによるパレスチナ人ジェノサイドに関するかぎり、共和党、民主党の別なく**挙国一致**だということだ。

これほどまでにアメリカの政治家たちがイスラエル政府に平伏するのは、医薬品・ヘルスケアロビーに勝るとも劣らない影響力（＝巨額献金を続ける資金力）をイスラエル＝軍産複合体ロビーが持っているからだ。

だとすれば、民主党で大統領選の作戦を立てている選挙参謀は、敗色濃厚な中でいったいどこに突破口を求めることができるのか。

マグニフィセント7各社が関わる架空取引疑惑こそ突破口

意外に思われる方が多いだろうが、民主党選挙参謀としてはマグニフィセント7各社のほとんどが関わっているエヌヴィディアとオープンＡＩを２つの焦点とした**架空取引疑惑に活路を見出**すべきだと思う。

この架空取引疑惑について、細部は省略して大ざっぱに図式化した94ページの模式図をもう一度ご覧いただきたい。

エヌヴィディアを例にとって架空取引の実態を説明すると、おおよそ以下のとおりだ。エヌヴィディアがマイクロソフトやメタなどのハイテク大手に最新のＧＰＵを大量に売りつける。「こんなに大量に売られても、用途もないから困るよ」という売り先に「いえ、代金はいっさいお支払いいただかず、弊社の未収金にしたままでも結構です。弊社は御社のクラウドサービスを代金分利用する権利を買ったことにして、お互いカネの出入りはなしで粗利１００％の売上が膨らむということでいかがでしょう」というわけだ。

前述したように、これは循環取引と呼ばれている完全に詐欺と見なすべき手法だが、アメリカの会計関連法規では、どちらにとっても実際の収入や支出に変化が生ずるわけではないので循環取引自体は違法行為ではないことになっているらしい。

オープンＡＩも似たような循環取引で売上を膨らませているかもしれないが、こちらの疑惑はマイクロソフトからの**「巨額追加投資」の金額の大きさ**がとかく取りざたされている。

マイクロソフトは、以前からオープンＡＩへのもっとも大口の投資家だったが、１００億ドルという金額を追加投資して話題になった。

ところが、この100億ドルも実際に現金や預金口座への振り込みがあったわけではなく、マイクロソフトが展開しているクラウド事業、アジュールの利用権を100億ドル分進呈するという取引だったようだ。

現状ではアジュールの最大顧客でも年間利用料は1億ドルに達していないから、100億ドルの利用権というと100年以上かからなければ使い切れない不自然な取引となる。

それ以上に最近オープンAIに破綻懸念が浮上しているが、その**欠損金額が50億ドル**あることだ。マイクロソフトからの追加投資が実際に資金として使えるかたちでおこなわれていたら、悠々カバーできる金額であることも疑惑を深めている。

巨大な時価総額を誇るハイテク大手なら違法行為・脱法行為やり放題という認識は、少なくともいわゆる先端産業の実態について多少は知識のある人たちに共有されているはずだ。こうした企業の横暴を本気で追及し、暴露すれば大勢の有権者から好感をもって迎えられることは確実だ。

だが、その実現性となると一見まったくあり得ない話のように見える。

ハイテク大手は民主党の大スポンサーで時価総額集中バブルの中心

まず障壁となるのが、ハイテク大手は選挙のたびに圧倒的に民主党に偏った献金をする大スポンサーであることだ。彼らを敵に回すのは、飼い主に噛《か》みついて餌《エサ》がもらえなくなる**バカな犬**ということになりそうだ。

ここまで大口献金者が集中している産業を本気で敵に回すことはあり得ないだろう。さらに、もっと大きなアメリカ経済全体と連邦政府の税収という観点からも、ハイテク大手を敵に回すのは愚策中の愚策と言える。

ちなみに次ページの献金額グラフでグーグル（上場持株会社の社名としてはアルファベット）の献金額が374万ドルと、2位アップルの122万ドルを大きく引き離したトップであることにもご注目いただきたい。

これはやはり、住宅1戸1戸を特定できるグーグルマップのビッグデータをひんぱんに更新して国防総省やCIAに納入することによって大金を稼ぐ関係が続くようにという意図のこもった献金だろう。

アメリカ連邦政府の税収がいかに大きくS&P500のパフォーマンスに依存しているか、

ハイテク大手・新興企業「従業員」が選挙運動に献金した金額の党派別内訳：2022年中間選挙

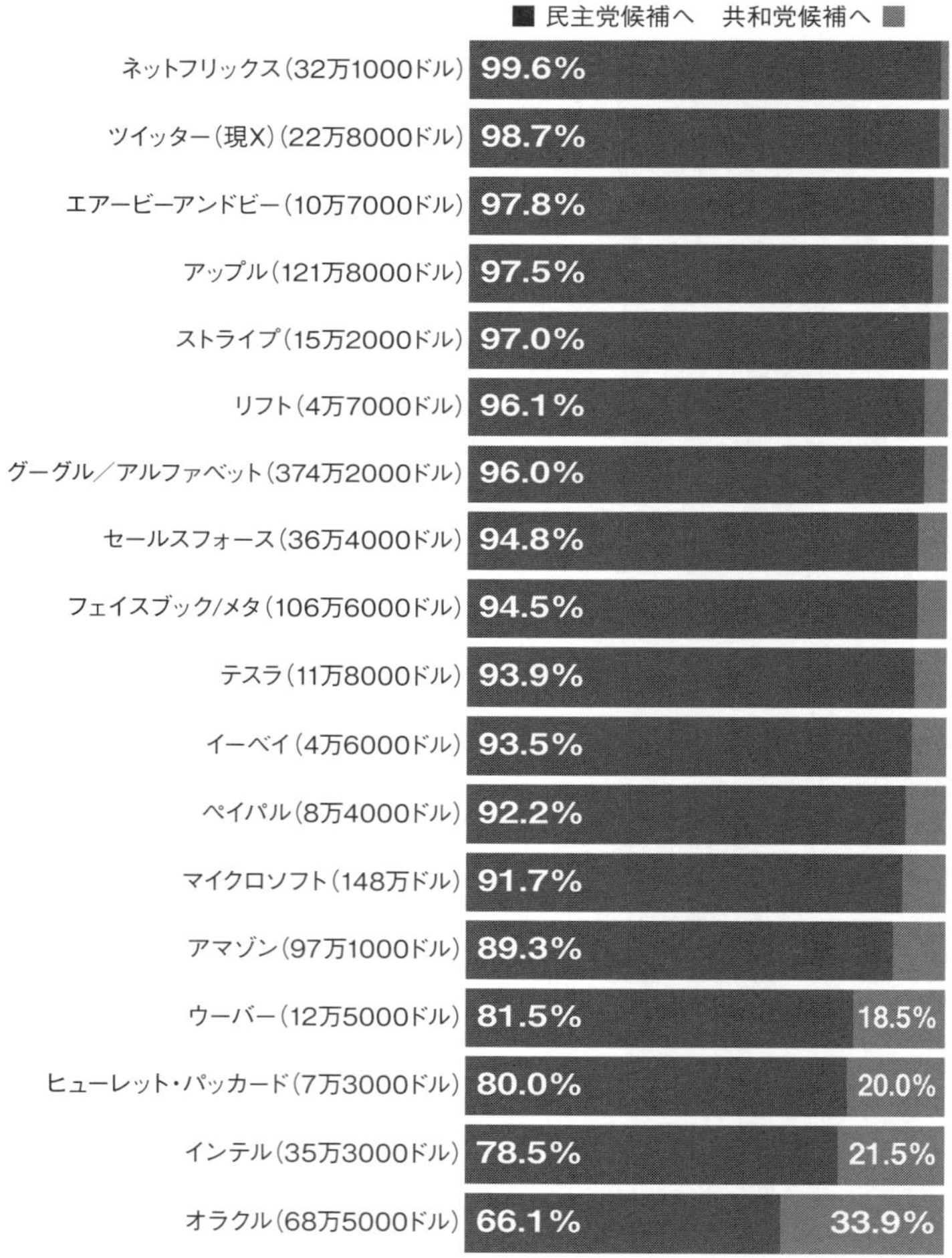

注：2022年中間選挙での1候補者当たり200ドル以上の献金額を集計。
原資料：連邦選挙委員会が2023年10月26日に公表したデータをセンター・フォー・レスポンシブ・ポリティクスが作図
出所：Balaji@balajisによる2023年11月24日のX（旧Twitter）より引用

S&P500と米連邦政府の税収推移：1974～2024年

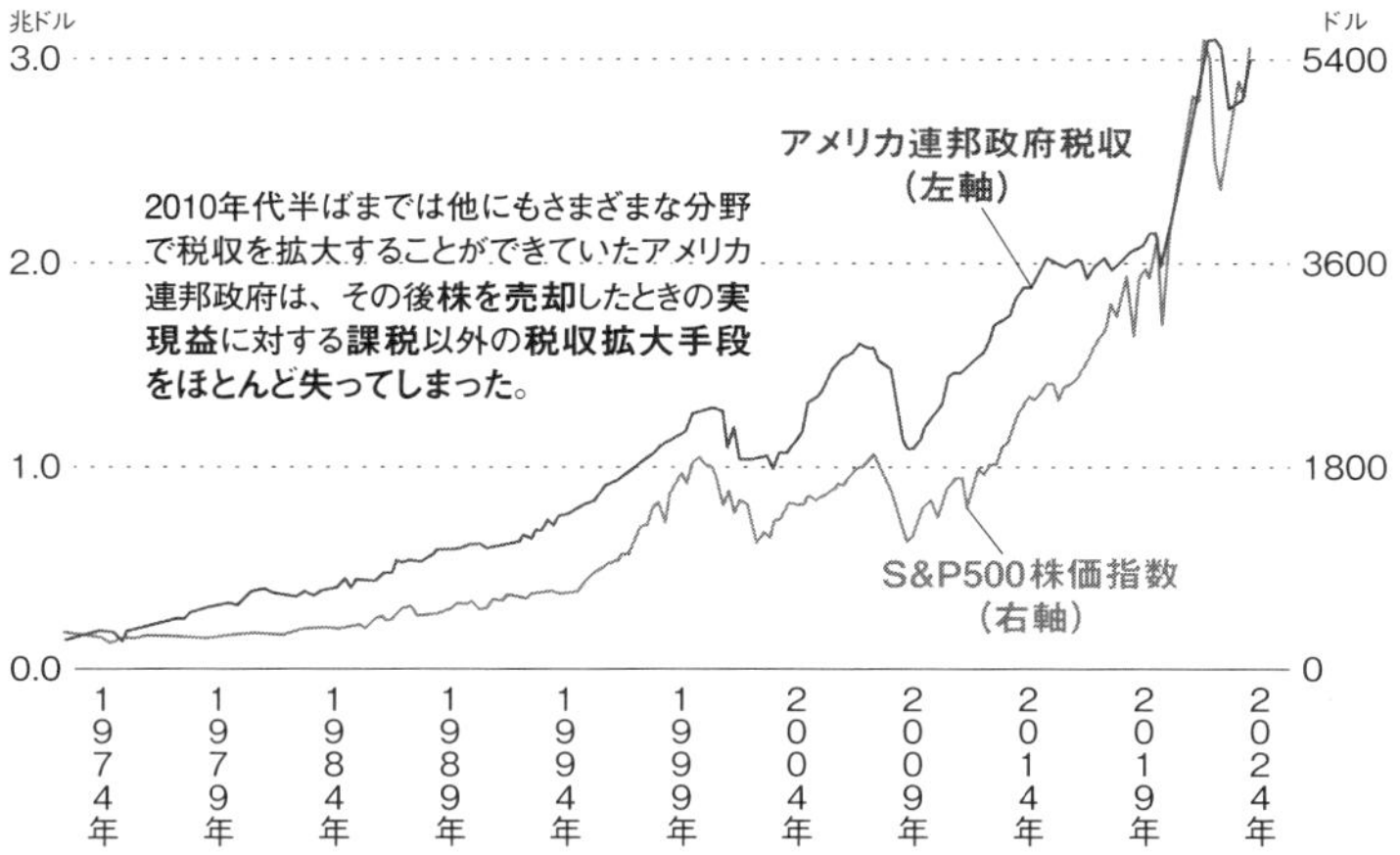

原資料：トレーディング・ビュー
出所:infra@infraaの2024年6月14日のエントリーより引用

上のグラフでご確認いただきたい。

ご覧のとおり、現在連邦政府の税収拡大策としては株式相場の好調を維持して、値上がりした株を売ったときの実現益にかかる所得税を増やす以外何もない。こう言えるほど、アメリカ連邦政府の**税収は株価上昇に頼った構造**になっているのだ。

その株式相場は、ほんの一握り、具体的にはハイテク大手を中心とした時価総額が巨大な7～10社がますます時価総額を増やしているから好調を維持できる仕組みになっている。たとえS&P500組み入れ企業であっても、時価総額が巨額でなければほとんど横ばいに近い株価の推移なのだ。

豊かな人はますます巨大な富を蓄積し、貧しい人の生活はますます苦しくなるアメリカ

マイクロソフト＝オープンAI陣営の軍門に降ったアップル

アップルは敵と同衾し、AIという野獣に餌を与え続ける覚悟を決めた。自社にとって不倶戴天の敵であるマイクロソフトが巨額投資をおこなって育ててきたオープンAIと提携したのだ。
アップルはもうマイクロソフトという仇敵の軍門に降ったという事実の意味をお考えになったことがあるだろうか？

これは同じメーカーから半導体チップを買いつづけるのとはまったく性質の違う行動だ。
AIは呼吸し、成長しつづけている生きもので、今やオープンAIは世界中で使われているマイクロソフトとアップルの製品に自由に出入りできるようになったということだ。
その意味をしっかりお考えいただきたい。

出所：Mario Nawfal、2024年6月11日のX（旧Twitter）より引用

の世相をそのまま株式市場で再現した相場とも言えるだろう。

そこに大手投資銀行＝証券会社、大手機関投資家、さらには連邦準備制度や米国証券取引委員会のように本来であれば金融市場を監督し、不正を摘発する役割を担っているはずの監督官庁まで加わった共謀関係があるのはほぼ確実だ。

この傍証となっているのは、これまでエヌヴィディア側ともオープンＡＩ側とも循環取引に関わってこなかった可能性が高いアップルが、ついにマイクロソフト＝オープンＡＩの軍門に降《くだ》って、ｉフォンにチャットＧＰＴを採用すると発表した直後の米株市場全体の熱狂ぶりだ。

この発表直前まで、増収率は低く、新製品や既存製品の新機種でもまったく画期的な進展が見られなかったアップルは**「マグニフィセント**

7の中の落ちこぼれ組」と見られていた。まず次ページのグラフ上段の収益から見ていこう。

一目瞭然《いちもくりょうぜん》、微増収・微減収のくり返しで収益成長はなく、下段が示す自社株買いによる発行済み株数激減でかろうじて株価上昇を支えるという惨状だった。

２２７ページの図表は新製品、新機種の芳《かんば》しからぬ評判と、それとは裏腹なマイクロソフト＝オープンＡＩ陣営への屈服以降のアップル株の暴騰ぶりを描いている。

上段についてとくにコメントする必要は感じないが、下段の株価には驚いた。一時、時価総額首位の座を明け渡していたエヌヴィディアを瞬く間に抜き去ったばかりか、史上初めて時価総額３兆５０００億ドルの大台に乗せてしまったのだ。

それどころかアップルの好調は、同じように「マグニフィセント7の中の落ちこぼれ組」という評価に甘んじていたテスラやメタの株価まで２２８ページのグラフのように押し上げてやったのだ。

この時期にテスラ株やメタ株を上昇させる好材料は、まったくと言っていいほど見当たらなかった。むしろテスラの場合、膨大な在庫を抱えて値引き競争を続け、収益が悪化すること確実という悪材料に見舞われていたのだ。

ここまで「マグニフィセント7落ちこぼれ組」の株価が上がった要因と言えば、米株市場全体が**ある悪夢からやっと解放されたという安堵感**だと思う。

アップルの前年同期比売上増減率推移：2006～24年

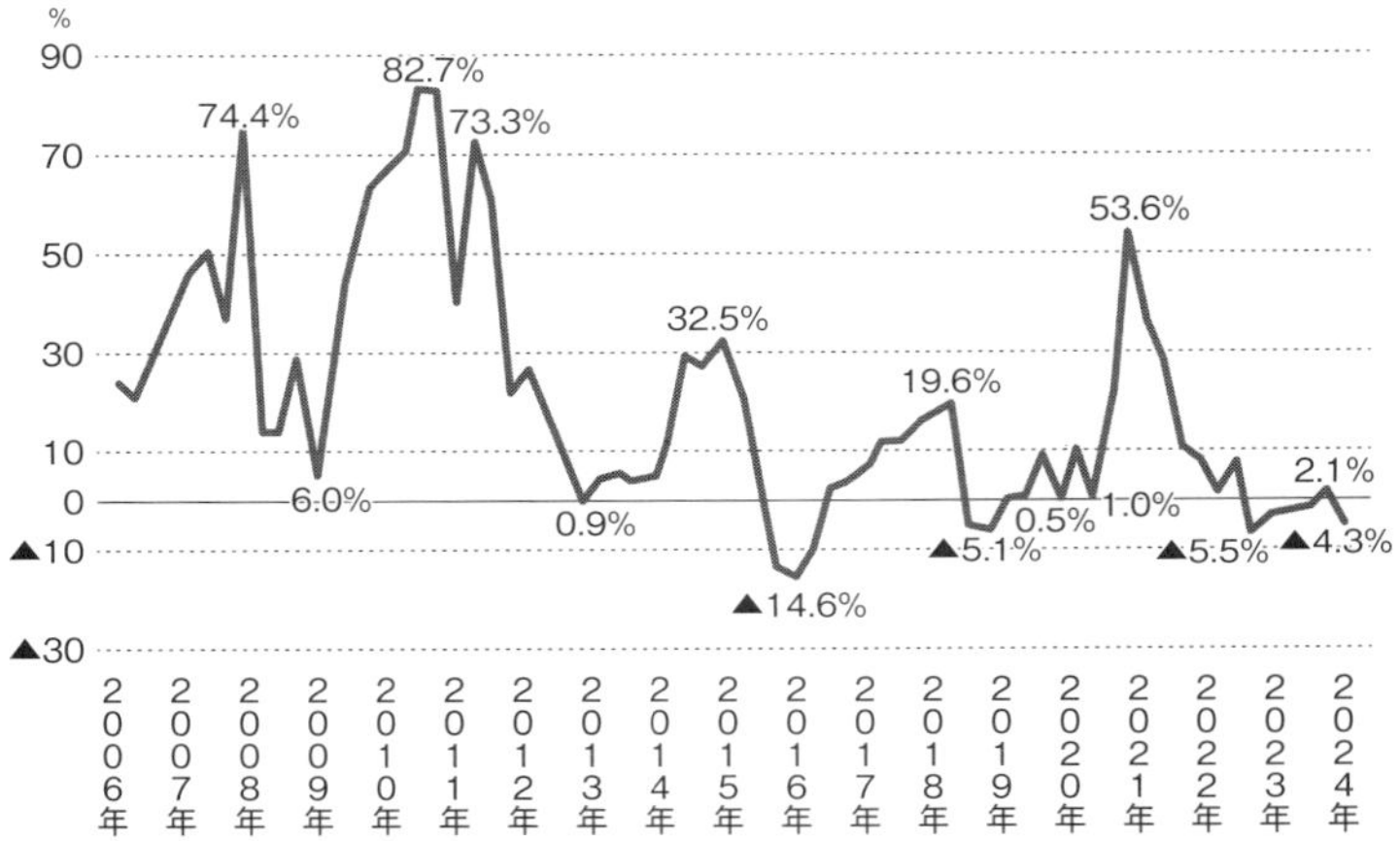

アップル自社株買いを続けて発行済み株数激減 2006～24年

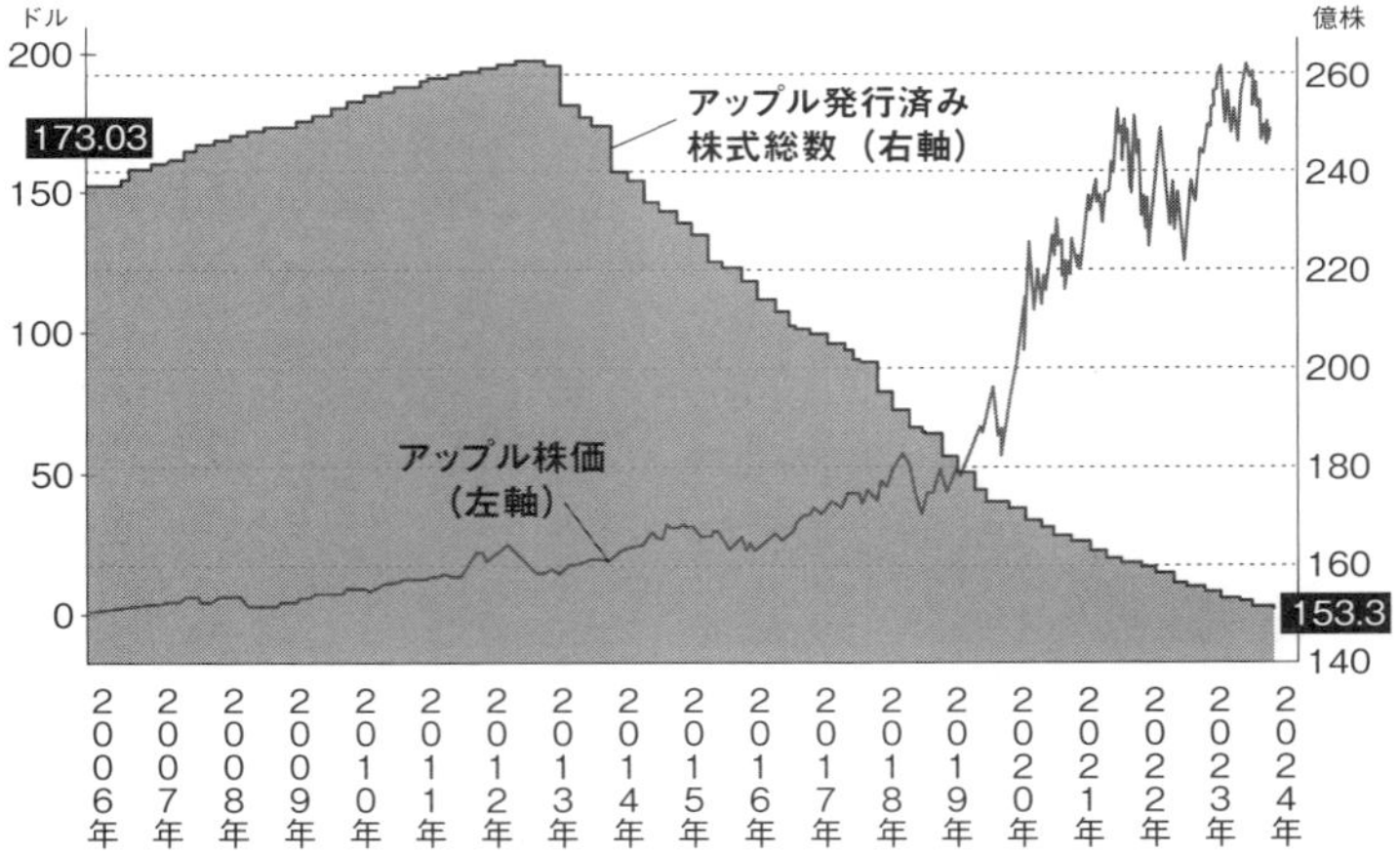

原資料：（上）会社側決算開示資料からクリエイティブ・プランニング社©チャーリー・ビレロが作図
出所：（上）Charlie Bilello、2024年5月3日、（下）Samantha LaDuc、同年5月5日のX（旧Twitter）より引用

アップル10年ごしのEV開発の歴史に幕引き
次の開発課題は……AI!!

アップルVision Pro約60万円の超高額価格設定に不満も

2024年6月27日

ウォーレン・バフェット、大量のアップル株を処分売り

2024年5月13日

アップルの株価売上高倍率ついに9倍を突破
1985～2024年

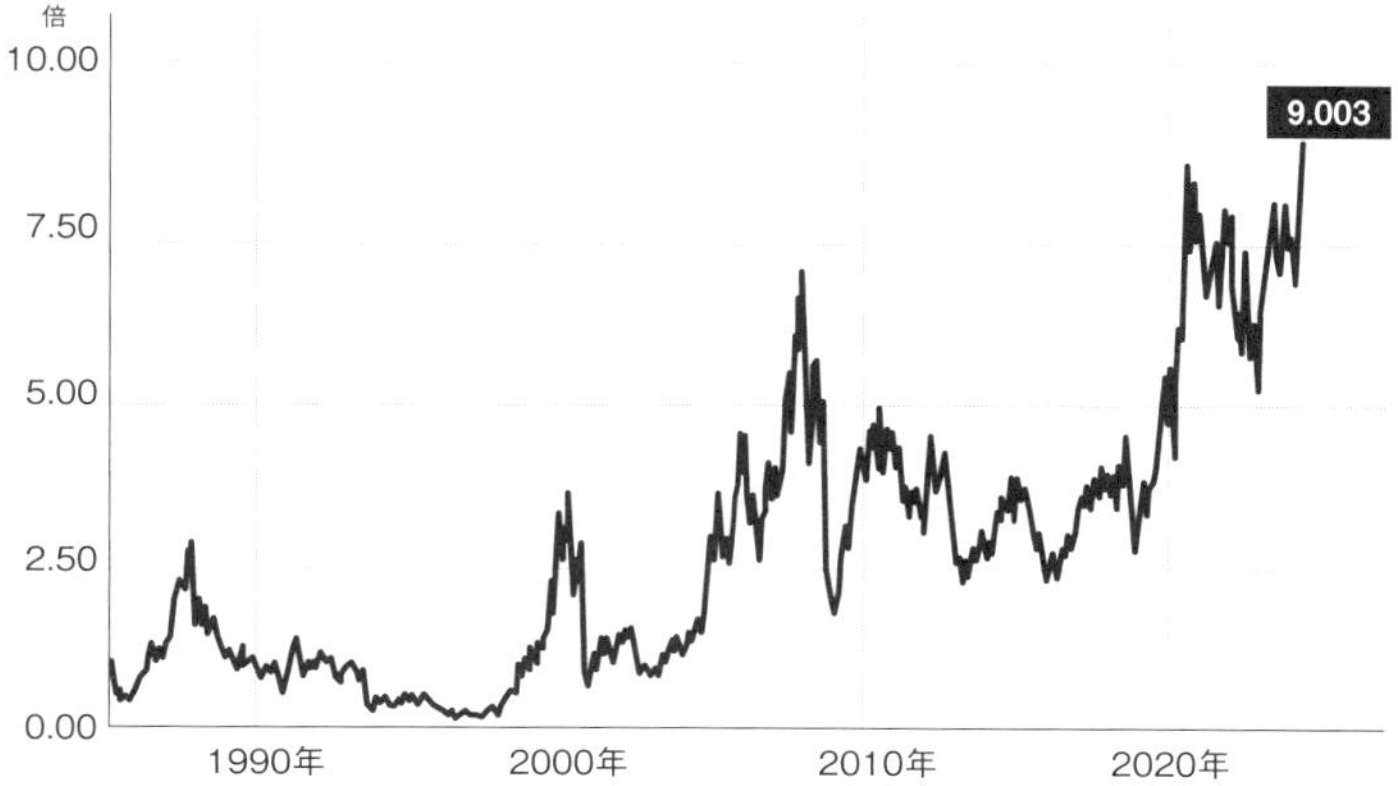

原資料：（下）クリエイティブ・プランニング社©チャーリー・ビレロが作図
出所：（左上）ウェブサイト『Zerohedge』、2024年2月28日、（右上）『IT Media Mobile』同年6月27日のエントリー、（右中）Stonklsy DA BOOMER Collins、同年5月14日、（下）Charlie Bilello、同年7月3日のX（旧Twitter）より引用

テスラ株、今年4月の底値から時価総額を3500億ドル増やして全世界上場銘柄中時価総額12位に浮上

テスラ株日足：2024年4月15日～7月4日

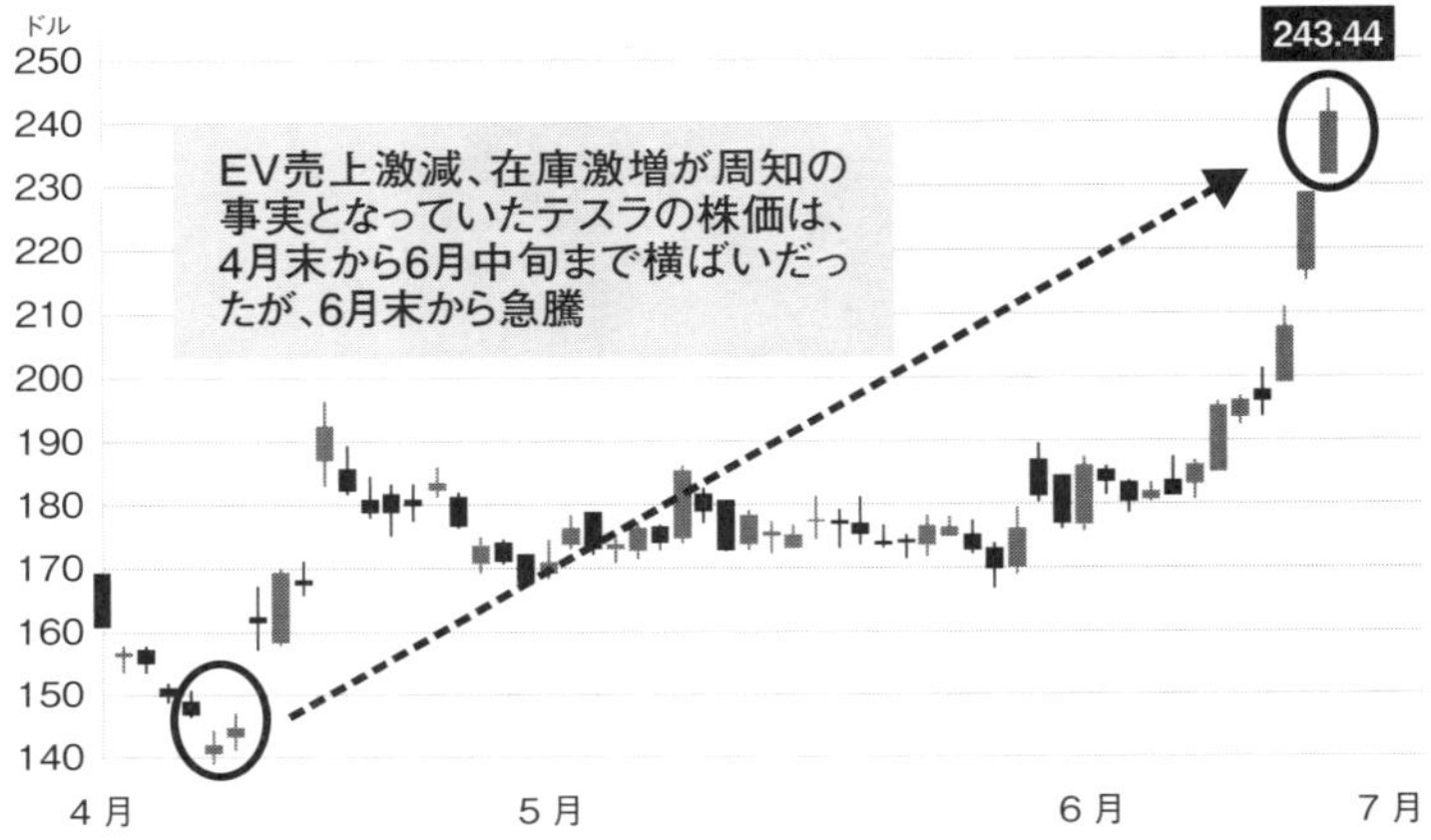

メタ株、２ヵ月半ぶりに４月の年初来高値を突破

2024年1～7月

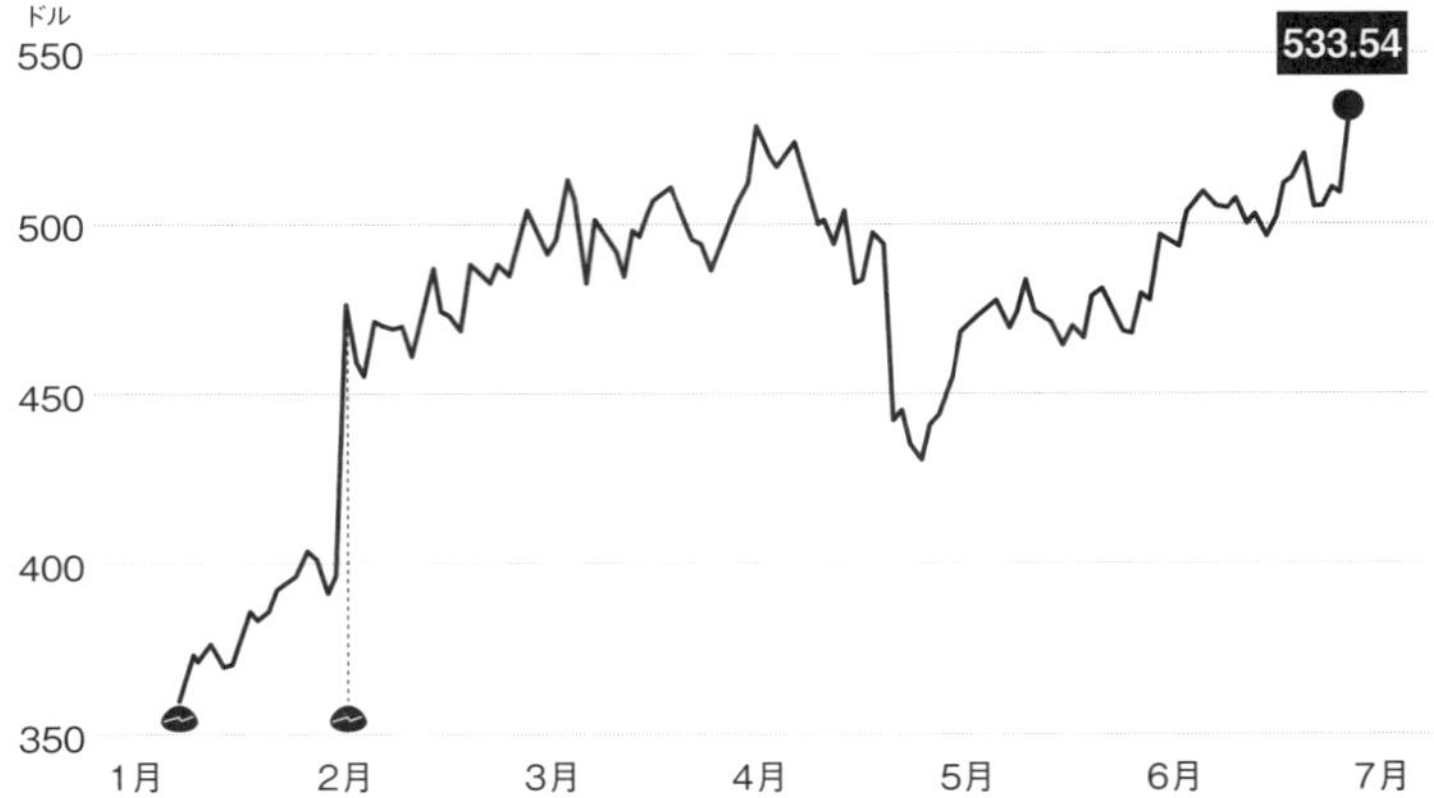

出所：The Kobeisshi Letter、（上）2024年7月4日、（下）同年7月6日のX（旧Twitter）より引用

それは、先ほどご紹介した二つの循環取引疑惑にメスが入ったとき、どちらにもからんでいなかったアップルだけが生き残ってマグニフィセント7銘柄のうちその他6社がいっせいに大暴落するという悪夢だ。

アップルがマイクロソフト＝オープンＡＩ陣営に加わってくれたことで、その心配はなくなったわけだ。

マスクの「正論癖」でひと騒動

イーロン・マスクには自社で自分がしていることは棚に上げて、他社の行動についてはじつに辛辣な批判をする性癖がある。外野席から見ている分にはおもしろいが、大企業の経営者としてはほとんど得にはならず、ライバル各社の恨みを買うだけなのではないかと他人事《ひとごと》ながら心配になる。

次ページの戯画的な写真は、自分で所有しているSNSであるXに、マスク自身が投稿したものだ。

厄介なのは、この痛烈な諷刺《ふうし》写真はかなり正確に実態を表していることだ。これまでアップルのiフォンを使えば、グーグルやフェイスブックなどのSNS大手による監視や検閲《けんえつ》からは

アップル＝オープンAI連合が意味すること
iフォンでの通話はすべてオープンAIとマイクロソフトに筒抜け

出所：Elon Musk@elonmusk、2024年6月11日のX（旧Twitter）より引用

比較的自由に通話や文章の交換ができていた。

しかし今後はｉフォンのデータも容赦なくマイクロソフト＝オープンＡＩ陣営のラージランゲージ・モデルに組みこまれると同時に、個人単位にまで降りていって**「不穏当な言動がないか」**と詮索《せんさく》されることになるだろう。

ましてやオープンＡＩの新取締役に就任したのは、ポール・ミキ・ナカソネという米国陸軍きってのサイバー戦争の専門家だ。

国家安全保障局長官と米国サイバー軍総司令官というふたつの要職を兼任していたほどの切れ者だから、アップル・ｉフォンを通じたマイクロソフト＝オープンＡＩ連合による情報収集は、ますますきめの細かいものになるだろう。

それではマスク当人は清廉潔白《せいれんけっぱく》かというと、まったくそんなことはない。

オープンAIの新取締役は元アメリカ国家安全保障局長官

日系三世アメリカ軍人、ポール・ミキ・ナカソネ陸軍大将は国家安全保障局長官とサイバー軍最高司令官の要職を兼任したあと、オープンAIの取締役に就任した。

出所：Wall Street Silver、2024年6月14日のX（旧Twitter）より引用

ヒューマノイドロボットについて大風呂敷を拡げるイーロン・マスクと「X（旧Twitter）の不正利用者対策にイスラエル諜報機関出入り業者を採用」の記事

GLOBES

イスラエルのCHEQ
Xの不正利用対策で
イーロン・マスクに協力

イーロン・マスクとCHEQ社CEOガイ・テチュノビッチ：写真提供アナニム企業写真社、ロイター

グローブズ社特ダネ
イスラエルでのマスク氏との秘密会合の結果を受けて、CHEQ社のCEOは「弊社がXの不正利用対策を請け負うことになった」と発表した。

出所：（左）Brian Krassenstein、2024年6月14日、（右）1984@The Official1984 、同年同日のエントリーより引用

いろいろ雲をつかむようなホラ話で投資家を煙《けむ》に巻く一方で、ツイッター改めXの監視体制は着々と強化している。怖いのは、明らかに**イスラエル特殊警察モサドの出入り業者**である企業にXの不正利用対策を丸投げしたことだ。

マスクは他のSNS大手と違って、気候変動論や「再生可能」エネルギーについて批判的な投稿をブロックしたり、アカウントを凍結したりといった事例は目立たない。

またイスラエルに行ってネタニヤフになんらかの映像を見せられてから、それまでのパレスチナ問題について中立を装っていた態度を一変して、明らかに現在のイスラエル軍によるパレスチナ人ジェノサイドを積極支援しはじめてからも、イスラエルに批判的な投稿をあまり大っぴらに抑制はしていなかった。

これまでは他のSNS大手に比べてマシだと思っていたが、最近、南アフリカ共和国やローデシア（現ジンバブエ共和国）で合法的なアパルトヘイトがまかり通っていた頃のことを賛美する気配が見える。

イスラエル支援は初めからの確信犯で、イスラエル批判者に関するビッグデータをつくるために敢えてパレスチナ支持の投稿もブロックしたりアカウントを凍結したりしなかっただけなのかもしれない。

イスラエルロビー・トランプの忠実な番犬、マスクの悲哀

それにしても、マスクはやはり道化役に終始するしかないだろう。

マスクによる「トランプ」支持宣言の直後に、2024年11月の大統領選に向けた共和党の綱領に「EV開発・実用化支援の撤回」が盛りこまれたのは何とも皮肉な成り行きだが、マスクとしてはそれでもトランプ支持の姿勢を崩せないだろう。

なぜ崩せないかと言えば、トランプ当選がほぼ確実な情勢なのでテスラ社の本業であるEVは捨てて、新しい分野で有利な立場を築く必要がある。そのとき、なるべくトランプと親密になっていたほうが得だからだ。

ワイロ万能のアメリカ社会では、EV業界から撤退したあとも影響力を維持しようとすれば**必要不可欠な賭け**と言ってもいい。

バイデンの後継候補であるカマラ・ハリスが惨敗すれば、民主党リベラル派の掲げる「グリーン＝クリーン革命」の諸施策がきびしく再点検される。そうなったら、EVの売れ行きが激減するだけではなく、EV関連の研究開発、インフラ整備全体も廃棄されるかもしれない。

マスクはツイッターを改名したXというSNSや、まだ海のものとも山のものとも判断でき

どこの国にもその国独特の（番）犬がいる

（左上から下へ）アルゼンチン原産のドゴ・アルヘンティーノ、ドイツ原産のジャーマン・シェパード、ロシア原産のシベリアン・ハスキー、そしてイスラエル原産のアメリカ・ガッシューコク!!

たしかに、
忠実な番犬だ

出所：（上）SlavicFreeSpirit@slavefreespirit、2024年6月16日、（下）Dr. Anastasia Maria Loupis、同年7月25日のXより引用

ないヒト型ロボットや、ほとんど実益のない宇宙開発用ロケットや、すでに激戦区になっている生成AI分野にかなり遅れて乗り出すxAIに頼らざるを得なくなるだろう。

そのとき、現職の大統領に対する支持をいち早く鮮明に打ち出していたマスクは、いろいろ政治的に便宜《べんぎ》を図ってもらって新分野での出直しがスムーズに達成できる可能性が高くなる。

マスクの経営者としての資質は決して高くない。万年強気で、販売できそうもない台数を生産しては在庫キャッシュフローの大幅赤字を招くという愚行を性懲りもなくくり返してきたし、ちょっと資金繰りにゆとりが出ると、すぐ夢物語のような新分野に挑戦してしまう。

とくに最近のマスクの発言には、これまで以上に大言壮語が目立つ。

本業がここまで窮迫《きゅうはく》しているのにしっかりした立て直し策を講ずるより、イスラエルの忠実な番犬となったトランプのそのまた番犬としてなんとか生き延びようと画策するイーロン・マスクには、**悲哀さえ感じざるを得ない**。

トランプはともかく、ネタニヤフは番犬としてのマスクに合格点をつけてくれるだろうか。

アメリカの政治風土では考えられなかった大企業腐敗の摘発が実現する

政財官界のトップがしっかり贈収賄の輪の中で結束したアメリカ社会を見ていると、習近平が一時人気取りでやった程度の大企業と国家官僚や共産党幹部とのあいだの腐敗堕落一掃キャンペーンでさえ、実現不可能ではないかと思ってしまう。

私は、それでもマグニフィセント7を中心とする時価総額肥大化企業に対する不正摘発はできると思う。できるというより、それ以外には民主党大統領候補に勝ち目はないので、やらざるを得ないというのが実情だろう。

どんなに大胆な戦略を描く民主党選挙参謀でも、そこまで踏み込んで起死回生の一撃を狙うことはなさそうだし、たとえ民主党候補が**「巨大寡占の腐敗一掃」**を掲げて一発逆転の大勝負に出たとしても、現下の情勢では当選の見込みは低そうだ。

もし私が民主党の選挙参謀なら、だからこそ思い切ってハリス＝ウォルズの新正副大統領候補に「巨大寡占の腐敗一掃」をスローガンに掲げさせる。

当然のことながら、十中八、九当選はないだろう。当選さえしなければ公約に何を言おうと自由だ。どんなに大胆な発言でも言いっぱなしにできる。

アメリカの民主党系政財界首脳陣も、唯一の勝機を求めてその方向に転換しつつあるようだ。ニューヨーク・タイムズに２０２４年６月５日付で掲載された次の記事は、その伏線だったのかもしれない。

マグニフィセント7、10営業日で1兆7700億ドル喪失
マグニフィセント7時価総額推移：2024年1月～7月

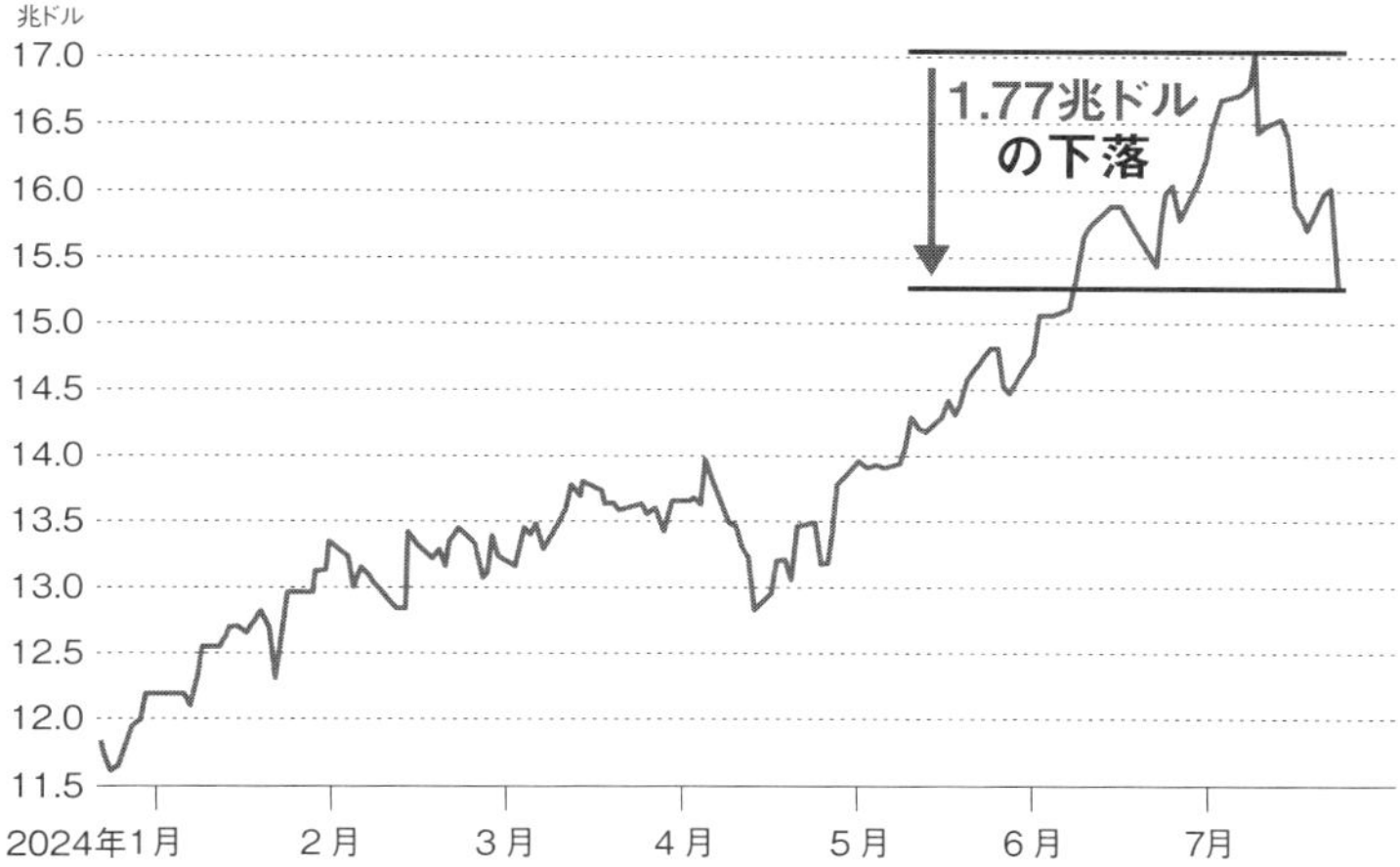

エヌヴィディア、10営業日で5110億ドル喪失
エヌヴィディア株価*推移：2019～2024年

*）2024年6月に実施した1：10の株式分割以後の株数を用い、さかのぼって算出した株価。
原資料：Yチャーツ
出所：ウェブサイト『Wolf Street』、2024年7月24日のエントリーより引用

米連邦政府、独禁法違反の疑いでエヌヴィディア、マイクロソフト、オープンAIの3社について調査を開始か？

米連邦政府司法省と連邦取引委員会は、人工知能産業における大手3社、エヌヴィディア、マイクロソフト、オープンAIについて、独占禁止法違反の容疑に関する調査の役割分担を決定した模様。

この記事から約3週間後、民主党リベラル派＝ユダヤ系財閥の経済司令部とも言うべき、ゴールドマン・サックスが「生成AIは労多くして、功少なし」という趣旨のレポートを6月に公表したことは、すでに第2章でお伝えしたとおりだ。

2024年4月末には「生成AIは偉大な技術革新だが、電力消費量が半端ではないので、ねらい目はAI関連株より電力業界だ」と言っていたのにたった2ヵ月後には「あまりにも巨額の投資にあまりにも少ない成果」とほぼ全面的な否定に態度を変えたのだ。その影響は甚大だった。

前ページのグラフでおわかりのように、アップルを共犯者仲間に引きずり込んだ安心感で上がっていたマグニフィセント7全体も、エヌヴィディアもこのレポートの衝撃がほぼ浸透した7月中旬から株価が急落に転じていた。

テスラ株、10営業日で18.1%下落
2020年10月～2024年7月

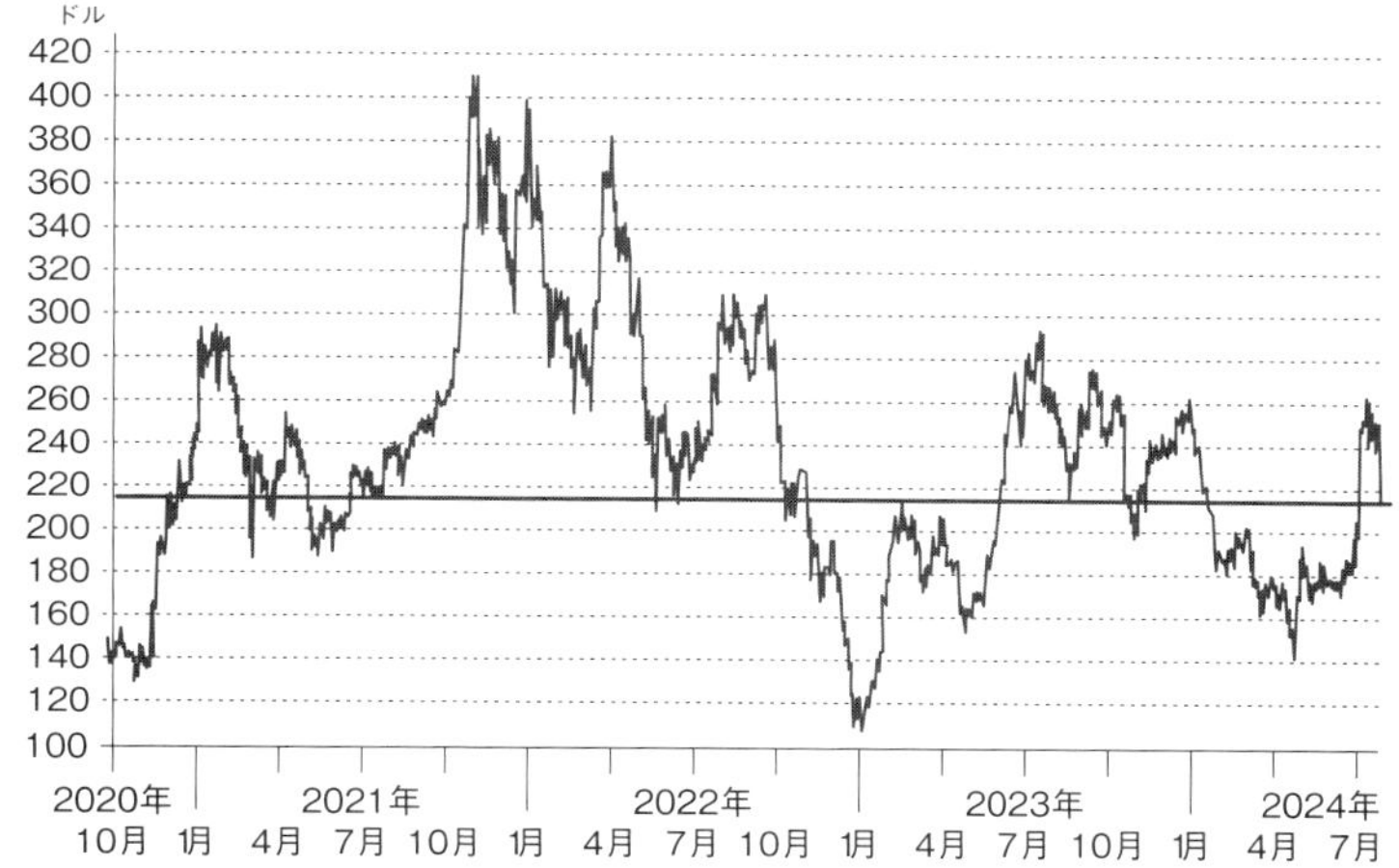

原資料：Yチャーツ
出所：ウェブサイト『Wolf Street』、2024年7月24日のエントリーより引用

業績が傾き始めたテスラに至っては上のグラフが示すとおり、アップルが共犯関係に加わったことによる上げ幅のほぼ半分を吐き出してしまった。

日本では、8月初旬の2024年に入ってから2度目の日銀利上げがきっかけとなった円キャリー取引の巻き戻しによる株価乱高下ばかりが話題になっている。

だが、その直前にアップルがマグニフィセント「6」による架空取引で共犯関係に入ったことでもその直前にゴールドマン・サックスと連邦政府司法省がマグニフィセント7に批判的に変わったことでも相場は激動していたのだ。

しかし、**ほんとうにおもしろくなる**のはこれからだ。

おとぎ話は終わり、真犯人探しが始まる

確率としては1割もないだろうが、財閥退治のスローガンのおかげで当選してしまった場合、これだけ大風呂敷《おおぶろしき》を広げておいて当選したら手首にしっぺ程度の軽い処罰で済ませたら、それこそ民主党は再起不能のダメージを受けるだろう。

ハリスと新副大統領候補が当選したら、民主党政権としては、本気で巨悪一掃に向かわなければならないはずだ。幸か不幸か、そのための条件は整っている。

まずエヌヴィディアという、いかにも**トカゲの尻尾切り向きの企業**の一般株主だけではなく、じつは情報通信・テクノロジー分野全体の株主たちがトランプ派だという事実がある。次ページのグラフが立証するとおりだが、これには**私もびっくり**した。

今でこそ時価総額集中バブルに乗って大きな顔をしているが、もともと情報通信・テクノロジー産業は財界主流とは遠い、日本で言えばコンピューターおたくに当たるナード（nerd）の世界だ。

10億ドル長者のCEOたちは典型的な民主党リベラル派でも、これらの企業の製品やサービスをひんぱんに利用している消費者たちは、財界本流を形成する民主党リベラル派支持層とは

エヌヴィディア株はトランプ支持率と共に動く

2023年12月31日～2024年6月18日

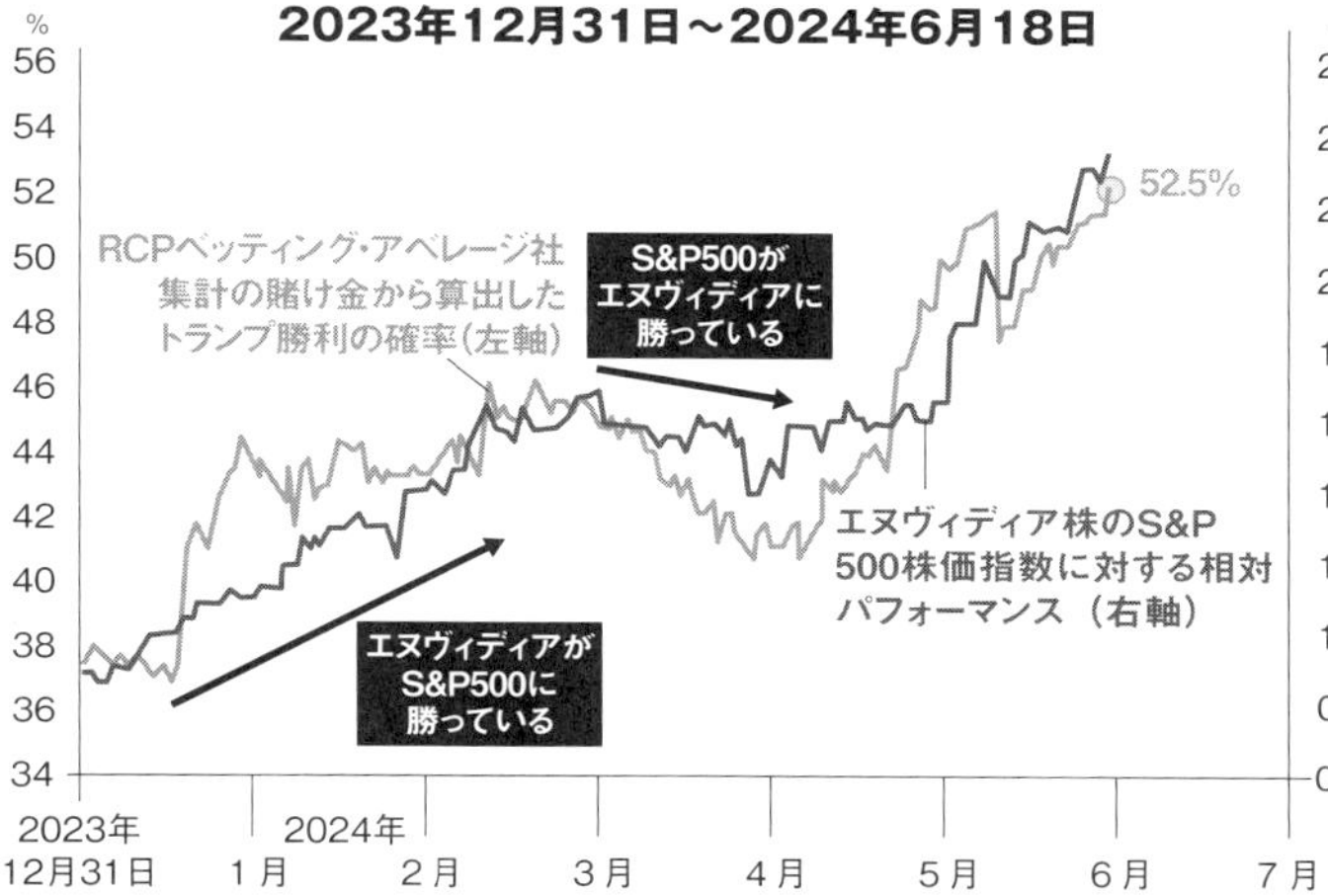

情報テクノロジーセクターもトランプ支持率と共に動く

2023年12月31日～2024年7月23日

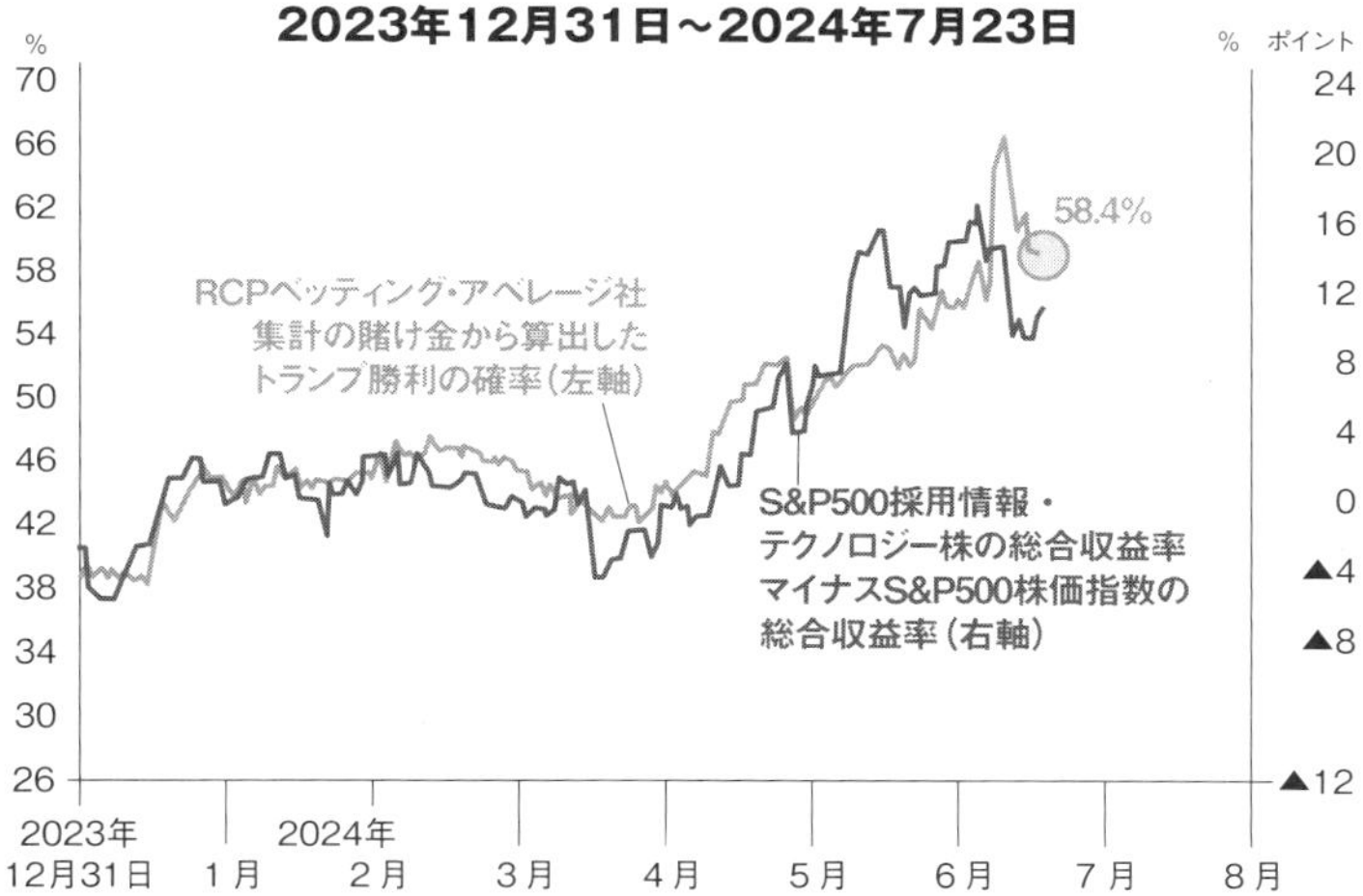

＊）2023年12月31日のエヌヴィディア株のS&P500株価指数に対する比率を1として算出。
原資料：リアル・クリア・ポリティクス＝リフィニティブ「総合収益指数」
出所：Jeff Weniger、（上）2024年6月19日、（下）同年7月23日のX（旧Twitter）より引用

親和性が低いのだ。

とくにエヌヴィディアのように時価総額で見れば世界3大企業の一角になり上がっていても、業容はまだベンチャービジネスに毛が生えた程度という会社なら切り捨てやすい。

おまけに、アメリカの訴訟制度には司法取引（plea bargaining）というロビイング規制法に次ぐ悪辣な制度がある。何人かが共謀して罪を犯した場合、特定の共犯者をできるかぎり凶悪な犯罪者だと証言して重い罪をなすり付けた人間の量刑を軽くする制度だ。

さらにマグニフィセント7のCEOたちの中には、こうしてほとんどの罪をかぶせて重い刑罰を科すのに最適の人物がいる。もちろん**エヌヴィディア創業CEOのジェンスン・フアン**だ。

マグニフィセント7のうち、他の6社の経営陣はほとんどアングロサクソンか、ユダヤ系か、インド系移民で固めていて、ジェンスン・フアンだけが台湾からの移民の第2世代なのだ。

そしてマグニフィセント7の多くが本社を置いているカリフォルニア、オレゴン、ワシントン3州の民主党リベラルたちの4～5世代前の政治ボスたちは、なにか重大犯罪が起きてなかなか犯人が捕まらないと「とりあえずそのへんの中国系移民をしょっ引いて、自白があろうとなかろうと吊るし首にしておけ」で済ましていた連中だ。

アメリカでは、建前としてマイノリティ擁護を振りかざす進歩的政治家が、じつは根深い人種的偏見の持ち主だったというのもまた、よくある話なのだ。

そこでこの章の208ページのグラフに戻っていただくと、ユダヤ系を別にすれば、台湾系移民はインド系、フィリピン系に次ぐ第3位の高額所得人種グループで、低所得層のあいだでは怨嗟《えんさ》の的になっている。**人身御供《ひとみごくう》にするには最適**だ。

すでにそのための伏線は着々と引かれている。まずEVトラックのニコラ社に関するカラ売り推奨レポートで名を馳せたヒンデンブルク・リサーチ社が、エヌヴィディア一家の一の子分とも言うべき、スーパー・マイクロ・コンピューター社について粉飾決算を根拠にカラ売り推奨レポートを刊行した。

スーパー・マイクロはコアウィーヴのような幽霊会社ではないが、業容は小さいのにエヌヴィディア主要顧客中第3位にランクするほど大量に同社のGPUを買っている。粉飾決算でもしなければ買えるはずのない金額だ。おそらく**クロ**だろう。

さらに連邦政府司法省が、生成AI用GPUに関する独占禁止法違反の容疑で、エヌヴィディアに対して法的拘束力を持つ書類提出命令を出した。

こうして徐々に外堀を埋めて行って、なるべく投票日近くになってからマグニフィセント7のうち3～4社の首脳陣を証人喚問して吊るし上げて、派手にショーアップする。

「これはすべてカリフォルニア州司法長官まで務めた辣腕《らつわん》法律家、カマラ・ハリスの手柄だ」と大手メディアがいっせいにはやし立てる。大いに盛り上げておいて、仮に大統領選で勝ったとしても、その後の裁判では罪の大半をジェンスン・ファンひとりになすりつけるという筋書きになっているはずだ。

ようするに万が一当選してしまったら、ハリス＝ウォルズの正副大統領コンビは、表面的にはマグニフィセント7を大々的に叩きながらも、量刑になるとエヌヴィディアのジェンスン・ファンだけに厳罰、ほかの6社プラスオープンAIには軽い量刑で乗り切ろうとするだろう。

だが番狂わせで当選した民主党政権下の検察当局がどんなに手心を加えて、穏やかな処分で済まそうとしても、循環取引による架空売上を筆頭に数えきれないほどの**不正で築いた空中楼閣に過ぎないアメリカ経済**は、いったん大きなスキャンダルが明るみに出れば、てっぺんから崩れ落ちていくだろう。

もちろん、現状で優勢のトランプ＝バンス陣営がこの大統領選に勝てば、時価総額集中バブルの中心となっている銘柄群を巻きこんだ壮大な疑獄事件には蓋がかぶせられる可能性が高い。だが、それも多少時間稼ぎができる程度の効果しかない。まだ始まったばかりの円キャリー取引の巻き戻しが本格的な円高・米ドル安を招けば、米株相場の好調と外国人投資家による米国短期債の大量購入に依存してきたアメリカ経済は、いずれ連邦政府の債務不履行によって破綻する。

おもしろい時代に居合わせたものだ。

おわりに

最近刊の拙著『アメリカ消滅──イスラエルと心中を選んだ史上最強の腐敗国家』が国際政治、外交・軍事に焦点を当てていたのとは対照的に、この本ではアメリカ経済、金融市場、先端技術、そして２０２４年11月の大統領選に照準を絞って書いてみた。

アメリカの大手メディアの報道や、それを請け売りするだけの日本のマスコミ経由でしかニュースに接していない方々には、驚きの連続だと思う。だが、著述業を始めて以来の信念であるしっかりしたデータで立証できないことは書かないという原則は貫いている。

アメリカがいかに腐敗堕落した国家であり、経済であり、社会となってしまったかについては、『アメリカ消滅』とともに、『人類９割削減計画──飢餓と疫病を惹き起こす世界政府が誕生する』、『新型コロナウイルスは世界をどう変えたか──21世紀大不況で資本主義が崩壊する』を、そして現代の先端技術研究がいかに末梢化しているかについては『生成ＡＩは電気羊の夢を見るか？──錯乱する人工知能に明日はない』をご覧になれば、さらに深い背景を読み取っていただけると思う。

また、腐り果てたアメリカの未来が真っ暗闇であるのに対し、いかに日本の前途が洋々としているかについては『日本再興——世界が江戸革命を待っている』で詳述した。すべて、本書と同じ版元ビジネス社から出ているので何かの機会にお見かけになったときにお目通しいただけたら、大変ありがたい。

南北戦争の結果奴隷が無償解放されたことへの報復として、ミシシッピ州で黒人約70名が虐殺された1864年から160年、

リンドン・ジョンソン大統領の「偉大な社会」構想のもと、連戦連敗の「貧困との闘争」が始まった1964年から60年、

金融機関の投資における債務レバレッジが従来12対1までに制限されていたのを、一流金融機関には無制限として国際金融危機の種を蒔いた「純自己資本ルール」の緩和が行われた2004年から20年、

2024年8月盛夏の吉き日に

増田　悦佐

【著者略歴】
増田悦佐（ますだ・えつすけ）

1949年東京都生まれ。一橋大学大学院経済学研究科修了後、ジョンズ・ホプキンス大学大学院で歴史学・経済学の博士課程修了。ニューヨーク州立大学助教授を経て帰国、HSBC証券、JPモルガン等の外資系証券会社で建設・住宅・不動産担当アナリストなどを務める。現在、経済アナリスト・歴史家・文明評論家として活躍中。

著書に『アメリカ消滅〜イスラエルと心中を選んだ史上最強の腐敗国家』『生成AIは電気羊の夢を見るか？』『人類9割削減計画』『恐怖バブルをあおる世界経済はウソばかり！』『日本再興〜世界が江戸革命を待っている』（以上、ビジネス社）、『クルマ社会七つの大罪　増補改訂版自動車が都市を滅ぼす』（土曜社）、『日本人が知らないトランプ後の世界を本当に動かす人たち』（徳間書店）、『資産形成も防衛もやはり金だ』（ワック）、『戦争と平和の経済学』（ＰＨＰ研究所）など多数ある。

「読みたいから書き、書きたいから調べる——増田悦佐の珍事・奇書探訪」、etsusukemasuda.infoを主宰しています。ぜひのぞいてみてください。

米国株崩壊前夜

2024年10月11日　　第１刷発行

著　者　増田 悦佐
発行者　唐津 隆
発行所　株式会社ビジネス社
〒162-0805　東京都新宿区矢来町114番地 神楽坂高橋ビル5F
電話　03（5227）1602　FAX　03（5227）1603
https://www.business-sha.co.jp

〈装幀〉大谷昌稔
〈本文組版〉茂呂田剛（エムアンドケイ）
〈印刷・製本〉三松堂印刷株式会社
〈営業担当〉山口健志
〈編集担当〉本田朋子

ISBN978-4-8284-2669-3